Aprecio a Luis Palau por  …ración de la fe, la familia y los valo…

—…W. Bush

Recuerdo la primera vez que vi a Luis… Me sorprendió su sentido genuino de interés por cada persona con la que se relacionaba. Es algo que uno no puede fingir. Es auténtico.

—**Presidente Bill Clinton**

Dios ha usado la vida de Luis de una manera tremenda a lo largo de muchos años. Su amistad y su apoyo significaron más de lo que nunca imaginará.

—**El ya fallecido Billy Graham**

Luis Palau tal vez sea el evangelista más prominente en Estados Unidos después del Sr. Graham, aunque el Sr. Palau creó su reputación en eventos multitudinarios en otras partes del mundo, particularmente en Latinoamérica, donde aún es el más conocido. Tiene un atractivo multiétnico que atrae a toda clase de público.

—*New York Times*

La fuerza del mensaje de Palau… puede verse en los estadios que llena.

—*Revista TIME*

Es evidente que Dios ha usado a Luis de una manera asombrosa, para cumplir sus propósitos para el reino. Le agradezco por ser un ejemplo de lo que realmente importa: cambiar nuestro mundo al transformar los corazones a través de la vida abundante que se encuentra en Cristo.

—**Rick Warren,** autor del éxito de ventas
Una vida con propósito según el *New York Times*

No hay palabras que puedan expresar el profundo aprecio que tengo por Luis y el gran trabajo que Dios le ha encomendado hacer. Su fidelidad en proclamar el glorioso evangelio de Dios a través de fronteras geográficas, culturales y raciales ha sido verdaderamente loable.

—Tony Evans

Una de mis mayores alegrías en cuanto a mi ministerio ha sido participar de los festivales de Luis Palau. Realmente aprecio a este hombre… y la pasión de este hombre… Luis Palau.

—**Steven Curtis Chapman**, artista ganador del Premio Grammy

Es el más prominente evangelista después de Billy Graham.

—**British Broadcasting Corporation**

Cada vez que tengo la oportunidad de hacer algo con Luis… cada vez que me siento con él… salgo inspirado. Es un evangelista asombroso. Un hombre extraordinario. Y un verdadero amigo. Estamos agradecidos a Dios por la vida de Luis Palau. Yo, junto con decenas de miles de otros, recibí a Cristo a través de Luis y su ministerio.

—**Matt Redman**, artista ganador del Premio Grammy

La lista de sus campañas se asemeja a un atlas del mundo: Yakarta, Kiev, Buenos Aires, San Antonio. Ha predicado en cada continente a excepción de la Antártica. Desde Aberdeen, Escocia hasta Zúrich, Suiza, Palau ha tratado de despertar a las ciudades a su necesidad por Dios.

—**Associated Press**

Si Billy Graham personifica la típica virtud estadounidense de la década del cincuenta, Palau representa el multiculturalismo intercontinental del siglo XXI. Se siente como en su casa en Rumanía como en Raleigh.

—Miami Herald

Luis Palau es un gran evangelista y un amigo cercano de mi padre. Ha predicado fielmente el evangelio alrededor del mundo durante más de cincuenta años. Estoy muy agradecido por la vida de este hombre y por su maravillosa familia.

—Franklin Graham

Valoro profundamente la dedicación apasionada de Luis por compartir el evangelio. Resultaría imposible medir su impacto en el cristianismo durante las últimas cinco décadas en las que ha predicado las buenas nuevas por todo el mundo.

—James Dobson

Así como el efecto dominó del ministerio de Billy Graham impactó el amor ferviente de Luis Palau por Cristo, oramos para que los frutos espirituales que son consistentemente plantados por este gran varón de Dios continúen impactando las vidas por su reino en las generaciones venideras. ¡Gracias por permanecer fiel al evangelio, Luis Palau!

—Alex y Stephen Kendrick, productores de las películas
A prueba de fuego, Reto de valientes y Cuarto de guerra.

Aunque no estoy de manera convencional en el negocio de ofrendar «el sello de aprobación de un buen cristiano» a los evangelistas, sí considero a Luis Palau un amigo que admiro. [En Chicago] Creo que fue una persona considerada en el contexto de la ciudad, dispuesto a coordinar esfuerzos con los líderes de las iglesias evangélicas además de las iglesias tradicionales, cuidadoso para evitar la clase de relaciones políticas públicas que tan a menudo comprometen a los evangelistas en estos días y, aun así, interesado por afectar la consciencia de la sociedad.

—**Martin Marty**, profesor de cristianismo
moderno, University of Chicago

¿Qué se puede decir acerca de un hombre quien ha servido al Señor con todo su corazón, mente, alma y fuerza por más de cincuenta años, un hombre quien ha predicado el evangelio en todo tiempo y, cuando era necesario, empleaba las palabras? Bien hecho, buen siervo y fiel.

—**Barry Corey**, presidente de Biola University

Palau

Palau

UNA VIDA APASIONADA

LA AUTOBIOGRAFÍA DE LUIS PALAU
CON PAUL J. PASTOR

La misión de Editorial Vida es ser la compañía líder en satisfacer las necesidades de las personas con recursos cuyo contenido glorifique al Señor Jesucristo y promueva principios bíblicos.

PALAU
Edición en español publicada por
Editorial Vida – 2019
Nashville, Tennessee
© 2019 por Editorial Vida

Este título también está disponible en formato electrónico.

Editora en Jefe: *Graciela Lelli*
Traducción: *Marina Lorenzín*
Adaptación del diseño al español: *Grupo Nivel Uno*

ISBN: 978-0-82976-910-4

CATEGORÍA: Religión / Vida Cristiana / Crecimiento Espiritual
IMPRESO EN ESTADOS UNIDOS DE AMÉRICA
PRINTED IN THE UNITED STATES OF AMERICA

19 20 21 22 23 LSC 9 8 7 6 5 4 3 2 1

Para Patricia

Contenido

Prefacio 13

Introducción 17

1. Buscar primeramente el reino de Dios: Mi madre,
   Matilde Balfour de Palau 21

2. Dar todo a Dios: Mi padre, Luis Palau Sr. 43

3. Levante alto la antorcha: Las buenas nuevas del
   Sr. Charles Rogers 59

4. La libertad de un padre: Ray Stedman y el poderoso
   gozo del evangelio 77

5. El fuego secreto: El mayor Ian Thomas y el secreto
   de Cristo en nosotros 99

6. Sacrificio vivo: Mi esposa, Patricia Scofield de Palau 117

7. Bajo la poderosa mano: La humildad de Billy Graham . . . 137

8. Mucho mejor que estar solo: El equipo de la
   Asociación Luis Palau 157

9. No hay mayor alegría: Mis hijos, Kevin, Keith, Andrew,
   y Stephen Palau 181

10. Bendiga las naciones: La hermosa unidad de la iglesia . . . 203

11. Sin temor: Deleitarse en Dios frente a la muerte. 223

12. Una mirada al futuro: La esperanza en las cosas venideras 245

Epílogo: 261

Reconocimientos 265

Prefacio

Trabajar en un libro como este se asemeja a pintar un retrato antiguo. Un artista (el escritor) escoge el tema que desarrollará en una serie de sesiones. Durante ese proceso crea los bocetos y considera los distintos ángulos hasta que encuentra la presentación correcta, la combinación mágica entre el tema y el estilo que lo hacen exclamar: ¡Sí! ¡*Son estos!* Captura una vida no en su totalidad, pero en una forma que sugiere su totalidad.

Para mí fue un gran honor participar en la preparación de este libro. En Luis encontré a un ser fascinante: agudo, culto, con sentido del humor y sincero. Llegar a conocerlo en esa dimensión ha sido uno de los mayores privilegios de mi vida. Luis tiene una claridad de propósito poco común. En un mundo lleno de personas desorientadas en cuanto a su razón de ser, su llamado se revela con una fuerza increíble. Nació para predicar a Cristo crucificado, la esperanza de gloria. Eso es *todo*.

Luis Palau ha sido una figura significativa en la vida y en la historia del siglo veinte; no obstante que él trate de restarse importancia. Este libro habla de eso. Su obra ha hecho un impacto en las naciones, ha moldeado culturas y ha contribuido a la transformación del ecosistema espiritual y moral de regiones enteras. Una biografía exhaustiva implicaría cientos de páginas más

13

y se correría el riesgo de opacar al verdadero hombre, al verdadero cristiano cuya historia se cuenta.

Decidimos que el mejor regalo que podríamos ofrecerle a usted en cuanto lector sería darle la sensación de haberse sentado con él como lo hice yo. Hacerlo sentir como si le abriera la puerta de su casa, lo invitara a entrar, le ofreciera un café acompañado de un plato de galletas horneadas por Patricia, y un tazón de nueces de macadamia, de esas que le encantan y simplemente comenzara a hablarle. Le aseguro que no solo escucharía sus historias, sino las lecciones que se esconden en ellas, y todas las que surgen de personas que Dios usó en su vida.

Este formato ha demandado decisiones difíciles. ¿Deberíamos contar la historia completa de cómo los oyentes de su programa televisivo ayudaron a detener una revolución marxista en Ecuador? ¡Ay!, no. ¿Y sobre la vez que quedó atrapado en un elevador en Pekín con el presidente de Estados Unidos? Tampoco. ¿Y la historia acerca de *otro* viaje en elevador en el cual ayudó a esconder a George Harrison, el guitarrista de The Beatles, de los fanáticos que lo perseguían por el corredor del hotel? Perdóneme, pero podría continuar por horas. Se han dejado de lado muchas de sus anécdotas más emocionantes. Son demasiadas. No se trata de destacar las joyas de fantasía de la vida de Luis Palau, sino los diamantes.

El deseo del corazón de Luis es que este libro no lo deje pensando: *Vaya, Palau fue una estrella*, sino que su lectura le permita ver a Cristo. Quiere que honre a los héroes desconocidos de su vida y de su ministerio y que pueda pensar sobre sus propios héroes. Que termine concentrando su atención donde corresponde, en Jesús.

Al terminar una de nuestras últimas entrevistas en su casa de Portland, Oregon Luis me acompañó hasta mi coche. Era una mañana de primavera. Los cerezos estaban florecidos. Mientras caminábamos, noté que sus ojos se llenaban de lágrimas. Señaló las casas de su vecindario, y me dijo: «Muchos de ellos no saben lo *bueno* que es vivir con Jesús. Y no se trata solo de la vida en el más allá. Se están perdiendo su amor *ahora*». Allí, parado en el camino de entrada, sollozó. Se *dolía* por sus vecinos. El corazón de este hombre arde por un único deseo: que todos tengan la oportunidad de aceptar la vida verdadera. Yo también lloré, compungido por el dolor de una sensibilidad auténtica.

Disfrute de la historia extraordinaria de este hombre.

PAUL J. PASTOR

Introducción

Confía en el SEÑOR de todo corazón,
y no en tu propia inteligencia.
Reconócelo en todos tus caminos,
y él allanará tus sendas.

PROVERBIOS 3.5–6

Usted tiene en sus manos un libro que casi no llega a escribirse. Cuando se me diagnosticó un cáncer de pulmón incurable en diciembre de 2017, me enfrenté con la realidad inminente que he conocido y sobre la cual he predicado desde que era un niño: el hecho de la muerte y la esperanza certera de la vida eterna en Jesús. Aunque tuve la oportunidad de escribir un libro que reflejara mi vida, no me sentía del todo seguro de querer pasar mis días de esa manera; y estaba *muy* seguro de que *no* quería hacer nada que glorificara mi propio nombre.

He consagrado mi vida a predicar las buenas noticias de que Dios ama a todas las personas y que la cruz de Jesucristo trae reconciliación y plena certeza de la vida eterna para todo aquel que en él crea y se arrepienta. Las décadas que he dedicado esta misión han sido muy ajetreadas. Como mis amigos se apresuran a señalar, he viajado extensamente, hablado a millones de personas y sido un instrumento en el obrar del Espíritu Santo para guiar a cientos a la cruz salvadora de Jesús.

Ahora, en la etapa final de mi ministerio, temo atraer la atención hacia mí mismo. Siento —no solo conozco, sino que *siento*— la tentación constante del orgullo y del ego; la atracción de enaltecerme al contar mi historia. Debe saber que soy temeroso de ello. La gloria de mi ministerio no me pertenece.

Soy plenamente consciente de que mi trabajo se vio fortalecido por la labor sacrificada de innumerables personas. Estas personas clave suman ya centenares: miembros de nuestro equipo, la Asociación Luis Palau, nuestra junta de directores, donantes generosos, mis propios pastores y líderes y amigos honestos. Contar toda mi historia implicaría también contar la de cada uno de ellos, y toda una eternidad no me sería suficiente para hacerlo.

Así que he tratado de llevar a cabo la segunda mejor opción. Al atraer su atención hacia las personas clave de mi vida, he querido compartir con usted los momentos más destacados de mi historia. En cada capítulo, destaco una lección fundamental que he aprendido a través de estas relaciones. De este modo, espero que el presente libro no solo sea la autobiografía de un viejo predicador, sino un libro de principios bíblicos para vivir conforme a las buenas nuevas; porque estas nos colocan en los brazos amorosos de Dios, ahora y por la eternidad.

Quisiera que estos capítulos nos hablen del poder de las vidas «anónimas». A excepción de Billy Graham, muy pocas personas incluidas aquí son conocidas. Pero todas ellas merecen ser honradas. Cada una de ellas me enseñó algo único. Son personas que serán exaltadas en el cielo porque sirvieron con humildad al Señor en su tiempo y lugar.

Si espera encontrar una biografía exhaustiva acerca de mi vida, en la cual se incluyan todos los lugares a donde mi equipo y yo fuimos, se relate sobre los líderes mundiales que conocimos o se exponga en detalle el impacto numérico o histórico de nuestro ministerio, entonces este libro lo decepcionará. No me interesa escribir un libro semejante. Podremos hablar sobre ello cuando nos pongamos al día en la presencia de Jesús.

En cambio, quiero que sienta que ha llegado a conocerme —sin ningún filtro— y conocer a Jesús a través de mi historia. La introspección puede resultar incómoda; pero espero que mi historia produzca lecciones eternas. Con esto en mente, le comparto mis recuerdos y reflexiones, con la esperanza de que el Espíritu Santo le transmita una visión de su poder y que las cosas que he aprendido y experimentado lo guíen a Jesús. De este modo, la historia de mi vida podrá ser lo que siempre he deseado: un humilde letrero que señale directamente hacia Dios.

Comencemos con la oración que hice la primera vez que me reuní con Paul Pastor para comenzar el proceso de escritura:

Señor, ayúdanos a exaltarte y dejar toda la gloria donde pertenece: en la cruz de nuestro Señor Jesucristo, sin la cual estaríamos perdidos. Señor Jesús, te agradecemos por tu misericordia demostrada en la cruz, por ofrecerte voluntariamente para sufrir por nosotros —¡inconcebible!— y por lo paciente que has sido con nosotros. Ciegamente, seguimos adelante con nuestras vidas; pero tú pagaste el precio.

Te exaltamos, Señor Jesús, exaltamos la obra de la cruz, exaltamos tu amor, oh, Padre celestial. Te honramos, Espíritu Santo. Señor, límpianos, purifícanos y ayúdanos a mirarte a ti y no a nosotros mismos. Permite que los lectores de este libro se enamoren de ti. Oh, Dios Todopoderoso: Padre, Hijo y Espíritu Santo. Que sus vidas sean bendecidas más de lo que puedan imaginar. Te pedimos que puedan permanecer cerca de ti y que no permitan que la carne, el mundo ni el diablo destruyan tu obra.

Creemos que harás conforme a nuestra petición para gloria de tu nombre.

Encomendamos estas palabras a ti con gozo, Señor, gozo del corazón.

En el nombre de Jesús,

Amén.

CAPÍTULO 1

Buscar primeramente el reino de Dios

Mi madre, Matilde Balfour de Palau

> Más bien, busquen primeramente el reino de Dios y su justicia, y todas estas cosas les serán añadidas.
>
> MATEO 6.33

Nací en Argentina, en un pueblo humilde lleno de personas orgullosas.

Ingeniero Maschwitz es su nombre. En aquellos días «Maschwitz» tenía clase, un hogar de fin de semana para aquellas personas ansiosas por escapar de la capital agobiante. Sin embargo, el tiempo no ha sido benévolo con Maschwitz. Poco a poco, la pintura de las edificaciones se fue descolorando y descascarando, y los visitantes de los fines de semana dejaron de venir tan a menudo. En aquel entonces, Buenos Aires se encontraba a cuarenta y cinco minutos de distancia, aunque perecía más alejado.

Había una carretera asfaltada que nos unía con la gran ciudad, pero las calles en las cuales jugaba eran mayormente de barro, protegidas del sol abrasador por las extensas arboledas. Aprendí a saber qué hora era por el tracatraca y los silbidos del tren que pasaba a unas pocas cuadras de nuestra casa; unos cientos de metros que a mí me parecían kilómetros.

Fui el primogénito de seis. Nuestra vida hogareña era muy feliz, llena de risas y del aroma a buena comida, café y mate.

Mis padres fueron los que pusieron los fundamentos para mi vida. Lo hicieron de diversas maneras, pero ninguna fue tan importante como su inquebrantable compromiso con el evangelio. Para Luis y Matilde Palau, era necesario que las buenas noticias de Jesús se predicaran y se vivieran, se anunciaran en las calles y se demostraran con amor en el hogar.

Comienzo con mi mamá porque estuvo con nosotros, sus hijos, por más tiempo. La lección más importante que aprendí de ella fue confiar en Dios plenamente, incluso en medio de circunstancias radicalmente cambiantes y desafortunadas. Su confianza y su gozo puestos en el Señor se asemejaban a «una casa construida sobre la roca». Cuando sobrevenían las tormentas y las inundaciones, no eran conmovidos.

Volveremos a esas tormentas más adelante. Como digo, tuve una niñez agradable y feliz. Al nacer, mi familia gozaba de una buena posición económica. Para los estándares de aquella época, no éramos extravagantemente ricos, ni siquiera elegantes; pero a mi padre le había ido muy bien.

Teníamos una sirvienta que limpiaba y ayudaba a cocinar, niñeras que nos cuidaban a los niños y un chofer para mi madre, que no sabía manejar. Vivíamos cómodamente y felices. Las Navidades las celebrábamos al estilo europeo, en un clima cálido y con un árbol navideño recién cortado. Mi padre siempre nos sorprendía con sus regalos. Los dulces y las sorpresas abundaban. Un año recibí una bicicleta; ¡qué emoción! Otro año fue un poni, con un traje de vaquero incluido para el nuevo *gaucho* de la familia Palau. Tristemente, el poni falleció al poco tiempo. ¡Cuánto me dolió su muerte!

Además de la escuela y del negocio de mi padre, nuestra vida se centraba completamente en la iglesia: adoración, evangelización, ministerio. Para muchos de nuestros vecinos, católicos por tradición, nosotros éramos algo así como un símbolo de la fe evangélica. En aquellos tiempos, ser evangélico no era bien visto. Lo normal era ser católico.

Hay una foto mía, con cabello largo y pañales, de cuando tenía quizás dos años, en la que estoy mirando, a través de la cerca, una procesión religiosa que se había detenido precisamente frente a nuestra casa. Las personas más devotas del pueblo realizaban cada año un desfile con motivo de la festividad de la Virgen de Luján. En la actualidad, los católicos se refieren a los evangélicos como «hermanos separados», que es una manera menos despectiva. Aquel día se propusieron detenerse por diez o quince minutos enfrente de la residencia de los Palau, cargando una estatua de la Virgen María con su atuendo triangular azul y blanco, y su rostro bondadoso mirando por debajo de su corona dorada. Antes de llegar a nosotros, habían llevado la imagen por todo el pueblo, cantando un himno que me parecía bastante monótono y deprimente:

> O María, madre mía,
> O consuelo del mortal.
> Amparadnos y guiadnos
> A la Patria Celestial.

Tenían buenas intenciones, pero para mis oídos de niño, aquello sonaba como un himno sin vida. Cuando crecí, quería gritarles: «Vamos, ¿no tienen otras canciones más alegres que esa?».

La familia Palau no siempre estuvo de este lado de la cerca. Apenas unos años antes, mi madre había sido la organista de la Iglesia Católica parroquial. Quizás ese haya sido el motivo de por qué decidieron detener la procesión precisamente allí.

Mi abuelo por parte de madre era un presbiteriano escocés que le encantaba referirse a sí mismo como tal. «No te preocupes por mí, hijo», solía decir de forma engreída si algún misionero se le acercaba. «Estoy bien. ¡Soy presbiteriano escocés!». Con eso, daba por cerrada la conversación.

Si bien la fe de mi abuelo era en apariencia nominal, mi abuela era una mujer devota como creo que solo las abuelas católicas francesas pueden serlo. Definitivamente, ella *no* era una presbiteriana escocesa.

Una vez, le prometió a la Virgen María que en su festividad caminaría de rodillas por tres kilómetros si eximía a un tío mío de nombre Jackie de realizar el servicio militar. Ridículo. Pero lo hizo. Y terminó el recorrido con las rodillas sangrando. Años después, llegó a conocer al Señor más profundamente. «¡Dudo que la Virgen María me haya escuchado!», comentó más tarde.

La fe de mi madre, como la de mi abuela, era sincera. Sin embargo, no le traía paz y terminó buscando algo más. Para cuando quedó embarazada de mí, estaba atravesando por una de esas crisis de inseguridad.

Cierto día, alguien llamó suavemente a la puerta y, como el Señor lo había planeado, mi madre estaba en casa para responder. ¡Cuánto le alabo a Dios por ello! Parado en el escalón se encontraba un caballero inglés elegantemente vestido. En una mano sostenía un libro de hermoso aspecto y en la otra un bastón de buen peso. «Buenos días, señora», le dijo. «¿Le gustaría un ejemplar de la Palabra de Dios?».

Desconozco si mi madre alguna vez tuvo una Biblia, pero aceptó aquella que el caballero inglés le estaba entregando, le agradeció con amabilidad y dio por terminado el encuentro cerrando la puerta. Se detuvo a mirar el libro, un ejemplar muy bonito del Nuevo Testamento en español. Comenzó a leer. Los sentimientos que por mucho tiempo estuvieron reprimidos comenzaron a abrumarla. No había sido capaz de hallar aquello que su alma anhelaba: *paz*. Había hecho buenas obras y servido en la iglesia. Le había hecho promesas a Dios. Alababa a Dios fielmente en la misa. Se confesaba con el cura de forma periódica. Y, sin embargo, pese a todo ello, algo todavía le faltaba. No tenía paz.

Hay un himno muy antiguo que hasta el día de hoy me conmueve hasta las lágrimas, aunque me encuentre a once mil kilómetros de mi antiguo hogar en Maschwitz. No puedo terminar de cantarlo sin que mi voz se quebrante. Dice así:

Paz con Dios, busqué ganarla
con febril solicitud,
mas mis obras meritorias
no me dieron la salud.
¡Oh, qué paz Jesús me da!
Paz que antes ignoré
Todo hecho ya quedó
Desde que a Jesús hallé.

Este himno resume perfectamente la búsqueda de mi madre. Comenzó a leer aquel Nuevo Testamento. Tan profunda era su veneración por Jesús, aun en su búsqueda, que lo leía de rodillas, consciente de su santidad. Después de tan solo algunos capítulos del Evangelio de Mateo, llegó a las bienaventuranzas, el sermón más famoso de Jesús que comienza en Mateo 5.

«Bienaventurados», leyó, «los de limpio corazón, porque ellos verán a Dios».

Leyó este versículo de bendición, palabras de Jesús llenas de belleza. Sin embargo, mientras lo leía su corazón se desesperó. Era como si el libro le estuviera hablando. *Es verdad*, pensó, *nunca veré a Dios. Sé que no tengo un corazón puro.*

Sin embargo, mientras oraba, tuvo una sensación extraña. Le pareció que el mismo Señor que había pronunciado aquellas palabras le estaba hablando. *Hija mía*, sintió que le decía, *tú eres mía. Estás perdonada.* De pronto, recordó las palabras de Juan el Bautista que el cura solía citar en la misa: «He aquí el Cordero de Dios, que quita el pecado del mundo» (Juan 1.29). Supo, mientras un gozo repentino la inundaba, ¡que este Cordero también era para *ella!* ¡Lo vio! ¡Había venido a quitar el pecado de Matilde!

Por primera vez allí, postrada de rodillas, tuvo una revelación. No pudo contener las lágrimas me contó después, mientras el Espíritu Santo trabajaba en su ser interior. Esa falta de paz y la sensación de una impureza agobiante en su corazón no tenían por qué conducirla a la desesperación. ¡Deberían guiarla al Cordero! Sus temores —*nunca hallaré la paz con Dios y nunca seré perdonada*— fueron vencidos por ese simple recordatorio: *He aquí el Cordero de Dios… He aquí el Cordero de Dios.*

Y sintió paz, gozo y amor. Finalmente, halló descanso, precisamente lo que había anhelado con tanto fervor.

Gozosa, mi madre salió en busca de aquel caballero inglés que le había regalado el Nuevo Testamento. Supo que se llamaba Edward Charles Rogers. Al encontrarse con él, le preguntó si debía dejar la Iglesia Católica. «¡No, no! Quédese allí», le insistió el señor Rogers. «Continúe tocando el órgano. Cuénteles a sus amigos lo que ha experimentado. Dígales cómo Dios ha llenado de paz su corazón. Probablemente, muchos de ellos aún estén buscando lo que usted ya encontró. Luego, por las tardes, puede unirse a las reuniones bíblicas en nuestra pequeña capilla». Y así lo hizo.

Yo estaba aún en su vientre cuando se convirtió. Antes de que yo naciera, oró: *Señor, quiero que este niño sea un predicador del evangelio.* ¡Y al parecer Dios le respondió! A medida que yo crecía, solía contarme muchas historias como estas que fortalecían en mí los primeros sentimientos de mi niñez, ¡incluso antes de que pudiera comprender plenamente lo que significaba ser cristiano! *Luis, sentía dentro de mí, has sido llamado a predicar el evangelio. ¡Será mejor que lo hagas!*

Esta oración de mi madre, aun siendo recién convertida, demuestra la sinceridad pura de su búsqueda. La misma determinación que la llevó a buscar esa paz interior, a pesar de todos los símbolos religiosos en los que había creído, ahora la motivaba a tener una vida espiritual constante y profunda que se derramó hacia su esposo, sus hijos y vecinos.

¡Mi mamá casi que me amaba en exceso! La vida era grandiosa. Me hacía sentir como un niño bueno. De manera entusiasta, celebraba todo lo que hacían sus hijos. Cuando aprendí a leer, me felicitó eufórica: «¡Oh, tan pequeñito y ya puedes leer tan bien!», decía una y otra vez. Quizás me malcrió un poco, pero no tengo dudas de lo mucho que me amaba.

Su vida la centraba en Dios: Padre, Hijo y Espíritu Santo. Aún puedo oír su voz cuando oraba en voz baja y elevaba su corazón en alabanza. Leía la Biblia constantemente, casi siempre de rodillas como lo hizo desde un comienzo. Nos citaba muchos versículos de memoria e insistía en que memorizáramos los versículos que nos daban en la escuela dominical.

Hacía hincapié en lo necesario que era memorizar la Escritura desde la niñez. Para mí, ayudar a los niños a aprender y a memorizar la Palabra es muy importante, y eso lo heredé directamente de mi mamá. En la escuela dominical, solían darnos pequeñas recompensas por memorizar los versículos semanales. En la clase repetíamos el versículo todos juntos, y si alguien no lo sabía, lo ayudábamos. Era divertido y nos enorgullecía aprender los pasajes bíblicos. Las promesas de esos versículos permanecieron conmigo. En aquel entonces, eran poderosos. Hoy, esos mismos versículos tienen la fuerza del cumplimiento de las promesas.

De los muchos versículos que a mi madre le gustaban, uno resume perfectamente la lección que me enseñó: «Más bien, busquen primeramente el reino de Dios y su justicia, y todas estas cosas les serán añadidas» (Mateo 6.33).

¡Qué promesa más sencilla pero tan profunda a la vez! Todas aquellas cosas por las que nos preocupamos —qué comeremos, o qué beberemos o cómo nos vestiremos— serán provistas por Dios al buscar su reino. Jesús nos hizo una promesa audaz. Como exhortan los demás versículos en Mateo 6, mi madre confió en Dios de manera inocente y completa, al igual que las aves del cielo o los lirios del campo. No se imaginaba cuánto iba a ser probada esa confianza.

Mi padre murió cuando tenía apenas treinta y cuatro años. Yo tenía diez. Cuando falleció, no dejó ningún tipo de documentación: ni testamento, ni plan de sucesión, ni documentos por su patrimonio ni ningún tipo de organización de sus intereses empresariales, los que eran considerables y complicados.

Él había sido principalmente constructor, pero se involucraba en casi todo lo que pueda imaginarse. No se daba descanso, siempre construyendo, siempre pensando en el próximo proyecto. Aún hoy no sabemos con certeza cuántas propiedades poseía o el alcance total de sus intereses empresariales. De hecho, la semana en que regresó a casa y falleció, había viajado a Mendoza donde había comprado algunos viñedos. Nos enteramos de esa compra veinte años más tarde. Para ese entonces ya era demasiado tarde recuperarlos; alguien había pagado los impuestos adeudados apropiándose de ellos. Mi padre poseía muchas tierras, equipo y materiales; pero no pudimos encontrar la documentación que nos permitiera acreditar nuestra calidad de dueños legales.

Mi mamá, que no sabía nada de negocios, debió enfrentar sola la nueva situación. Allí estaba ella, con treinta y tres años, embarazada de mi hermana menor; con seis hijos y viuda. Intentó liquidar las cuentas de mi papá, pero poco pudo hacer en su estado de angustia y conmoción para enfrentar a quienes le demandaban dinero o presentaban reclamos contra la compañía Palau. Aquel fue un tiempo terrible. En solo una cuestión de meses, los Palau pasaron de ser una familia pudiente a una familia prácticamente indigente.

La gente nos acosaba diciendo que les debíamos dinero. La situación llegó a ser tan grave que tuvimos que abandonar Maschwitz. Fue un tiempo desgarrador para mi madre. No teníamos ninguna fuente de ingreso. «No sé qué hacer», decía. «El Señor tiene que protegernos. Tiene que enviar su provisión». Muy firme sobre no iniciar acciones legales, decidió no demandar a nadie y dejar que Dios se encargara. «Él proveerá», repetía una y otra vez.

Ella sentía el dolor de la soledad. Poco tiempo después de la muerte de mi padre, cuando yo tenía once o doce años, nos mudamos a la casa de mi abuelo al otro lado de la ciudad de Buenos Aires. Un día vi a mi madre que se retiraba su cuarto. Después escuché que estaba llorando. En Argentina, todos toman vino, al igual que los europeos (sin que implique un estigma para los cristianos). Se había llevado una copa de vino y algo de pan y queso. Me imaginé que lloraba porque mi padre ya no estaba a su lado. Y pensé: *Extraña a mi papá, ¡pero nos tiene a nosotros!* Luego: *Quizás ese sea el motivo por el cual llora. Lidiar con nosotros seis, y ahora encima pobre. ¡Yo también lloré!* Pero ella se mantuvo fuerte.

Seis años después de la muerte de mi padre, tuvimos que mudarnos a la provincia de Córdoba, ubicada en el centro de Argentina, a setecientos kilómetros de la hermosa casa que mi padre había construido. Tuve que abandonar la educación británica privada, que había sido el anhelo de mi padre para mi formación. Mi presente y mi futuro se vieron sacudidos. Córdoba era montañosa y hermosa, pero era una gran ciudad y la vida era muy diferente a Maschwitz

¿Ha oído hablar de reducción? ¡Pues, nosotros nos redujimos! Nuestra nueva casa tenía un garaje, pero no teníamos auto, así que el garaje se convirtió en la habitación de mis hermanas. Como yo era el único varón, dormía en la diminuta sala de estar en un sofá cama. Éramos pobres. Muy pobres.

Incluso ese lugar pequeño, tan estrecho para los siete, resultaba demasiado costoso. Hubo una época cuando llegamos a estar nueve meses atrasados con la renta. Simplemente no podíamos pagarla. No obstante, durante esos tiempos de dificultad, nunca faltaron personas que nos ayudaban. El propietario de la casa que alquilábamos no nos presionaba con la renta, esperando hasta que pudiéramos pagar. El almacenero de la esquina nos permitía comprar a crédito, aunque las cuentas de la familia Palau no dejaban de incrementarse.

Cuando obteníamos un pequeño ingreso, mi madre iba y les pagaba. Y ellos nunca se quejaron. Hasta donde sé, no eran creyentes, simplemente eran personas que se compadecían de una viuda y sus seis hijos. Su amabilidad siempre me ha conmovido. La amabilidad de los inconversos puede ser la provisión de Dios.

Los años pasaron y crecí. Conseguí un trabajo como empleado en el Banco de Londres en América del Sur. Mi salario era relativamente satisfactorio, pero no dejaba de ser un salario de un muchacho. ¡Y tenía cinco hermanas y una madre, aparte de mí mismo, para mantener! Si bien trabajaba a tiempo completo, simplemente el dinero no nos alcanzaba. A pesar de nuestra gran pobreza, la gente solía pensar que pertenecíamos a la clase alta por ser bilingües. Las personas que asistían a la iglesia local, la mayoría de ellos muy humildes, siempre supusieron que éramos ricos. ¡Después de todo, yo trabajaba en el Banco de Londres! Como consecuencia, creo que no eran conscientes de nuestras necesidades reales. Aunque la gente de nuestra nueva iglesia en Córdoba era generosa por naturaleza, nunca nadie se nos acercó para decirnos: «Señora, usted se quedó viuda con seis hijos. Tome, aquí tiene un cheque». Así que dependíamos plenamente en el Señor.

No teníamos absolutamente *nada*. A veces, nuestra comida era una taza de café con pan. Eso era todo. Sin embargo, nos arrodillábamos y le agradecíamos al Señor por el café y por el pan. De vez en cuando, mi mamá conseguía el dinero suficiente como para comprar un trozo de carne que dividía prolijamente en siete trozos pequeños, uno para cada uno. A pesar de la inmensa dificultad, creo que fue una bendición haber sido pobre, ya que me ayudó a entender a la gente necesitada. Sé lo que es no tener suficiente.

Pese a todo, no recuerdo haber visto a mi madre quejándose o enojándose con Dios por las vicisitudes que había permitido en nuestras vidas. Su confianza nunca fue condicional. Aun cuando nuestras circunstancias habían cambiado de manera tan drástica, nunca dejó de buscar el reino de Dios. Confiábamos en el Señor porque no teníamos a nadie más en quien confiar.

Confiar en el Señor en medio de la tormenta —de eso se trata la confianza—. Esa es la clase de fe que impacta a las personas que lo rodean. Es fácil confiar cuando todo nos va bien en la vida. Sin embargo, nuestra fe es verdaderamente probada en la adversidad más oscura. Solíamos arrodillarnos todos juntos en familia, y mi madre nos guiaba en oración a favor de la provisión de Dios. Siempre con nuestros ojos puestos en el Señor, de quien dependíamos absolutamente. Porque ¿a quién iríamos sino a él? Aunque nuestra vida fue difícil, él nunca nos falló.

Mi madre solía citar: «Confía en el SEÑOR de todo corazón» (Proverbios 3.5) y «Mi Dios proveerá a todas vuestras necesidades conforme a sus riquezas en gloria en Cristo Jesús» (Filipenses 4.19, RVR1977).

La fe que brotaba de esos versículos la impulsaba a cantar. Tenía una voz horrible, pero nunca dejaba de cantar. Nuestra casa se llenaba con el sonido de su voz y, por lo general, mis hermanas se unían a sus cánticos. Recuerdo oírla cantar desde el fondo de la casa mientras lavaba la ropa, tarea que antes había hecho una sirvienta por ella. Aún me conmueve hasta las lágrimas recordarlo. Cantaba toda clase de canciones, por lo general en español. Aquella que recuerdo con más cariño era un himno muy conocido:

Maravilloso es el gran amor
que Cristo el Salvador derramó en mí;
Siendo rebelde y pecador,
yo de su muerte causa fui.
¡Grande, sublime, inmensurable amor!
Por mí murió el Salvador.

Dios nos proveyó de diversas maneras, como siempre lo hace. Trabajábamos duro, veíamos la generosidad de nuestro prójimo y recibíamos muchas sorpresas.

Mi madre siempre fue una ávida lectora. Solía leernos las biografías de grandes misioneros y obreros cristianos. Por lo general nos leía en inglés, porque en aquellos días había muy pocos libros cristianos traducidos al español. Mi primer recuerdo de sus lecturas se remonta a cuando yo tenía alrededor de cuatro años. La historia que tuvo un mayor impacto sobre mi vida fue la de Hudson Taylor y su misión extraordinaria en China. Aquellos hombres y mujeres misioneros eran mis héroes, y aún lo son. No considero héroes a los jugadores de baloncesto ni a los músicos; ellos no son más que talentosos millonarios. En cambio, aquellos que dan su vida para el servicio de otros, que dejan de lado su propia comodidad y seguridad para anunciar las buenas nuevas de Jesucristo a los que nunca han oído sobre él; ellos son los verdaderos héroes.

Gracias a que mi madre era bilingüe, trabajó para el Ejército de Salvación y otras organizaciones cristianas traduciendo libros. Eso le permitió ganar algo de dinero. También trabajó como traductora para algunas corporaciones que necesitaban traducir documentos. . Desde luego, lo que ganaba era importante, pero no era suficiente como para cambiar nuestra situación.

Algunos familiares acudieron también en nuestra ayuda cada vez que les fue posible. Teníamos una tía, hermana de mi madre, amable y generosa. No tuvo hijos. Trabajaba en un colegio británico como asistente de los directores. Era un buen puesto. Les compraba vestidos a mis hermanas y enviaba algo de dinero para nuestros cumpleaños. Ella y su esposo no eran adinerados, pero compartían de lo que tenían.

Me río al recordar que ese mismo tío, antes de casarse con mi tía, tenía un revólver calibre .45. En aquellos tiempos, las calles no estaban muy iluminadas. Si oía ruidos en la oscuridad detrás de su casa, abría la ventana y —*pum, pum, pum*— comenzaba a disparar al aire. «¡Qué estás haciendo allí!», le gritaba a la nada misma. ¡Pum, pum, pum! ¡Qué terrible sentido de la seguridad pública! ¡Podría haber matado a alguien! Si bien tenía solo diecinueve años, debía comportarse como un hombre.

Con el paso del tiempo, mi hermana Matilde entró a trabajar para Kaiser, una compañía estadounidense que fabricaba automóviles para el mercado de postguerra. Tenían una fábrica en Argentina, y había una gran demanda de personas bilingües.

Mi hermana Martha era muy talentosa. Enseñaba a niños lecciones de piano, de acordeón y todo lo que estuviera relacionado con la música; así ganaba también algunos pesos.

En tales circunstancias, aprendimos a vivir con prácticamente nada y aún así ser usados por el Señor. Cuando recibíamos ayuda, compartíamos con otros lo que teníamos. Los sábados, visitábamos a dos hermanas francesas en situación de extrema pobreza y que vivían prácticamente enclaustradas. Nuestas visitas a ellas tenían carácter de ministerio. Les llevábamos alimentos, cantábamos y predicábamos la Palabra de Dios (una buena práctica para después).

Cuando una de las hermanas falleció, pedimos a la municipalidad local que nos proveyera de un ataúd económico. Cuando nos reunimos en su funeral, la otra hermana me apartó a un costado y me dijo: «Luis, en Francia nos preocupa el hecho de enterrar a alguien que no esté realmente muerto». Entonces, mostrándome un alfiler de sombrero antiguo, largo y puntiagudo, agregó: . «Tomamos uno de estos alfileres y lo presionamos en la planta del pie». Me estremecí. «Si están vivos, patearán».

Me quedé mirándola.

«Pero no me animo a hacerlo», continuó diciendo. «¿Me haría el honor por mi hermana?».

Tomé el alfiler de sombrero y caminé hacia el cuerpo. El alfiler entró sin resistencia. Se deslizó con una suavidad horrible, como si la carne fuera mantequilla. ¡Fue espantoso! Pero supimos que estaba muerta, y su hermana tuvo su consciencia tranquila. Fue una introducción temprana a los pedidos extraños que ministrar para Jesús mucha veces nos demanda. En las sierras de Córdoba, una ciudad de más de un millón de habitantes, ministramos tan bien como pudimos. Organizábamos reuniones de niños en nuestra casa y al aire libre. Llevábamos a cabo reuniones en las calles. Hacíamos lo que fuera para proclamar el evangelio, y compartirlo era nuestra vida. Para nosotros, los deportes, las películas y cosas semejantes carecían de importancia. Hablábamos solamente sobre evangelizar y el trabajo misionero, ya que todo lo demás era «mundano» y lo despreciábamos. Solo predicábamos el evangelio.

Me compré una motocicleta liviana para viajar a mi trabajo del banco y a mi trabajo en una organización misionera, inicialmente llamada *Orient Mission*, y posteriormente *Overseas Crusades*. El nuevo empleo pagaba un *poco* mejor, pero no era gran cosa.

Además de la escuela, trabajos esporádicos y nuestros empleos, todo lo que hacíamos era ir a la iglesia. Los martes asistíamos a un estudio bíblico, los jueves íbamos a predicar, los sábados a alguna *otra* actividad y el domingo a la escuela dominical, más prédicas y la santa cena. La iglesia y la evangelización en las calles eran nuestra vida.

Una vez, un querido amigo me dijo que Dios responde las oraciones de cuatro maneras:

1. Sí, creía que nunca lo pedirías.
2. No, te amo demasiado.
3. Sí, pero no todavía.
4. Sí, y aquí tienes más.

Yo agregué una quinta, por experiencia propia:

5. Sí, pero no de la manera en que piensas.

Dios responde las oraciones. Siempre. Pero las responde a su manera, no a la nuestra. Debemos aprender a discernir sus respuestas. Él no está limitado a nuestros planes o deseos.

Los años posteriores al fallecimiento de mi padre nos enseñaron ese quinto punto. Las respuestas de Dios implicaron arduo trabajo o crédito por parte de los vecinos. En ocasiones, algo increíble sucedía.

La Biblia habla acerca de no oprimir a las viudas ni a los huérfanos. Nosotros lo experimentamos. En una ocasión, cuando el dinero escaseaba más de lo normal, esperábamos que *finalmente* nos echaran de nuestra casa porque debíamos varios meses de renta. Justo cuando nuestra situación financiera se estaba volviendo más crítica, recibimos una carta.

«Sra. Palau», empezaba con letra simple y masculina, «me avergüenza confesarle lo siguiente. Hace varios años, cuando estaban atravesando por dificultades, le mentí. Me apropié de un tractor que le dije que estaba averiado aunque en realidad funcionaba perfectamente. Lo he usado durante años, y me apena haberle hecho esto a usted, una viuda con seis hijos».

La firmaba un viejo conocido. Dentro del sobre había un cheque por una cantidad significativa, según el cálculo que el hombre había hecho por haber engañado a mi madre con respecto al costoso tractor, más intereses. ¡Pudimos seguir viviendo en nuestra casa!

Dicha carta sugería que todavía había mucho más de lo que mi padre había dejado, lo cual nos pertenecía. Finalmente, después de luchar durante años con el gobierno, los abogados y personas sin escrúpulos que habían sido cercanas a nuestra familia y que nos habían engañado descaradamente, logramos recuperar algo.

Cuando ya tenía treinta y dos años, veintidós años después de la muerte de mi padre, descubrimos propiedades que aún estaban a nombre de la familia. Finalmente, y luego de atravesar por todas las ramificaciones legales que tiene una herencia tan complicada como la nuestra, tuvimos derecho a la posesión. Según las leyes de Argentina, el cincuenta por ciento le correspondía a mi mamá, y la otra mitad debía dividirse entre sus seis hijos. No era demasiado, pero se sintió increíblemente bien.

Para ese entonces, yo había conocido y tratado con tantas personas codiciosas que me repugnaba el dinero que me correspondía. Pensaba: *No quiero ni un centavo que provenga de esto.* Al saber que era capaz de sustentarme a mí mismo más fácilmente que mis hermanas, le cedí mi parte a mi hermana mayor, a fin de que pudiera tener un pequeño patrimonio como red de seguridad. No me sentí un héroe. Solo me sentí feliz y en paz.

Con esta nueva estabilidad financiera en aumento, mi madre canceló sus deudas. Llegó un momento —no recuerdo cuándo precisamente— en el que nuestra familia pudo decir: «No le debemos dinero a nadie». El Señor había respondido nuestras oraciones, pero de formas inesperadas y en su tiempo.

Desde que me encontraba dando patadas en el vientre de mi madre, ella oraba pidiéndole a Dios que yo llegara a ser un predicador del evangelio. «¡Ve a los pueblos que no tienen iglesias!» me rogaba. «Lleva el evangelio. Planta iglesias». Me insistía y me animaba. «Ve, anda, anda».

Para mi madre, buscar el reino de Dios no era algo que uno hacía solamente de rodillas; sino también con sus pies. Constantemente me presionaba para que saliera a predicar. Al principio me resistía un poco. Era un muchacho joven y sentía la responsabilidad de mi familia sobre los hombros. Después de un tiempo, ella quería que renunciara a mi empleo en el banco y saliera a predicar el evangelio. «Pero mamá», le decía, «¿con qué vamos a comer?».

«El Señor proveerá», respondía. «Él no es deudor de hombres».

Sin embargo, me llevó un tiempo dar ese paso de fe. No actué tan rápido como ella esperaba que lo hiciera. Cierto día, mientras ella y yo caminábamos por las sierras de Córdoba me dijo, señalando el horizonte: «Tienes que llegar hasta allí. Tienes que salir a predicar y plantar una iglesia». Sus palabras hicieron surgir en mí algo con lo que había estado luchando. Sabía que *debía* considerar dedicarme al ministerio a tiempo completo, pero lo había estado posponiendo. Nunca había sentido la motivación emocional por parte de Dios para salir.

«Mamá, estoy esperando oír el llamado» le dije.

«¿El llamado?», respondió, con ese tono seco que solo una madre sabe hacer. «¡El *llamado*!». Había empezado a molestarse. «¡El llamado se hizo hace dos mil años, Luis! El Señor está esperando *tu* respuesta, no tienes que esperar *su* llamado».

Ella tenía un buen punto. ¿Quién dijo que tenemos que esperar el llamado de Dios? Si nos llama de una manera especial, bienvenido sea. Pero ya se nos ha ordenado salir y predicar. No necesitamos un llamado; solo debemos obedecer. La ausencia de un «llamado» nunca debe convertirse en una excusa para no hacer nada. Mi madre nunca recibió un «llamado». La Biblia simplemente le dijo «ve». Y se tomó ese llamamiento tan a pecho que pasó su vida obedeciéndolo con gozo y enseñándoles a sus hijos a hacer lo mismo.

Esa conversación con mi madre me sacudió. Fue uno de los momentos decisivos de mi vida. Decidí que ya no quería seguir esperando un sentir que quizás jamás tendría, y que sencillamente sería obediente a lo que había estado frente a mí todo el tiempo. No necesitaba esperar. Debía *actuar*.

Al buscar el reino de Dios, siguiendo el ejemplo de mi madre, experimentamos la provisión de Dios, ¡y aun provee a través de nosotros! Así es, «y todas estas cosas os serán añadidas» (Mateo 6.33 RVR1977). A pesar de que esos tiempos fueron difíciles, Dios proveyó.

Experimentar la provisión de Dios me enseñó a confiar en sus métodos poco comunes. A través del ejemplo constante de mi querida madre, he visto que Dios es digno de toda confianza. A pesar de que mi fe fue probada en muchas oportunidades durante las siete décadas desde el fallecimiento de mi padre, Dios nunca ha dejado de cumplir su promesa.

En ese entonces, no pensábamos conscientemente sobre ello; solo procurábamos buscarle a él y su reino. Cuando miro hacia atrás, veo que nuestra pobreza nos enseñó a vernos a nosotros mismos como parte de una economía invisible, el sistema del reino de los cielos. Por la gracia de Dios, este sistema puede suplir todas nuestras necesidades en el tiempo perfecto y mediante los milagros sencillos que Dios suele hacer.

Todos los Palau estamos sirviendo al Señor a nuestro modo. Todos tenemos nuestros altibajos, pero hemos servido para extender el reino de Dios. Cuando mis hermanas me escriben, por lo general hacen referencia a la confianza que aprendimos de mi madre. «Hemos confiado en Él desde el principio», dicen. Y tienen razón. El Señor ha respondido nuestras oraciones. Hemos visto su provisión contra viento y marea. Ha suplido todas nuestras necesidades. Y todo lo hizo perfecto. Y en su tiempo.

Mi madre vivió para ver su oración contestada. Me convertí en predicador y viajé por el mundo anunciando las buenas noticias de la cruz. Cada vez que regresaba de algún viaje, la llamaba. Ella siempre quería saber cómo iba el ministerio. Oraba sin cesar por mi vida. Buscó el reino de Dios hasta el día en que falleció y tuvo acceso a su recompensa en el cielo. Fue fiel hasta el final y murió cantando con esa voz tan particular; una creyente firme y feliz.

Aprendí mucho de mi madre. Principalmente, entre esas riquezas había una confianza sólida en Dios y en sus promesas. Su fe resultó inquebrantable. «En este mundo afrontarán aflicciones, pero ¡anímense! Yo he vencido al mundo» (Juan 16.33). Ella creía, cantaba, enseñaba, oraba, esperaba, reía, lloraba y vivía esta verdad.

En estos días, he estado pensando mucho acerca de la cruz. El cáncer ha encendido el fuego en mi vida —¡cómo si ya no estuviera allí!—. Me ha convertido en un *fanático* santo de la cruz. La cruz de Jesús ha sido el centro de todo. *Debe* ser el centro de todo. Debe ser el centro de mi vida. Debe ser el centro de la suya. Debo verme a mí mismo a la luz de la cruz y recordar que nada soy sin Jesús.

Y usted tampoco, quienquiera que esté leyendo esto. Todos enfrentaremos la muerte. No nos engañemos. Es un tema que está presente a lo largo de la vida. Para mí, no obstante, la muerte siempre me pareció distante. Ya no más. Pienso en el gran agujero negro que la muerte pudo haber significado para mí. Pero la muerte ha sido devorada en victoria (1 Corintios 15.54) y su aguijón desbaratado. ¿Por quién? ¡Por Jesucristo!

Los grandes avivamientos tienen lugar cuando se predica sobre la cruz de Jesús. La cruz pone todo en perspectiva. La cruz es el centro de todo lo que es bueno en el mundo. Predicar sobre esa cruz se convirtió en una misión que consumía el corazón de mi madre. Ella tenía todas las excusas para quedarse en casa y solo tratar de sobrevivir. ¡Era una viuda con siete bocas para alimentar! En cambio, usó la simplicidad de nuestras vidas como otra forma para buscar el reino de Dios y siempre se esforzó por compartir el evangelio con la mayor cantidad de gente que le fue posible.

He entendido el concepto de Mateo 6.33 de buscar primeramente el reino de Dios, y lo creo hasta hoy. Dios ha prometido

que proveerá todas nuestras necesidades. Él no le promete riquezas, prosperidad ni comodidad, pero le dará lo que necesite para
avanzar en la obra y en la vida de su reino. Las promesas del Señor
son muchas; no puedo negarlas.

¿Cuáles son sus necesidades? ¿De qué manera está buscando
usted el reino del Señor en este día? ¿Necesita de la provisión que
solo su Creador y Redentor le puede dar? ¿Alguna vez experimentó
la bondad de la provisión perfecta del Señor?

Quisiera que recuerde el ejemplo de mi madre. Tenía una
fe tan simple que las promesas de Dios se cumplieron *en su vida*.
Creía que al buscar el reino, Dios respondería como había prometido y en su fidelidad supliría todas sus necesidades.

Mi oración para usted, querido lector, es la misma que hago
para mí mismo. Oro para que siempre podamos acudir al Señor
ante cada necesidad, ya sea grande o pequeña. Oro para que seamos siervos fieles en buscar al Señor a diario, a fin de poder experimentar las riquezas de su provisión con la misma profundidad de
la fe que vi en mi madre, Matilde Balfour de Palau.

CAPÍTULO 2

Dar todo a Dios

Mi padre, Sr. Luis Palau

Ustedes serán enriquecidos en todo sentido
para que en toda ocasión puedan ser
generosos, y para que por medio de nosotros
la generosidad de ustedes resulte en acciones
de gracias a Dios.

2 CORINTIOS 9.11

Cuando era niño, la señora que vivía enfrente de nuestra casa estuvo a punto de electrocutarse por accidente. La vi justo cuando tocó ese cable fatídico. Comenzó a temblar como un pez en el anzuelo. Sus gritos llamaron la atención de los vecinos que llegaron corriendo, pero fue mi padre quien intervino.

Al igual que en Gran Bretaña, en Argentina se usan conexiones eléctricas de 220 voltios, dos veces más poderosas que las de Estados Unidos de 110. Los golpes de corriente son, por lo general, letales. En el caso de esta vecina, mi padre no dudó ni un segundo.

Cruzó corriendo la calle, tomó un tablón de dos por cuatro que había allí y usándolo como un bate de béisbol, golpeó directamente en el brazo de la señora, desconectándola del cable y salvándole la vida. Todo el barrio comentó lo sucedido y a mi papá lo consideraron un héroe. Para mí, siempre lo había sido.

Su impulso de actuar mientras otros se quedaban mirando, poniendo en riesgo su vida, fue característico en él. Era un hombre completamente comprometido con los negocios, con el fútbol, con el ministerio y con su familia. No andaba con vueltas ni revueltas. Veía lo que tenía que hacerse y lo hacía.

Ese compromiso pleno era una manifestación de su generosidad. Su entrega no se limitaba al dinero ni al tiempo. Se entregaba a sí mismo para quienes lo rodeaban sin esperar retribución.

Los Palau procedían de la costa este española, de L'Escala, un pequeño pueblo costero del municipio de Cataluña. Habían percibido la creciente ola de violencia y fascismo en España luego de la Primera Guerra Mundial con bombardeos y toda clase de conflictos con el gobierno central en Madrid. La guerra se sentía en la atmósfera una vez más. Muchos españoles buscaron un nuevo comienzo en las Américas. Por 1922, la familia de mi padre emigró a Argentina.

Mi papá venía de una familia numerosa con dos hermanas y cuatro hermanos. Siete hijos en total. Él era el segundo de los siete y claramente el líder de su familia. Cuando su padre falleció, tuvo que asumir el sustento de la familia. Tenía dieciséis años. Su madre, mi abuela, vivía cerca de nuestra casa cuando yo era joven. Tenía un pequeño almacén. Ella y dos de mis tías asistían a nuestra iglesia. Mis padres se casaron en una Iglesia Católica en Escobar, una ciudad situada cercana a la nuestra.

Si bien mi padre era un hombre tranquilo, a su vez era cálido y amoroso. Nos demostraba su afecto, nos abrazaba y nos besaba como buen latino que era. Siempre nos traía pequeños obsequios y sorpresas, como recordatorios de que había estado pensando en nosotros y nos quería ver sonrientes.

Yo era un niño travieso y quizás un poco consentido. Un día, le corté el cabello a una de mis hermanas como si fuera su peluquero. Debo decir que hice un muy buen trabajo considerando que era tan chico. Lamentablemente, fui el único en apreciarlo. Así que decidí no seguir la carrera de peluquero y portarme bien.

Cierto día, nos escondimos con mi hermana de mi papá (le decíamos papito) detrás de una pila de leña. «¡Luisito! ¿Dónde estás?», llamaba. «¿Dónde estás, hijo?». Finalmente, comenzamos a reírnos tanto que nos encontró. Ese día, aprendí a jugar a escondernos cuando los padres llaman de verdad.

Mi papá tenía una granja pequeña —quizás del tamaño de dos manzanas— de la cual se encargaban los empleados. Cultivaban maíz, tenían un pequeño hato y criaban gallinas. Lo hacían de la manera tradicional, algo que el mundo necesita recuperar. Recuerdo lo feliz que me sentía comiendo choclo directamente de la mazorca y tomando leche recién ordeñada. Con mi hermana corríamos a recolectar los huevos de las gallinas, procurando que la cáscara no se rompiera en nuestros dedos impacientes.

Mi padre era un hábil agricultor; su arduo trabajo y paciencia le venían muy bien a la hora de trabajar la tierra. Un agricultor sabe que no puede apresurar el ritmo de la naturaleza, y de igual modo su ética de trabajo implica una cualidad atenta y vigilante que se mueve al paso natural de la vida.

Un día, decidió darme un pedazo de suelo detrás de nuestra casa para que cultivara mi propia huerta. «Esto es tuyo» me dijo. «Cuídalo». Me enseñó a sembrar tomates, lechugas y porotos y arvejas de enredadera. Yo, que por entonces tendría apenas unos nueve años, me dediqué con orgullo a atender mi pequeña parcela. Quería que mi padre se sintiera orgulloso de mí. Allí, en el huerto, me enseñó que la agricultura era solo el principio de mi preparación para ayudarme a que me convirtiera en un hombre autosuficiente. «Cuando cumplas dieciséis, te voy a comprar una camioneta pequeña», me dijo un día. «Así podrás comenzar a trabajar por tu cuenta».

Trabajar por mi cuenta hubiera significado seguir sus pasos. En su adolescencia, con una camioneta vieja, mi papá había comenzado a trabajar haciendo entregas de materiales para la construcción. Poco tiempo después era él quien se encargaba de las construcciones. Sus principios laborales eran simples: trabajar duro, ser honesto y edificar con calidad sin pretensiones. Dueño de un terreno de aproximadamente cuatro manzanas comenzó poco a poco a construir casas para vender.

Su empresa la dirigía desde casa. Una hermosa construcción que había remodelado extensamente. A veces, cuando estaba tratando de trabajar, me reunía con él, con mis hermanas y algunos amigos que desafortunadamente anduvieran por ahí y les predicaba. Los fines de semana se los tomaba libres aunque los sábados los trabajaba hasta el mediodía, en lo que se conocía como «sábado inglés». Por lo tanto, estaba libre los sábados por la tarde y todos los domingos, además de las vacaciones. En los meses de verano se tomaba los días libres que quería.

Las casas que construía eran sólidas y prácticas, a la vez que hermosas. Se inclinaba por el estilo de chalé europeo. Usaba mucho el ladrillo y ponía dentro de las casas las instalaciones, lo que era todo un desafío en una época cuando todavía el baño y las cañerías iban por fuera. Desearía tener más información acerca de todo lo que mi padre construyó durante su carrera, pero lamentablemente, no la tengo. Ya de adulto, visité una casa que construyó y me pareció realmente impresionante. Era bellísima, sólida y, desde luego, hecha con habilidad y cuidado.

Mi padre se convirtió aproximadamente un año después de haberlo hecho mi madre. Yo estaba en el vientre de ella cuando conoció a Jesús y era un bebé cuando se convirtió mi padre. .

Después de que mi madre tuvo la experiencia de la salvación, quiso que su esposo tuviera la misma paz y gozo que ella había hallado. Intentaba hablarle del Señor pero él mostraba poco interés. No discutían al respecto, pero había dejado claro que el tema no le interesaba.

En su tiempo libre, le gustaba jugar al fútbol. Era un atleta fornido y musculoso, además de su habilidad para los negocios y la industria como emprendedor. Tengo una foto de él con su equipo, que se tomó un domingo a la mañana, que era el día en que solían jugar. Tenía una expresión seria (aunque podía verse en sus ojos una pizca de alegría) y en sus manos sostenía flores de su reciente victoria.

Además de esa masculinidad natural, la cual no debería oponerse al cristianismo aunque a veces lo intenta, está la influencia de la cultura latina que considera que la religión está orientada solo para las mujeres, los niños y los ancianos. La fe no era para los *machos* argentinos en la flor de la vida sino una especie de apoyo para consuelo de los temerosos y los débiles. Por supuesto, nada podía estar más lejos de la verdad. Sin embargo, mi padre tendría que aprenderlo esto por sí mismo.

Con el tiempo, mi madre sintió que su deber con la parroquia había llegado a su fin así es que decidió congregarse en la iglesia local de los Hermanos Libres. Fue rebautizada por inmersión, un paso significativo en esa cultura.

Mi padre la llevaba a la iglesia fielmente cada domingo. La dejaba en la puerta, como lo hacía la mayoría de los hombres latinos, y luego iba por un trago con sus amigos y regresaba para cuando la reunión había finalizado. Sin embargo, un domingo a la noche, estacionó el coche en vez de retirarse y, para sorpresa de mi madre, entró a la capilla con ella.

De pronto, en medio de la reunión y cuando la predicación estaba en pleno auge, se puso de pie y anunció: «Recibo a Jesucristo como mi único y suficiente Salvador». Y se sentó. Fue así de simple.

Mi papá no hacía nada a medias. Como Edward Charles Rogers dijo una vez: «El día en que Luis Palau se convirtió, también lo hizo su billetera». Mi papá manifestó su fe por medio de un compromiso totalmente generoso de su corazón, energía, pensamientos, tiempo y, por supuesto, dinero. Después de su conversión, era incansable tanto en la evangelización como en generosidad. Edificaba casas para las personas necesitadas, les entregaba el título de propiedad y con un apretón de mano, les decía: «Págueme lo que pueda por mes». Esa falta de atención a los detalles (en servicio al prójimo) se volvió en contra de nuestra familia cuando falleció, ya que existían muy pocos documentos de las operaciones que había realizado con un simple apretón de mano o una palmadita en la espalda. Pero, detrás de todo eso, siempre hubo un corazón generoso.

Tanto el español como el inglés tienen una relación particular para mí. Pienso en ambos idiomas, escribo en ambos idiomas y predico en ambos idiomas. Esto, con todo lo ventajoso que puede ser, resulta a veces confuso. Lo noto cuando estoy a punto de usar una palabra del otro idioma. Asimismo, puede ser frustrante, porque suele suceder que en un idioma tengo la frase *perfecta*, ¡pero no puedo utilizarla en el otro. Cuando estoy en Latinoamérica, me olvido del inglés. Pienso exclusivamente en español. Cuando regresamos a Estados Unidos, el español pasa a un segundo plano. Incluso busco una Biblia diferente dependiendo del idioma que voy a usar.

Mi padre no hablaba inglés, pero sí lo hablaba mi mamá. De niños, hablábamos español en casa, pero éramos bilingües a causa de mi mamá. Aun así, con la vista puesta en mi futuro, mi papá me envió a un colegio pupilo de origen británico en Quilmes, a fin de perfeccionar mi inglés y darme la mejor educación posible.

Asistí a los colegios públicos locales hasta los ocho años. (Una vez, en la escuela pública, se me obligó a arrodillarme sobre maíz porque me había rehusado a rezarle a la Virgen María). Posteriormente, comencé en un colegio privado, al cual me trasladaba todos los días en tren. Un colegio privado como ese era un privilegio, pero yo era demasiado joven para apreciarlo.

Un incidente bastante gracioso apresuró a mis padres a cambiarme del colegio privado al colegio pupilo, una prestigiosa y disciplinaria escuela secundaria en Quilmes. Un día normal de clases, recibieron una llamada telefónica de un directivo de mi escuela. Se suponía que yo estaba en clases. Pero la pregunta los sorprendió: «¿Dónde está Luis?» preguntó. «¿Se encuentra bien?» Mis padres no sabían qué responder. Yo había salido de casa como de costumbre pero no había llegado a la escuela.

¿Pueden imaginarse la reacción de mis padres? ¡Su hijo, extraviado! Fueron directo a la estación de tren. «Ah, sí, lo he visto», dijo el jefe de la estación en respuesta a la oleada de preguntas de mis padres. «Esperen aquí un momento y lo verán. Solo va y vuelve en los trenes. Se baja de uno y se sube a otro. Una y otra vez, durante toda la mañana. Creo que lo hace solo para mirar por las ventanas».

Me atraparon. Mi papá me dijo que si quería jugar, podría hacerlo en el colegio pupilo. «No es un castigo», puntualizó cuando me tuvo en su oficina. «De todos modos quería enviarte al colegio pupilo. Necesitas perfeccionar tu inglés. Es el idioma del futuro». Así fue como ingresé al colegio secundario en Quilmes.

Justo el día en el que falleció, mi padre había comprado dos barcos llenos de arena provenientes de Paraguay. Planeaba utilizar la arena en algunos de sus proyectos de construcción y vender el sobrante a las compañías locales que se encargaban de la fabricación de ladrillos y cemento. Cualesquiera que hubiesen sido los detalles de esa transacción, nunca llegó a concretarse.

Un fin de semana feriado en que trabajaba ayudando a sus obreros a descargar los materiales de construcción, contrajo la neumonía que finalmente lo llevó a la tumba. Como era joven y fuerte, no le dio importancia a esa tos que lentamente se fue apoderando de su pecho. Sea lo que fuere, lo superaría sin problemas. Al menos eso era lo que le decía a mi madre para no seguir aumentando la preocupación de ella sobre aquella tos.

Pero no la superó. Para cuando llegó al hospital, era demasiado tarde. Los médicos dijeron que podrían haberlo salvado, si hubiera ido de inmediato. La guerra había dejado al país casi sin penicilina, así es que no había nada que pudieran hacer. Regresó a casa después de que los médicos perdieron la esperanza. Fue todo tan repentino. Mi abuela me llamó, luego me pasó a buscar al colegio en Quilmes y me acompañó hasta el tren de regreso a Maschwitz.

Durante todo el viaje, sentía en mi corazón que era demasiado tarde. Simplemente lo sabía.

Era un 17 de diciembre de 1944, pleno verano en el hemisferio sur. Me bajé apresurado del tren y corrí por el pueblo, sudando a causa del calor abrasador. Al atravesar la puerta de mi casa, supe de inmediato que ya había muerto. La quietud que percibí era inconfundible. No se trataba de un silencio de anticipación. Era un silencio de aceptación.

Corrí hacia su habitación, sorprendiendo a mis familiares, que trataban de detenerme sin conseguirlo. Encontré a mi madre llorando. La estaban consolando varios miembros de la familia, que se movían afanosamente en silencio, haciendo todo lo que uno hace cuando ya no queda nada por hacer.

Al verlo, supe por qué habían tratado de que no entrara a su habitación. ¿Era este el hombre que se reía cuando me lanzaba por el aire? ¿Era este el hombre que se arrodillaba en el barro para enseñarme a plantar tomates?

¡Siempre había sido tan fuerte y saludable! Ahora, me encontré con un cuerpo que yacía horriblemente descolorido, amarillento y deshidratado. Sus labios se veían agrietados. El calor del verano había comenzado a producir su efecto. La muerte se había llevado a mi papá a los treinta y cuatro años.

No hay palabras que puedan expresar cómo lamenté su muerte.

Mi madre, que estaba embarazada de mi hermana menor, Ruth, me dio algunos detalles relacionados con sus últimos momentos. Él sabía que estaba muriendo cuando salió del hospital. Algunas horas previas a su muerte, se sentó en la cama y cantó un himno familiar sobre el cielo: «Coronas hay, coronas más allá hay para ti y para mí». Cuando la canción terminó, se volvió a recostar y señalando hacia arriba, citó las palabras del apóstol Pablo en Filipenses: «Deseo partir y estar con Cristo, que es muchísimo mejor». Fueron sus últimas palabras.

Cuando les pregunté por qué no me habían llamado antes, me respondieron: «Es que todo sucedió tan rápido».

Su muerte afectó cada aspecto de nuestra vida familiar. Mi madre, yo, Matilde, Martha, Ketty, Margarita e incluso nuestro perro, que se acurrucó en la puerta y no quiso comer por varios días, sabíamos que nuestras vidas simplemente no volverían a ser las mismas.

Como era costumbre, estuvimos en vela toda la noche con nuestros familiares y amigos, preparándonos para su entierro al día siguiente. En aquellos días, se velaba a las personas con el ataúd abierto. La sala donde yacía su cuerpo estaba llena con coronas de flores. A causa del calor, hasta el día de hoy, no puedo tolerar el aroma tan concentrado y dominante de las flores. Me revuelve el estómago. Los lirios de Semana Santa son los peores porque nuestra casa estaba repleta de ellos. Para muchos, esos lirios simbolizan la resurrección. Para mí, su aroma es de muerte y lamento.

Aquella noche intenté con todas mis fuerzas permanecer despierto junto a mi madre, ante el cuerpo yaciente de mi padre, pero finalmente me quedé dormido.

Al día siguiente, ante la ausencia del Sr. Rogers que se encontraba fuera de la ciudad, otro misionero tuvo a su cargo el servicio fúnebre. Nos recordó las palabras de Cristo: «Yo soy la resurrección y la vida» (Juan 11.25).

De vez en cuando, incluso hoy, sabiendo que mi propia muerte no está lejana, me sorprendo a mí mismo tarareando un himno que cantamos en su funeral:

En presencia estar de Cristo,
Ver su rostro, ¿qué será?
Cuando al fin en pleno gozo,
Mi alma le contemplará.
¡Cuánto gozo habrá con Cristo
Cuando no haya más dolor,
Cuando cesen los peligros
Al abrigo de su amor!

Quizá sea fácil cantarlo, pero pareciera que los peligros y el dolor nunca fueran a cesar.

Dos de mis tías se encargaron de cuidarnos a los niños. Aunque esa noche yo me mantuve parado junto al ataúd, mis tías no querían que fuera al cementerio. Pensaban que podría ser traumático para mí ver cómo ponían a mi padre bajo tierra. Pero me les escapé por una ventana. Corrí hacia una de las camionetas, me dirigí a uno de los obreros de mi padre y le dije: «Déjeme ocultarme aquí. Voy al cementerio pero no se lo diga a nadie».

Me brindó su ayuda, así que fui. Quería ser el primero en arrojar un puñado de tierra sobre el ataúd de mi padre. Y, reptando sigilosamente entre las piernas de algunos de los hombres que rodeaban la tumba, para sorpresa de todos, lo logré.

Si bien mi padre era un hombre tranquilo y de carácter retraído, no tenía problemas en manifestar públicamente su fe como lo hizo en su primera confesión, al pararse en medio de una predicación y anunciar de viva voz su entrega a Cristo. No había convención social o temor interior que pudieran controlar su verbo cuando tenía un profundo sentir sobre algo. No obstante, incluso con sus seres cercanos, era bastante reservado. Por años, después de su fallecimiento, mis hermanas y yo le pedíamos a mi madre que nos contara más sobre él, pero ella pronto se quedaba sin historias. Aunque tiene que haber mucho más acerca de su vida, ella no lo sabía. En aquellos días, los hombres fuertes eran así: callados, autosuficientes, cuyas acciones hablaban más de lo que las palabras podrían llegar a expresar.

Le gustaba que su familia participara en su trabajo y en su ministerio. Cuando viajábamos a los pueblos vecinos para tener reuniones en la calle, íbamos todos en la pequeña flota de camionetas de la familia. Mis hermanas y yo solíamos ir a menudo en la camioneta de mi padre, que en uno de los lados lucía en grandes letras el apellido *Palau*, por su empresa de construcción. En las reuniones al aire libre nos las arreglábamos para formar un círculo que hiciera más fácil que algún vecino quisiera detenerse a escuchar sin exponerse a las críticas.

Llevábamos con nosotros un pequeño armonio a fuelle para que mi madre tocara y cantara. ¡Ay, qué sonido tan horrible! Los tonos agudos del órgano se elevaban como chillidos. Mi mamá cantaba con más entusiasmo que afinación. Sin embargo, su corazón tenía un don, y la fe pura con la que cantaba tenía su propia belleza. Y la gente se acercaba y se convertía.

Mi papá predicaba a menudo en la iglesia. Su pasaje favorito era Salmos 95.6-7: «Venid, adoremos y postrémonos; arrodillémonos delante de Jehová nuestro Hacedor. Porque él es nuestro Dios; nosotros el pueblo de su prado, y el rebaño de su mano» (RVR1977).

En el pueblo, todos se habían enterado de su conversión. Como se lo respetaba por lo que era y por su estatus social, su conversión produjo un impacto en la gente. Las historias sobre su generosidad parecían interminables. Era bondadoso con los pobres y débiles en detrimento de su empresa y sus finanzas. Al saberse que era una persona tan dadivosa, la gente se aprovechaba.

Su espíritu generoso se extendía a cada aspecto de su vida. Todo lo que recibía era para dar. A Dios se lo dio todo, no simplemente su dinero. Dio su tiempo, su habilidad como constructor, su varonilidad e incluso llegó a asumir funciones de liderazgo en la Iglesia de los Hermanos Libres lo cual en ocasiones era objeto de burla. Bendecía a la gente sin mezquindades. En realidad, le dio al evangelio una buena reputación.

Todo lo que tenía era para el Señor. Esa actitud es la que mejor recuerdo sobre él. Dedicó su vida a ganar almas y a plantar iglesias. Tengo una Biblia y un himnario que el Sr. Rogers, con su estilo inglés formal, le dedicó a mi padre: «Para Luis Palau, en nuestro primer viaje misionero, 1937». Así se veían el Sr. Rogers y mi padre: como misioneros que tenían sus trabajos para llevar el pan a la mesa, a fin de compartir el evangelio y plantar nuevas iglesias.

Mi padre y el Sr. Rogers tenían una filosofía simple sobre plantar iglesias: convertir a la gente, designar ancianos, edificar una capilla y darles un beso de despedida. Y funcionaba. Mi papá solía decirles a los nuevos convertidos, con un claro liderazgo y habilidades para el servicio: «Si realizan reuniones para mujeres y niños con predicación de la Palabra y Santa Cena, les edificaré una casa para que se sientan cómodos y dediquen sus vidas a asegurarse de que la iglesia crezca».

No solo les construían una capilla, sino que además le construían una casa al encargado de la obra. Mi visión de liderazgo fue moldeada por hombres como el Sr. Rogers y mi padre, empresarios que amaban al Señor y utilizaban todos sus recursos para servirle. Más tarde descubrí que había pastores con salario en muchas iglesias, cuya profesión era predicar y ministrar. Como ancianos, mi padre y el Sr. Rogers ayudaban a administrar la iglesia de sus propios bolsillos.

Ellos dos plantaron nueve iglesias en las comunidades circundantes a Buenos Aires. Con mis hermanos solíamos reírnos porque mi papá repetía siempre el mismo movimiento nervioso cuando predicaba: se paraba en las puntas de los pies y se balanceaba en una especie de rebote. En cada pueblo pequeño, contaba la misma historia sobre cómo se había convertido, siendo Juan 3.16 el protagonista: «*Porque de tal manera amó Dios al mundo, que ha dado a su Hijo unigénito, para que todo aquel que en él cree, no se pierda, mas tenga vida eterna*».

Y Hechos 16.31 siempre iba a continuación: «*Cree en el Señor Jesucristo, y serás salvo tú, y tu casa*».

Las lecciones que mi padre me dejó no fueron muchas, pero fueron clave. Me mostró el poder que es librado cuando una persona dice: «Todo lo que tengo es para el Señor».

Cuando mi padre murió, el dinero empezó a consumirse poco a poco. Al principio, no teníamos idea de lo grave que se tornaría nuestra situación. De algún modo, pude asistir otro año a la escuela secundaria de Quilmes y luego ser transferido al St. Albans College, un colegio de gran prestigio en los suburbios pudientes del sur de Buenos Aires. Vivíamos al norte de la ciudad, alrededor de una hora y media de distancia (tren, subte, tren). El colegio estaba afiliado directamente al programa para extranjeros de la Universidad de Cambridge. También estaba afiliado a la Iglesia de Inglaterra, la cual dista bastante de mi formación en los Hermanos Libres. Nuestras reuniones ocasionales en la capilla parecían mayormente centrarse en Filipenses 4.8 (un versículo que se aplica perfectamente a los chicos problemáticos):

> Por lo demás, hermanos, todo lo que es verdadero, todo lo respetable, todo lo justo, todo lo puro, todo lo amable, todo lo que es de buena reputación; si hay virtud alguna, si algo digno de alabanza, en esto pensad. (RVR1977)

El colegio tenía como objetivo inculcarnos la cultura británica. Jugábamos al rugby y al críquet. El fútbol no estaba permitido aunque siempre lo jugábamos, a escondidas. (Todo aquel que piense que puede evitar que un argentino patee una pelota de fútbol es un poco iluso). Los integrantes del cuerpo docente del colegio eran masones, con los pequeños gorros y todo. Se suponía que los graduados debían unirse también a la masonería, pero nuestra iglesia desaconsejaba el ingreso a sociedades secretas. Yo siempre pensé que la masonería era una manera extraña de tener un club de viejos amigos.

Los docentes británicos solo nos permitían hablar en español por las mañanas; por lo tanto, mi inglés, el cual sabía bastante bien como segundo idioma, mejoró rápidamente. La vida en el colegio era disciplinada y algo parecida al servicio militar, con los simulacros de marchas y desfiles. Treinta estudiantes compartían una habitación con camas ordenadamente alineadas.

El colegio tenía un sistema de educación acelerada, que se dividía en dos partes. Por las mañanas se enseñaba en el idioma español y abarcaba las materias que el gobierno argentino requería. Las tardes eran exclusivamente en inglés, y se aplicaba el programa de Cambridge para extranjeros, el cual pretendía ser como una especie de instituto terciario, a fin de brindarles a los estudiantes dos años de ventaja en sus estudios al momento de graduarse. Era extenuante y estaba destinado a promover a los estudiantes a la Universidad de Cambridge para que concluyeran allí su educación. En el programa de St. Albans, decidí que quería ser abogado. Ya de por sí era muy bueno para hablar y tenía un don para ayudar a la gente a ver las cosas a mi manera. Aun así, soñaba con ser predicador y pensaba cuán fácil sería imitar a mi papá: tenía una profesión que le permitía ganarse la vida y, a su vez, compartir el evangelio como predicador callejero y fundador de iglesias.

Me gradué en el colegio St. Albans en el año 1950. Poco después, a medida que el caos financiero de nuestra familia fue saliendo a la superficie, me vi obligado a abandonar mis sueños de ingresar a la facultad de derecho en Inglaterra. Nos mudamos a Córdoba y, como ya lo he dejado dicho en otra parte de este relato, comencé a trabajar en el Banco de Londres; de esta manera comenzó a desarrollarse el resto de mi vida.

Si bien mi padre solo vivió hasta mis diez años, su vida y su muerte me han moldeado como persona e influenciado mi ministerio de manera incalculable. Una de las lecciones principales que me enseñó es simplemente esta: debemos devolverle al Señor todo lo que tenemos.

No olvidemos que somos ovejas de su prado. ¿Acaso el pastor que nos guía no merece lo mejor de nosotros? El compromiso total y humilde de mi padre lo ilustra de manera maravillosa.

Pensar en él me fuerza a considerar cuáles son las áreas de mi vida que no le estoy entregando al Señor. Quizás usted también deba considerarlo. A ciertas personas les resulta fácil ofrendar dinero para la causa de Jesús, pero no pueden imaginarse dar de su tiempo, o peor aún, ¡poner en peligro su reputación! A otros les resulta más fácil ser voluntarios, pero sus billeteras no están convertidas. ¿Dedicamos plenamente nuestras vidas a Cristo y a su reino? ¿Está todo nuestro ser —cuerpo, mente, alma y espíritu— rendido a los pies de Jesús?

Esta pregunta poderosa nos conduce directo a la vida del último gigante pendiente que marcó mis primeros años de vida, el hombre cuya obra guio a la familia Palau al conocimiento de la fe salvadora y la certeza de la salvación en Jesús.

CAPÍTULO 3

Levante alto la antorcha

Las buenas nuevas del

Sr. Charles Rogers

... predicamos a Cristo crucificado.

1 CORINTIOS 1.23

El hombre que le regaló la Biblia a mi madre fue el Sr. Edward Charles Rogers, un empresario británico que, además de su trabajo como tal, era misionero. Aunque, si se le hubiese preguntado cuál era su ocupación prioritaria, habría dicho que su trabajo como empresario era realmente su proyecto secundario.

Debido a que Maschwitz era un refugio para la clase media alta, el pueblo tenía un carácter internacional. Gente de Francia, Bélgica, los Países Bajos y Gran Bretaña establecieron su residencia aquí y a la ciudad iban para atender sus negocios o el trabajo industrial que los había traído a Argentina.

Aunque muchos inmigraron a Argentina con fines económicos, un número sorprendente vino a evangelizar. La mayoría de estos evangelistas provenían de las Islas Británicas o de sus antiguas colonias: Inglaterra, Escocia y algunos de Gales, así como también de Australia y Nueva Zelanda. Algunos se enfocaban en la predicación, otros en la enseñanza y en la educación, pero todos eran misioneros.

En su gran mayoría eran como el apóstol Pablo, que se sostenía él y su trabajo misionero fabricando tiendas de campaña (ver Hechos 18.3). Estos misioneros trabajaban para toda clase de industrias: desde el ferrocarril hasta los grandes frigoríficos que producían la famosa carne argentina.

No eran una carga financiera para nadie; ni para los argentinos ni para gente de sus propios países, sino que humildemente daban de su tiempo libre para predicar el evangelio, plantar iglesias, enseñar a los líderes locales y dirigir estudios bíblicos. Pese a todo, no dejaba de ser riesgoso este estilo de vida; hubo algunos que perdieron sus empleos a causa de sus ministerios.

El Sr. Rogers fue uno de los que vinieron a predicar el evangelio y a ganar almas para Cristo. Él y unos treinta miembros de los Hermanos de Plymouth o Hermanos Libres, habían salido de diferentes partes del Reino Unido: Escocia, Gales, Irlanda, Inglaterra. Si bien cada uno enfatizaba su quehacer evangelístico según sentía que era lo que Dios quería que hiciera, permanecían en contacto y realizaban una conferencia bíblica anual. No estaban de acuerdo con que los llamáramos misioneros. Con toda humildad, se llamaban a sí mismos cristianos y servidores. Comenzaron cerca de Buenos Aires, pero con el paso del tiempo se extendieron a otras provincias.

Todos tenían conocimientos básicos de español, que incluían traducción y escritura. Uno de ellos era propietario de una imprenta donde se imprimían himnarios, folletos, revistas e incluso libros pequeños de guía para predicadores jóvenes.

El Sr. Rogers era un ejecutivo de alto rango en una compañía petrolera. No tengo demasiado conocimiento sobre su vida profesional o su historia, más allá de esto. Sí sé que los fines de semana y durante los numerosos días feriados que en ese tiempo había en Argentina, el Sr. Rogers salía a evangelizar.

Acompañado por un bastón de buen peso para usar como defensa si algún perro callejero lo atacaba, iba de puerta en puerta ofreciendo sus Nuevos Testamentos que incluían ilustraciones de algunos lugares bíblicos. «¿No le gustaría tener un ejemplar de la Palabra de Dios?» ofrecía. La mayoría decía que sí. ¡Después de todo, era un obsequio! Era muy cuidadoso al trazar su ruta pues no quería dejar ninguna casa sin visitar. Su método no era insistir demasiado. Sencillamente ofrecía los Nuevos Testamentos y esperaba que la gente decidiera.

La primera vez que recuerdo haber visto al Sr. Rogers, apenas le llegaba a sus rodillas. Se veía tan alto y digno, con su enorme Biblia con tapa de cuero rojo en sus manos. Para mí, ese libro era lo más impresionante, ¡lo reverenciaba!

La capilla de los Hermanos Libres que el Sr. Rogers lideraba fue la primera iglesia en Maschwitz donde verdaderamente se predicaba la Biblia. La capilla no era muy atractiva. Techo y paredes estaban hechos de planchas de zinc corrugado y medía aproximadamente seis por seis metros; en verdad, era *diminuta*. Sin embargo, fue en esa pequeña capilla donde mi madre asistía al estudio bíblico luego de su conversión, donde mi padre se convirtió y donde tengo mis primeros recuerdos de la iglesia.

Desde luego, la iglesia no es el edificio sino que es la gente. No éramos muchos aunque si hubiésemos sido más, tampoco habríamos cabido. Pero éramos creyentes comprometidos.

En Argentina suele llover con fuerza. En el invierno, cuando diluviaba, apenas se podía escuchar al predicador a causa del ruido que producía la lluvia golpeando contra el techo y paredes. Hasta cuando cantábamos nos costaba oírnos. Era como adorar dentro de una lata. No obstante, las planchas de zinc eran el único material de que se disponía para construir. ¡Y lo usábamos!

Toda la reunión era guiada por el Espíritu Santo. Un hermano se levantaba y gritaba: «Cantemos el himno cincuenta y cuatro». Y lo cantábamos. A *cappella*, lo que podía ser bastante malo, pero se creía que el acompañamiento musical en la iglesia interrumpía la meditación así que usábamos únicamente nuestras voces. Luego, alguien se paraba y decía: «Leamos Isaías 53». Y leíamos: «Todos nosotros nos descarriamos como ovejas…» (RVR1977).

Nuestra alabanza era simple pero profunda. Cada domingo participábamos de la Santa Cena. Se colocaban bancos y sillas alrededor de la mesa, la cual se ubicaba en el centro. Los niños que eran demasiado pequeños para participar se sentaban en el fondo y observaban. Era maravilloso. Una reunión de adoración sorprendente cada domingo. Para mí, era una experiencia poderosa. Cuando niño, me sentaba callado para escuchar el susurro de las prendas de vestir, una tos silenciosa y todos los pequeños sonidos que la gente hace cuando trata de permanecer en silencio.

Muchas tradiciones cristianas celebran la comunión con gran pompa y ceremonia. Nosotros ni siquiera teníamos una cruz colgada en la pared, pero puedo decir que nadie tomaba las cosas más en serio que nosotros en ese pequeño edificio de planchas de zinc. Se producían largos silencios, el salón entero se acallaba ante la sacralidad de la Cena del Señor. No había ninguna prisa por terminar la reunión, tampoco una necesidad de cantar una canción, ni de leer ni de orar. Nadie miraba el reloj. En el tiempo que teníamos, meditábamos en el sacrificio de Jesús y en su cruz. Hacia el final, un hombre se ponía de pie y recitaba estas palabras que nos son tan familiares: «El Señor Jesús, la noche en que fue traicionado, tomó pan, y, después de dar gracias, lo partió». Entonces, partía el pan en cuatro trozos y se repartía entre nosotros. Cada uno tomaba un pedazo y lo comía. Luego la copa: «Esta copa es el nuevo pacto en mi sangre».

Compartíamos un mismo pan y una misma copa y experimentábamos la solemnidad de pasarnos la copa y el pan entre nosotros. Teníamos solo un pan que representaba el cuerpo de Cristo. Nosotros éramos un cuerpo con un pan.

Y todos bebíamos de la misma copa. Hasta donde sé, nadie se enfermó. Yo, que me creía bastante listo, me fijaba dónde empezaba a circular la copa y me sentaba en el primer lugar, a fin de no tener que beberla después de los demás.

Algunos de mis primeros recuerdos son estar sentado en esa capilla en silencio y en una actitud solemne, meditando en la cruz, en la sangre derramada por Jesús y en su cuerpo que por nosotros fue partido. Esas reuniones dejaron una profunda marca en mi vida. «Dios mío, Dios mío, ¿por qué me has desamparado?» (Mateo 27.46). «Padre, perdónalos, porque no saben lo que hacen» (Lucas 23.34). Esos pensamientos y palabras solemnes se volvieron una parte de mi corazón en mi juventud. ¿Por qué papá y mamá están tan involucrados en esto? Me preguntaba. *Debe de haber algo verdadero aquí.*

En la actualidad, existen cerca de treinta y cinco iglesias en el área de Maschwitz. La que fundó el Sr. Rogers fue la primera y única. Incluso hoy en día, la pequeña iglesia de los Hermanos libres tiene una reducida membresía; sin embargo, con el correr de los años, ha enviado a cuarenta y cuatro jóvenes a dedicarse al ministerio de tiempo completo, incluyéndome a mí. El Sr. Rogers, de perfil alto y callado, ha impactado al mundo.

A los niños, la Iglesia de los Hermanos Libres nos respetaba como miembros con pleno derecho. Confiaban en que entendíamos la profundidad de los asuntos de la fe, nos animaban a crecer, jamás nos menospreciaron y nunca nos hicieron sentir menos importantes que los adultos. Nos trataban con respeto y se esperaba que aprendiéramos sobre doctrina. No nos trataban como ingenuos que solo se aparecían para las fiestas de pizza, sino como seres humanos inteligentes que *querían* conocer a Dios, *necesitaban* conocer a Dios y *podían* conocer a Dios.

Una de las cosas más maravillosas sobre mi crianza fue que, a pesar de cuán «separatista» era nuestra comunidad cristiana, el Sr. Rogers nunca menospreció a nadie. Aun con todos los problemas que sufríamos en nuestra relación con los católicos, nunca atacó a otras iglesias. Procurábamos clarificar y detallar nuestra doctrina distintiva, pero siempre éramos comprensivos. A veces solíamos escuchar a otros predicadores criticar a los católicos por las doctrinas que no se encuentran en la Biblia —adorar a la Virgen María, la intercesión de los santos, entre otras— las cuales nos distraen de las buenas noticias de Jesús.

Pero el Sr. Rogers era diferente. «Anuncien la verdad», solía decir. «Prediquen sobre la luz gloriosa de Dios y las tinieblas de Satanás huirán. Solo enciendan la luz en la oscuridad y vean qué sucede. La luz siempre resplandece en las tinieblas. Y las tinieblas no prevalecerán contra ella. Prediquen sobre la luz. Siempre sobre la luz. Tiene poder para obrar por sí misma». Jesucristo puede valerse por sí solo, y el Sr. Rogers no necesitaba agredir a otros para defender a Jesús.

En sus predicaciones no atacaba a nadie sino que procuraba transmitir la realidad de la corrupción del corazón del hombre. Vinculaba todos los males que oprimían a la sociedad con la realidad del pecado. Del corazón pecaminoso surge la maldad, desde un matrimonio quebrantado hasta la pobreza mundial. La muerte, la violencia, las guerras, la soledad, la desesperanza provienen de nuestro ser interior corrompido. Todo lo injusto es consecuencia del pecado. No obstante, el Sr. Rogers solía predicar que no hay condenación alguna, solo el perdón gratuito y un amor que triunfa sobre las tinieblas de nuestro interior y exterior.

Mediante la predicación del Sr. Rogers llegué a darme cuenta de que mi corazón también era engañoso y sumamente perverso. Esos sentimientos tan poderosos contribuyeron a despejar el terreno de mi corazón y mi mente a fin de que la verdad de Dios pudiera ser edificada sobre cimientos firmes.

Como resultado de aquellas pequeñas reuniones en los pueblos de los alrededores, surgieron nueve iglesias. La estrategia que usábamos era que mientras mi papá recorría el pueblo conduciendo su camioneta, nosotros los niños arrojábamos folletos desde la caja de la camioneta, invitando a la gente a venir a escuchar el evangelio. En la reunión, el Sr. Rogers predicaba, mi papá contaba su testimonio y mi madre cantaba. Mientras tanto, los niños ofrecíamos a los asistentes literatura cristiana. «¡Tome!» les decíamos. «¡Léalo!». Algunos lo aceptaban, otros lo rechazaban y había quienes nos respondían con una palabrota. Llegamos a acostumbrarnos al abanico de respuestas que se pueden recibir en situaciones como aquellas.

Cada verano, el Sr. Rogers y mi papá escogían un pueblo diferente en donde predicar. Mientras duraba el buen tiempo, predicaban en las calles y conseguían nuevos convertidos. Una vez finalizado el año, designaban a los ancianos para que fueran los líderes de la nueva iglesia, y se les construía una capilla sencilla, con bautisterio y un cuarto de baño exterior. Las nueve iglesias que plantaron aún existen en la actualidad como testimonio de sus ministerios. He visitado alguna de ellas con mi hijo, y fue emocionante ver cómo ese legado permanece.

Yo era un muchachito inquieto. Mi mamá me hacía sentar en la primera fila de la iglesia. Desde la perspectiva de un niño, la Biblia cubría la mitad del rostro del Sr. Rogers mientras predicaba, solo el rastro de su bigote británico cuidadosamente recortado se asomaba desde detrás del libro. Como buen inglés, incluso en pleno verano se vestía con chaleco, saco y corbata. El sudor le corría por la frente mientras predicaba. Y yo pensaba: *Los apóstoles no usaban ni chaleco, ni saco, ni corbata. ¿Por qué tiene que usarlos él?*

Cuando pienso en el Sr. Rogers, lo primero que me viene a la mente es su solemnidad ante la cruz y su total dependencia de la Palabra. El Señor permitió que todo esto quedara escrito para que jamás se olvidara. Nosotros tenemos la misma Palabra que los apóstoles trasmitieron a sus seguidores. Lo mismo tenemos que hacer nosotros sin descanso.

Hasta ahora no había mencionado la carpa del Sr. Rogers. Pero también usaba una carpa para las reuniones. Existe una fotografía de esa carpa. La levantaba en un lugar estratégico para que se pudiera ver desde la autopista. Tenía un cartel donde se anunciaba con grandes caracteres: PREDICAMOS A CRISTO CRUCIFICADO.

Desde que era un niño, el lugar central de la cruz en el evangelio ha definido mi entendimiento de lo que significa ser cristiano.

* * *

El primer mensaje que recuerdo haber predicado fue acerca de Salmos 1. Prediqué en una reunión de jóvenes un domingo a la tarde. Tenía dieciocho años. En teoría, la reunión era para jóvenes, pero en la práctica, todos participaban. La reunión era probablemente la más divertida de todas nuestras reuniones semanales. Para la gran mayoría, todavía era bastante estructurada. Pero según los estándares de los Hermanos Libres, era jovial y divertida.

Me preparé arduamente para el mensaje, estudiando la Biblia, tomando muchas notas, incluso copiando los comentarios de Charles Spurgeon sobre el salmo 1. Creía tener material suficiente para cuarenta y cinco minutos. Sin embargo, el tiempo pasó volando, y terminé el último punto en diez minutos.

¡Fue humillante! Dije todo lo que quería decir (en su mayor parte mis notas las había tomado desvergonzadamente de Spurgeon), y quedé parado detrás del púlpito frente a una congregación en silencio que parecía esperar más. No recuerdo cómo lo terminé. Mi conclusión atolondrada me llevó dos minutos, para llegar a un total de doce minutos en mi primer mensaje. Hubiera querido hacerlo mejor, pero aun así fue una buena experiencia. Digamos que todos podemos alegrarnos de que he mejorado como predicador.

* * *

Lamentablemente, perdimos contacto con el Sr. Rogers cuando nos mudamos de Maschwitz a Córdoba. Después de la muerte de mi padre, el Sr. Rogers nos ayudó inmensamente. Él y otro amigo hicieron todo lo posible para arreglar el desorden de nuestras finanzas y protegernos de los peores casos de fraude que iban descubriendo. Él terminó alquilando nuestra casa de Maschwitz por una suma de dinero muy generosa, a fin de ayudar a proveer un flujo constante de ingresos para mi madre.

De todas las lecciones que aprendí de él, hay una que sobresale con sorprendente claridad: *predica sobre la luz.*

De joven tenía un libro de autógrafos. Era la costumbre. Si le pasaba el libro a alguien importante, lo firmaba. Antes de mudarnos a Córdoba se lo llevé a la Sra. Rogers. Ella formaba un excelente equipo con su esposo. Siempre se vestía apropiadamente como una mujer inglesa clásica de edad mediana. Ellos amaban y valoraban a los niños. Lo que hizo en mi libro de autógrafos ilustra su influencia en mi vida mejor de lo que las palabras hubiesen podido expresar.

En un extremo de la página dibujó una cabaña. Yacía solitaria en medio de la oscuridad, pero de sus ventanas salían poderosos rayos de luz, que iluminaban la oscuridad. Debajo del dibujo, escribió: «Haz brillar su luz», citando las palabras de nuestro Señor Jesús en Mateo 5.16.

Ese dibujo fue tan vívido que aun entonces lo tomé como un mensaje de parte del Señor. Se suponía que yo debía llevar la luz a las tinieblas. Todo me hacía pensar en evangelización. Cuando uno se rodea de evangelistas, se da cuenta de que viven con un único propósito: compartir el evangelio.

Cuando intento pensar en historias más personales, impresiones más específicas del Sr. Rogers, descubro que no puedo. Es unidimensional en los recuerdos de mi niñez: un predicador y evangelista con un bigote cuidadosamente arreglado, con una sinceridad solemne ilimitada y una gran Biblia con tapas rojas. Me hace pensar en que a veces Dios puede usarnos de manera unidimensional en la vida de alguien. Cuando miro hacia atrás, me doy cuenta de que no lo conocí tanto como imaginaba. Después de todo, yo era solo un niño, y los niños sienten como que conocen bien a todos los que los rodean. Era demasiado joven para comprender muchos de los aspectos de su vida. Hoy, tengo cientos de preguntas que me gustaría hacerle. En ese entonces, simplemente me parecía lo más natural que un ejecutivo de alto rango de una de las principales compañías petroleras extranjeras dedicara sus fines de semana para ayudar a dirigir nuestra pequeña iglesia.

Me pregunto cuántas personas como el Sr. Rogers han impactado su vida. ¿Quién fue la bisagra principal que le ayudó a girar su vida hacia Dios? ¿Quiénes le hacen pensar en el Señor cada vez que piensa en ellos?

Mi conversión fue muy sencilla; un niño que recibió al Señor, con poca maldad de la cual ser salvo. No hay mucho más para agregar. Desde luego, mi conversión no calificaría para hacer una película. No fui salvo de la influencia de las drogas ni del mundo criminal, nada de eso que para los cineastas resulta tan llamativo.

Pero como suelo decirles a las personas que conozco que también tuvieron conversiones «ordinarias», la misma naturaleza sin distinciones es lo que las hace tan milagrosas. Nuestro sentido humano del drama espera actos de redención radicales y una historia abrumadora. ¿Qué hay del niño en el campamento que está simplemente llorando la pérdida de su padre? Fue Dios quien puso en él algo real, intenso e innegable. Y ese es el milagro que rivaliza con cualquier testimonio de cárcel en la historia.

Intelectualmente, yo creía en Dios, como ocurre con casi todos los niños. El hecho de que no haya conocido otro mundo que la iglesia me ayudó en mi preparación. No obstante, me estaba convirtiendo en una persona capaz de pensar de manera independiente y de tomar decisiones independientes y de aceptar o rechazar la verdad. No había hecho ningún compromiso formal en cuanto a mi fe.

La Iglesia Anglicana en conexión con mi internado tenía clases de confirmación, pero era una iglesia de un nivel bastante alto por lo que no recuerdo mucho sobre las clases que precedieron a la confirmación.

Recuerdo la ceremonia de confirmación como un momento solemne y sagrado. Aunque bromeábamos y hacíamos comentarios desfavorables e imaginativos sobre el obispo, cuando llegaba el momento de hacer su trabajo, lo tomábamos en serio. Con su hábito imponente, el obispo puso su mano sobre mi cabeza, dijo algunas palabras, oró por mí y pasó al siguiente confirmando. Todos se confirmaban *porque todos lo hacían*. Para mí, sin embargo, fue un momento importante. Como todo lo concerniente con el Señor, me lo tomé muy en serio; sin embargo, tanto las palabras del obispo como sus manos solo quedaron en mi cabeza. La verdadera confirmación debía suceder en mi corazón.

Esta tuvo lugar en febrero de 1947 durante un campamento de dos semanas. Durante la primera semana, teníamos enseñanzas bíblicas por las mañanas y una charla por las tardes; y en el medio, jugábamos juegos británicos tradicionales como el críquet y el *rounders*. Un maestro era el responsable de hablarnos a los varones sobre sexualidad. En aquella época se evitaba hablar directamente sobre el tema, por lo cual la clase se volvía de lo más confusa. Nos hablaba de abejas y aves y árboles, hasta que no sabíamos qué era lo que nos quería decir, más allá de eso, lo que nos trataba de decir sonaba *mucho* más interesante de lo que dejaba entrever. El propósito era enseñarnos sobre pureza, y si el concepto de pureza hubiera surgido de una total confusión, habría funcionado. Su sentido de santidad era real y fue inspirador para mí, pero no podría reproducirle ni una palabra de lo que dijo o de lo que quiso decir, más que nociones vagas.

En cada carpa nos alojábamos siete varones y un supervisor. En la segunda semana de campamento, después de que todos nos habíamos ido a dormir, el supervisor separaba a un niño por vez para salir y tener una conversación cara a cara. El de mi carpa, Frank Chandler, me hizo esperar hasta la última noche. Cuando salimos al aire libre, el viento había comenzado a soplar, y la lluvia parecía inminente.

Caminamos hacia un tronco caído no muy lejos de la carpa, pero lo suficientemente apartado como para tener una conversación privada.

«Luis» me dijo, cuando nos hubimos sentado, si fueras a morir esta noche, ¿irías al cielo o al infierno?».

Yo conocía la Biblia lo suficientemente bien como para andarme con rodeos.

«Me iría al infierno», respondí.

«¿Por qué?».

Pensé en todas las razones por las que no era digno de irme al cielo.

«Bueno, tengo una mala actitud», comencé, «uso malas palabras, me enojo fácilmente, maldigo cuando las cosas no salen como yo quiero y no trato bien a mis hermanas».

«Está bien», dijo Frank. «¿Pero es al infierno a donde quieres ir?».

«¡No!», reaccioné. «Quiero ir al cielo».

«¿Sabes qué debes hacer?».

«Sí. Creer en el Señor Jesucristo».

«Correcto. Déjame leerte algo».

Buscó Romanos 10.9 y 10, y leyó con la ayuda de la luz amarilla de su linterna.

Yo había escuchado esos versículos un millón de veces; pero esa noche cobraron un nuevo significado.

«¿Qué te dice esto a *ti*?» me preguntó.

«Que tengo que confesar con mi boca».

«¿Crees en tu corazón que Dios levantó a Jesús de los muertos?».

«Sí, creo».

«Muy bien», dijo, «presta atención». Volvió a leer el versículo, pero personalizó el pasaje al colocarle mi nombre. «Si tú, Luis, confesares con tu boca que Jesús es el Señor, y creyeres en tu corazón, Luis, que Dios le levantó de los muertos, serás salvo».

Por alguna razón, eso era todo lo que hacía falta. El evangelio en ese momento no fue una verdad abstracta; fue completamente personal y significativo para mí. ¡Jesús era el Señor! No solo del mundo, sino de *Luis*. Lo creí; en verdad lo creí.

«¿Lo confesarías?».

«Sí».

Habían comenzado a caer las primeras gotas que anticipan una verdadera tormenta de verano. Frank continuó leyendo, tratando de cubrir de la lluvia las páginas de su Biblia, y luego oró conmigo.

Me río al pensar que a causa de la tormenta, me sentí un poco apresurado durante mi momento de decisión. Pero fue real. De inmediato supe que algo era diferente. Algo en mi ser había cambiado y cobró vida. Recuerdo regresar corriendo a la carpa bajo la lluvia, gritándoles a los demás muchachos en sus catres: «¡Tengo vida eterna! ¡Tengo vida eterna!».

A simple vista, no fue una experiencia con mucho drama. Solo un supervisor del campamento guiando a un jovencito a través de la Biblia, sentados sobre un tronco una noche lluviosa en Argentina.

No hace falta que usted tenga una historia que deje a todos boquiabiertos sobre cómo recibió a Jesús. Basta con que sea *su historia*. Algunos son rodeados por un resplandor de luz del cielo, como lo que experimentó «el primero de los pecadores» cuando Jesús lo llamó a sus brazos en el camino de Damasco. Otros son solo niños que recién comienzan a aprender lo que significa el pecado, y el resplandor del cielo se asemeja más a un haz de luz de una linterna apuntando a las páginas de la Biblia mientras desciende la lluvia. Lo más importante cuando nos convertimos es la autenticidad de la experiencia, la veracidad de esta. Lo único que cuenta es poder decir, desde lo personal y con el corazón, que Jesús es *su* Señor, sabiendo que Dios lo levantó de los muertos no solo para salvar al mundo, sino para salvarlo a *usted*.

Si bien comencé a asistir a la iglesia desde el vientre de mi madre, ese fue el momento en que acepté a Cristo. Y desde entonces, jamás he dudado de mi decisión.

Luis tenía vida eterna.

Años más tarde, tuve la oportunidad de viajar a una cruzada evangelística en la provincia de Tierra del Fuego a unos dos mil cuatrocientos kilómetros de donde nací y a solo metros de la Antártida. Llegué al aeropuerto de Ushuaia, la capital de la provincia. Mientras esperaba mi equipaje, se me acercó un joven y me dijo: «Hola, ¿es usted Palau?».

«Sí» le respondí.

«¿Sabía que el Sr. Rogers, que guio a su familia a Cristo, se encuentra sepultado aquí?».

Quedé sorprendido y un poco perplejo ante tan extraña bienvenida. «No tenía idea», dije. «Nadie nunca nos dijo qué pasó con él después del fallecimiento de su esposa». Todos asumimos que el Sr. Rogers había regresado a su país de origen.

He aquí la historia verdadera, como me la contó Ronny, mi amigo de la niñez, que había permanecido en la iglesia del Sr. Rogers. En algún momento después de que nos mudáramos, la esposa del

Sr. Rogers falleció. Tras la muerte de su esposa, el Sr. Rogers continuó ministrando en nuestra pequeña Iglesia de los Hermanos Libres en Maschwitz. Sin embargo, después de un tiempo, comenzó a hablar sobre el sur de Argentina. «No tienen ninguna iglesia bíblica allí», les dijo a los otros ancianos. «Ni una. Alguien tiene que ir para llevar Biblias y fundar una iglesia». Todos estuvieron de acuerdo. Pero transcurrió el tiempo y nadie fue. Finalmente, el Sr. Rogers convocó a los ancianos para una reunión, en la cual anunció su viaje a Ushuaia, Tierra del Fuego. Había envejecido y su salud no era óptima. Todos los ancianos protestaron: «¡No puedes ir! Uno de nosotros irá».

«Han estado diciendo eso durante años», respondió. «Nadie va a ir. Puedo darme cuenta de su falta de determinación. Así que yo iré. Si muero allí, pues que así sea. Pero de todas maneras voy a ir».

Por lo tanto, viajó. En ese tiempo tenía muy poco dinero. Al iniciar su viaje, oró a Dios para que supliera sus necesidades. Al llegar a Ushuaia, se encontró con un grupo de monjas. Se les acerca y les dijo: «Necesito un lugar donde quedarme. Si me dan una habitación y una cama y pueden alimentarme, les daré el poco dinero que tengo y les enseñaré inglés». ¡Y aceptaron! Así que vivía en un convento, dormía en un catre y comía con las hermanas. Pasaba sus días yendo de puerta en puerta, entregando el libro de Proverbios y el Evangelio de Juan a todo aquel que quisiera recibirlos.

Como resultado de este evangelismo sencillo, el mismo método discreto que condujo a mi propia familia a Jesús, se fundó una iglesia. Hasta donde sé, esa iglesia fue la primera congregación evangélica en aquella región. Poco tiempo después de haberla fundado, el Sr. Rogers pasó a la próxima vida.

Visité su tumba. Me arrodillé junto a ella, tan distante del Reino Unido donde este hombre se había criado. Recordé su bigote, su Biblia roja, su voz con acento que resonaba con bondad en la pequeña capilla de planchas de zinc. *Haz que la luz resplandezca,* pensé. *Haz que la luz resplandezca.* Agradecí a Dios por su vida desde lo profundo de mi corazón y pensé en lo lejos que había llegado para entregar su vida por las buenas nuevas de Jesús. Fue muy conmovedor. Había vivido para Cristo. Su vida se consumió al servicio de Dios. Su tumba prácticamente desconocida allí en el fin del mundo era un testimonio insignificante. Su verdadero homenaje no se encontraba allí, sino en mí, en las muchas vidas que tocó y en los millones de vidas que fueron impactadas por aquellas que tocó. Había dedicado su vida a preparar a otros con el fin de que predicaran el evangelio. Tenía un don maravilloso. Podría haber logrado un ministerio prominente si hubiera querido. Pero, en cambio, dedicó su vida al servicio de los demás, animándolos, formándolos y creciendo al multiplicar discípulos de Jesucristo en lugar de llenar su propia tribuna. El Sr. y la Sra. Rogers eran implacables. Invirtieron toda su energía en su misión. Escogieron venir a Argentina. Pagaban para llevar adelante su propio ministerio. Incluso gastaban de su propio dinero en nosotros. ¡Cuánta dedicación! ¡Cuánto amor! Su pasión por las almas perdidas continúa inspirándome. Dejó Inglaterra por Buenos Aires, Buenos Aires por Tierra del Fuego, y entregó su vida generosamente en cada lugar. ¿Por qué? Porque la gente necesitaba escuchar las buenas noticias. No importaba que sus finanzas disminuyeran, que su situación fuera dura y que muriera siendo un desconocido. Dio su vida con una devoción inquebrantable. Esa determinación constante es para mí su mayor lección. Si un hombre de doble ánimo es inconstante, un hombre determinado es constante en todos sus caminos. Fiel hasta el final.

CAPÍTULO 4

La libertad de un padre

Ray Stedman y el poderoso gozo del evangelio

Y conocerán la verdad, y la verdad los hará libres.

JUAN 8.32

La sucursal del Banco de Londres en la provincia de Córdoba a donde entré a trabajar funcionaba en un edificio antiguo, como los que uno ve en las películas. Todo de hierro y maderas duras, con los cajeros en cabinas pequeñas. Los sonidos mecánicos de las teclas y las campanillas de las máquinas de escribir llenaban el ambiente.

Si me hubiera tocado trabajar en atención al público, habría comenzado a sentirme como un animal enjaulado. Pero yo iba a las cajas a hacer efectivos cheques y recibir depósitos solo cuando había poco personal. Por ser bilingüe, trabajaba mayormente detrás de escena, en el sector de operaciones bancarias internacionales. Por ejemplo, si la ciudad quería comprar seis máquinas barrenderas en Detroit, yo me encargaba de la documentación, de calcular el tipo de cambio y me complacía hacer eso. Creo que saqué la habilidad de mi padre para los negocios.

No era un mal empleo, y aprendí mucho sobre cómo se relacionan los países y las personas. Prestaba atención a los comunicados que circulaban de las otras sucursales lejanas de nuestro banco como la de Nueva York. Aquel trabajo me ayudó a tener más confianza en mí mismo y a desarrollar una mente más abierta. Sin embargo, cuando llegó el momento de partir, detestaba el olor al dinero.

Mis semanas estaban marcadas por las promesas periódicas de mi jefe sobre mi entrenamiento para convertirme en gerente y, naturalmente, por el *día de cobro*. El día de cobro era la única vez en el mes que podía derrochar algo de dinero para mi mamá y mis hermanas.

Mi sueldo era bajo, pero siempre compraba una caja de chocolates para llevar a casa. Abríamos la caja y comenzábamos nuestro juego tradicional. Repartía los bombones de acuerdo con cuáles de mis hermanas podía decir *chocolat* con la pronunciación más exagerada y graciosa. Prolongaban la palabra «*cho-co-laaaat*» como personajes de una novela, lo cual nos divertía y hacía reír.

Por supuesto, en el día de cobro había alegría en casa, pero en lo profundo de mi ser yacía una gran amargura con respecto a nuestras finanzas. Como ayudaba a otros a hacer tratos y a contar dinero, creía que una cuenta bancaria bien provista ofrecería verdadera libertad.

«Luis», solía decirme mi abuelo escocés, «veo que amas demasiado el dinero. Ten cuidado. Va a destruirte si no estás atento». Él no era creyente, pero debió haber visto algunos destellos dorados en mis ojos.

Los martes, nuestra iglesia en Córdoba llevaba a cabo un estudio bíblico vespertino. Después de mi día laboral en el banco, me subía a mi motocicleta alemana negra y conducía a todo ruido por los callejones hasta llegar a la iglesia. A veces llegaba temprano y encontraba a tres o cuatro ancianas viudas y un hombre que apenas podía caminar, que habían venido a orar. Me encantaba hablar con ellos. Nuestras conversaciones eran inexplicablemente alentadoras para mí. Sentía que me hablaban no solo como a un adolescente impertinente con su ruidosa motocicleta, sino como a una persona real que rápidamente se convertiría en un hombre con algo para ofrecer a la iglesia.

Mi vida en el banco y en la pequeña Iglesia de los Hermanos Libres no podría haber sido más diferente. Echando una mirada en retrospectiva, puedo ver que en ese tiempo se libraba una lucha invisible entre el Luis que quería ser un hombre de negocios brillante y exitoso, y el Luis que sentía un claro llamado para hablarle al mundo acerca de Jesús.

Cuando tenía dieciocho años, la decisión —que tenía más que ver con mi corazón que sobre mi ocupación— salió a la luz de una manera particular.

De niño, solía leer acerca de un misionero que había contraído lepra en el campo misionero. Me sentía obsesionado con esa historia. Cierto día, sentí que el Señor me hacía una simple pregunta: *Luis, ¿estás dispuesto a entregar tu vida por el bien de otros? ¿Estás dispuesto a contraer lepra por amor a mi nombre?*

Me di cuenta de que Dios estaba hablando en serio. Comencé a darle vueltas al asunto y a pensar: *Vaya, Señor, ¿en serio?* La lepra es una enfermedad terrible hoy en día, pero era peor en aquel entonces cuando no existía un tratamiento efectivo. Años más tarde, cuando gracias a Dios ya se habían descubierto algunos remedios para la enfermedad, visité una colonia de leprosos en Colombia, y el peso de esa pregunta me golpeó otra vez. Aun con los nuevos medicamentos, los estragos que causaba la lepra eran evidentes: pérdida de dedos, de narices.

Las preguntas que me hizo Dios se volvieron un punto crítico para mí. Sabía que no podía responder de manera deshonesta. Lo que importaba era que pudiera considerar el nivel de compromiso. Y el costo.

Finalmente, la paz desplazó mi tensión, y supe cuál era la respuesta. *Señor, haré lo que me pidas. Incluso si eso implica arriesgarme a contraer lepra con el fin de anunciar las buenas nuevas, heme aquí.*

Fue un momento de rendición. Un instante en el cual me convertí en un «sacrificio vivo». Quisiera decir que fue una revelación, un punto culminante de fe gloriosa. En cambio, fue más bien una rendición después de haber luchado con un Dios que era mucho más hábil que yo en eso del forcejeo. Supongo que la lucha terminó como tenía que terminar. Después de todo, yo era un adolescente y Él era el Señor del universo.

Más o menos en esa época, los ancianos de nuestra iglesia me dijeron que querían hablar conmigo.

«Luis», me dijeron con seriedad, «necesitamos que nos expliques algo».

Mi mente se aceleró tratando de pensar qué podría ameritar una conversación semejante.

«Bueno», dije. «¿Qué sucede?».

Se miraron entre sí. «Alguien te vio parado enfrente de un *cine*», soltó finalmente uno de ellos. «Estabas mirando la cartelera».

Hizo una pausa, evaluando mi reacción. «¿Entraste para ver una película?».

Me puse furioso. *¿Y esto?* pensé. *¿Estos señores creerán que pueden decirme dónde detenerme en la vereda y dónde no?*

En aquellos días, las reglas de los Hermanos Libres con respecto a ir al cine podían sentirse a veces limitantes, pero esto era absurdo.

«No vi ninguna película», les dije, bastante molesto.

«Entonces, ¿por qué estabas parado allí?».

No es de su incumbencia, era lo que en verdad quería decirles. Gracias a Dios, me contuve y les dije: «Si lo quieren saber, se los contaré».

Me había detenido enfrente de ese cine porque había estado siguiendo de cerca a Billy Graham, quien acababa de llevar a cabo su cruzada 1957 en Nueva York, predicando incluso en Times Square. Un amigo que trabajaba en la cruzada juntó algunos boletines semanales de la campaña y me los envió. Los había leído detenidamente, fascinado por la gran habilidad del evangelista de emplear desde filosofía hasta cultura popular cuando predicaba a la gran metrópolis. El Sr. Graham incluso había logrado formular su mensaje en torno a tres títulos de películas vigentes.

Me había detenido a observar los títulos de las películas, dándoles la vuelta en mi mente, buscando distintos ángulos sobre los cuales predicar. ¡Qué ironía que los ancianos hayan pensado eso cuando yo estaba buscando la manera de predicar con efectividad a un público fuera de las paredes de nuestra iglesia! Nunca estuvo en mis planes ir al cine en aquellos días, porque la iglesia lo consideraba «mundano»; y, además, porque mi madre coincidía con ellos, y no podía decepcionarla.

Aceptaron mi explicación con un poco de desconfianza. El sentimiento fue mutuo.

Probablemente, esta haya sido la razón de por qué, al poco tiempo, ya ni me molesté en pedirles permiso para ir a escuchar a un par de estadounidenses que habían venido al pueblo a predicar. Alguien me había dejado una invitación en el banco. La iglesia desaprobaba a los predicadores que no fueran de los Hermanos Libres, pero yo necesitaba un poco de aire fresco que viniera del extranjero. La fotografía en el impreso mostraba a Dick Hillis, tercer exejecutivo de China Inland Mission y pionero en la China comunista por dos años y Ray Stedman, pastor de Peninsula Bible Church en California. Lo que llamó mi atención fue la palabra *California*. Para mí, ese nombre solo significaba una cosa en aquellos días —*Hollywood*— y de inmediato quise ir a ver a este hombre proveniente de esa tierra mágica. ¿Una iglesia bíblica en Hollywood?, pensé, y en ese momento, sin decirle a nadie, tomé la decisión de ir.

Aquella experiencia me cautivó. La historia de Dick Hillis sobre su supervivencia y protección me pareció fantástica. Contó que incluso ángeles lo habían librado de las amenazas de Mao. Como graduado de la Universidad Biola, Hillis era tan conservador que no iba a andar contando historias de liberaciones milagrosas si realmente no hubiesen ocurrido.

Aparentemente, Ray Stedman era un predicador y escritor reconocido. No recuerdo con exactitud sobre qué habló. Solo recuerdo *cómo* habló. Era tan alegre, tan carismático. Su mensaje era estridentemente bíblico, pero tan diferente del de los ancianos de mi iglesia que sin duda habrían desaprobado que yo estuviera allí. Sus palabras eran naturales y hermosas. Me cayó bien de inmediato. Yo miraba y escuchaba atentamente, tratando de descubrir qué cosas de las que admiraba en él podría imitar. Lo que sea que tuviera, lo quería. Era un hombre a carta cabal, libre, de risa espontánea. Se veía que amaba a Dios, pero era evidente que *disfrutaba* de ese amor. Predicaba el mismo evangelio que se predicaba en la iglesia donde yo me había criado, pero al observarlo y escucharlo, uno podía darse cuenta de que eran buenas *noticias*.

¡Quise tener un encuentro con él! Quería conocerlo.

Después de la reunión, me dirigí al vestíbulo. Miraba inquieto para todos lados, temiendo encontrarme con los ancianos de mi iglesia. En eso estaba cuando veo que Ray se me acerca y comienza a hablarme. Creo que se sentía aliviado de encontrar a alguien que hablara inglés y, si bien mi pronunciación dejaba mucho que desear, tuvimos la oportunidad de conocernos.

Si las preguntas fueran balas, Ray Stedman disparaba con ametralladora. «¿Cómo te llamas? ¿Dónde trabajas? ¿En qué iglesia te congregas? ¿Estás casado? ¿Tienes novia?».

Su próxima pregunta fue más bien una invitación. «Mañana por lo mañana, estaré teniendo un estudio bíblico en la casa de un misionero», me dijo. «¿Quisieras venir?».

Pues sí. A la mañana siguiente, conduje mi motocicleta por Córdoba hasta la casa de un misionero llamado Keith Bentson. Nunca había estado en la casa de un misionero y tenía curiosidad por saber cómo sería. Realmente, no sé qué esperaba, pero no imaginaba encontrarme con un interior completamente ordinario. *Ah. Resulta ser una casa normal*, pensé.

Sin embargo, el maestro era todo menos normal, por lo menos para mí. Ray enseñó sobre «la sal de la tierra y la luz del mundo». El punto culminante para mí tuvo lugar cuando dejó escapar una cancioncilla:

Morar allá arriba
Con los santos que amamos,
Eso será gracia y gloria.
Pero vivir acá abajo
Con los santos que conocemos,
¡Eso ya es otra historia!

¡Usar el humor durante un sermón en los Hermanos Libres hubiese sido impensable! Pero ¿decir algo *semejante*? Por supuesto, era ingenioso y cómico; pero también era *cierto*. Mi experiencia con los ancianos encajaba justo en esa «otra historia». La confianza y la libertad de Ray parecían estar labradas en una profunda paz interior. No le tenía temor al pecado. No estaba obsesionado con seguir las reglas artificiales de alguien más. Simplemente amaba a Dios y se sentía a gusto consigo mismo.

Dicho eso, uno de los maestros más importantes de mi vida comenzó a enseñarme una de las mayores enseñanzas de mi vida. Me di cuenta de que el evangelio no se trataba solamente de solemnidad ni de cumplir con todas las reglas. Iba más allá de la buena doctrina y de la entrega de folletos y testimonios. Podíamos gozarlo y vivirlo. El evangelio no era una carga, sino libertad, libertad verdadera. La libertad de la que nos habla el capítulo 5 de Gálatas.

Cuando la gente comenzó a retirarse una vez concluida la reunión, Ray se me acercó y me dijo: «Luis, ¿me llevarías en tu motocicleta? Quisiera comprar algunos regalos para mis hijas».

«¿Por qué comprar algo en Argentina?» le pregunté. «Todo lo que se vende aquí está hecho en Hong Kong».

«Bueno, solo quisiera llevarles algunos recuerdos», me dijo.

Antes de darme cuenta, mi pequeña motocicleta corría alborozada y a todo ruido por las calles de Córdoba mientras yo luchaba por mantener el equilibrio debido al peso combinado de nuestros cuerpos. Ray no era un hombre pequeño.

En el trayecto, y por encima del ruido del tráfico, continuó haciéndome preguntas. «¿Qué quieres hacer de tu vida?» «¿Cuáles son tus objetivos? ¿Qué planes tienes?

«Quiero servir al Señor».

«¿Pensaste en ir a algún seminario en Estados Unidos?».

«Lo he pensado. Los misioneros me han prestado ejemplares de la revista *Moody* y cosas por el estilo. Pero no podría dejar a mi mamá ni a mis hermanas».

Ray no se callaba. No dejaba de hablar de que Estados Unidos era el lugar indicado para ir a capacitarse.

Traté de convencerlo de que comprara algo mejor para su familia que las baratijas que vendían en las pequeñas tiendas para turistas, pero mi mistificación ante su pobre elección de suvenires no lo desanimaba. Cuando lo dejé después de nuestra salida, me miró y me dijo: «Me voy mañana. Ven para despedirnos y ora sobre viajar a Estados Unidos».

Sonreí, más que nada para dejarlo tranquilo. «Está bien, lo haré». Después de todo, ¿qué daño podría ocasionar una simple oración?

Mi madre se había vuelto a casar, pero su relación era algo complicada. Ella y su nuevo esposo tuvieron un hijo, Jorge. A la mañana siguiente me aparecí en el aeropuerto con mi hermanito Jorge a cuestas.

Ray se alegró al vernos. Conversamos un rato mientras esperaba su embarque. Finalmente, llegó el momento de partir. «Luis» me dijo, «voy a orar por ti. También voy a escribirte. Ven a Estados Unidos».

«Quizás algún día, si Dios quiere», dije, mirando a mi hermanito. «Pero tengo que cuidar de mi familia».

«Dios *sí* va a querer», me dijo. «Él proveerá para ti y para tu madre. No te preocupes. Es la voluntad del Señor que vengas».

La fuerza de su afirmación me impactó. Parecía estar seguro de que Dios no solo *podía* hacerlo, sino que *quería* hacerlo. Por primera vez, creí que viajar a Estados Unidos podría llegar a ser posible. Pero, aun así, me preguntaba sobre lo que me acababa de decir Ray: *¿De dónde habrá sacado decirme esas cosas?*

Ray había prometido escribir y no se tardó en hacerlo. Solo unas cuantas horas después de haberse ido, recibí un mensaje telegráfico enviado a través de Pan American, desde el aeropuerto de Caracas, donde su avión había hecho una escala antes de seguir a Miami. El mensaje decía:

PREPÁRATE Y CONSIGUE UN PASAPORTE.
EL SEÑOR VA A LLEVARTE A ESTADOS UNIDOS.

Yo por entonces apenas tenía una idea vaga sobre lo que era un pasaporte, pero comencé a sentir que tal vez Ray tenía razón.

Pareciéndome una broma, le mostré el mensaje a mi madre. «Oye, mamá, mira esto», le dije, entregándole el telegrama. «Este señor cree que tengo que viajar a EE. UU.». Le expliqué en pocas palabras todo lo sucedido. No parecía particularmente sorprendida. «Pero no puedo ir», concluí. «Debo apoyarte a ti y a las chicas y a Jorge».

«Si es la voluntad del Señor, entonces todas las cosas se acomodarán», dijo, con seguridad.

Su confianza y actitud receptiva era todo lo que necesitaba. Si me hubiera desalentado o desestimado la idea, creo que jamás hubiera ido.

Pero obtuve mi pasaporte.

Yo estaba acostumbrado a pensar que los pastores eran bivocacionales y las personas más pobres de la tierra. Ni remotamente creía posible que un pastor fuera capaz de pagar mi pasaje a Estados Unidos, y mucho menos de ayudarme a ingresar al seminario.

Lo que no sabía entonces era que Ray era miembro de la junta de directores de una fundación creada por el hombre que participó en la invención de un pequeño artefacto electrodoméstico llamado horno microondas. Ray tenía conexiones, y esas conexiones tenían dinero; el dinero suficiente para llevarme a Estados Unidos. La gente que cocinaba sus comidas en el microondas alrededor del mundo no tenía idea que estaban ayudando a conectar los puntos entre un muchacho de Córdoba, Argentina y Estados Unidos.

Al poco tiempo de conseguir mi pasaporte, recibí un cheque. A partir de entonces, todo sucedió de manera tan acelerada que sentía que tenía que darme de cachetadas frente al espejo para asegurarme de que estuviera despierto. Antes de darme cuenta, se habían concretado los planes y tenía en la mano un boleto de ida. Destino: San Francisco, en donde permanecería durante el verano antes de dirigirme hacia Oregón para estudiar en el seminario Multnomah School of the Bible.

Las despedidas de mi familia, amigos queridos, mentores y mi novia fueron difíciles. Pero lo más difícil fue decirle adiós a mi madre. Recordé las palabras de cuando falleció mi padre de que yo era el hombre de la familia. ¿Cómo podía irme? Pero vi en sus ojos un deseo genuino de que me fuera. Era la oportunidad de seguir el sueño, el llamado —el suyo tanto como el mío—. Sabía que el paso de fe que estábamos dando era compartido. Mi paso de fe era irme sin ellos. Su paso de fe era quedarse sin mí. Dios proveería para todos nosotros.

Así que, con muchas promesas de permanecer en contacto, de cuidarme, de aprender y de crecer, abordé mi primer avión.

En aquellos días, volar era todo un acontecimiento. Entregaban mapas elegantemente diseñados con la ruta trazada. Viajaba con Pan American desde Sudamérica a Estados Unidos y luego hacía conexión con Delta para volar dentro de EE. UU. Para un chico humilde de Córdoba, sentía como si estuviera dentro de una de esas películas de Hollywood que los ancianos de los Hermanos

Libres desaprobaban. Se sentía glamoroso, emocionante. Quedé encantado.

El vuelo mismo, sin embargo, fue una experiencia horrorosa. En aquel tiempo, los aviones usaban rutas a relativamente bajas alturas, lo que hacía aterrador sobrevolar las montañas. Nos dirigimos desde Buenos Aires a La Paz, de La Paz a Lima, de Lima a Panamá y de Panamá a Miami. Al mirar por la ventana, no tenía idea por dónde íbamos pero sí me daba la impresión de que el mundo era inmenso, lo cual me abrumaba y me emocionaba, ambas cosas al mismo tiempo.

La última conexión a Florida fue un vuelo nocturno. Cuando llegábamos al Caribe, el sol estaba empezando a salir. Era el mes de junio. El tiempo era hermoso. Cuando miré hacia abajo por la ventana del avión, vi innumerables puntos blancos en el agua. ¡Veleros! pensé con algo de estremecimiento. Solo cuando me di cuenta de nuestra altitud y de cómo afectaba mi perspectiva, supe que esos puntos eran nubes que sobrevolaban como veleros la superficie del mar.

Para cuando aterrizamos en suelo americano en Miami, me sentía exhausto. La humedad del verano de Florida puso a prueba mi constitución argentina. Caminando a tropezones y sudoroso, atravesé aduanas y, el 20 de junio de 1960, estamparon en mi pasaporte argentino el sello de ingreso a Estados Unidos.

Estaba abrumado por la sensación increíble de llegar a Estados Unidos, pero aún no logro recordar los detalles de ese primer aterrizaje. Alguien vino a recogerme al aeropuerto y me llevó a su casa para un breve descanso. Luego regresé al aeropuerto para volar a Atlanta con destino a San Francisco, en donde la esposa de Ray, Elaine, me esperaba. Me saludó con calidez, entusiasmo y prisa.

Me explicó que la reunión en la iglesia Peninsula Bible Church ya había empezado, por lo cual salimos rápidamente del aeropuerto. Condujo hacia el sur bordeando el Bayshore Freeway, una autopista que cruza parte de la bahía de San Francisco. Íbamos volando por la nueva carretera a cien kilómetros por hora la mayor parte del trayecto.

Llegamos justo antes de que la reunión terminara. Me llevaron rápidamente a la plataforma para que me presentaran. Debido al cansancio del viaje, apenas comprendía las palabras: ¡Démosle la bienvenida a Luis Palau de Argentina! Dije algunas palabras agradeciéndoles su cordial bienvenida. Me maravillaba en silencio al verme allí.

Ese verano, me quedé en la casa de los Stedman. Ver a Ray en el entorno de su iglesia, su familia y la comunidad me dio la oportunidad de darme cuenta de que era un hombre auténtico. Su alegría y su amor por Jesús eran contagiosos. Dedicaba su vida a Cristo y a la iglesia, y a su vez parecía tener tiempo para divertirse. Jugaba al golf, terriblemente mal, ¡pero jugaba de todos modos! Pescaba. Tampoco era bueno para la pesca. Pero lo intentaba. Y la gente lo respetaba y lo quería por quién realmente era, porque su vida era transparente. Era afectuoso, genuino y un verdadero hombre.

Quería ser como él.

Me esforcé por adaptarme a la cultura estadounidense. En aquel tiempo, los cristianos estadounidenses no consumían bebidas alcohólicas, lo cual era muy diferente a beber con moderación como lo hacían los cristianos en Argentina. Cuando todavía estaba en Córdoba, un misionero me había aconsejado: «Luis, jamás vayas a pedir una copa de vino allá. Es normal aquí, pero los creyentes estadounidenses no toman alcohol».

La segunda noche en su casa, Ray me dijo: «Oye, Luis, hagamos un asado al estilo argentino. No va a salir exactamente de la manera en la que estás acostumbrado, pero será divertido». Luego, casi como una ocurrencia tardía, agregó: «Ah, por cierto, cuando hacen un asado, ¿tomas vino?».

Mis pulsaciones se aceleraron. *Oh, Dios, aquí vamos*, pensé, preparándome para otro discurso de uno de los ancianos de mi iglesia. «Bueno», dije, tratando de desviar la conversación de la botella, «ya sabes, Argentina está europeizada. La gente toma media copa de vino con las comidas, seguro. Incluso cuando tienes doce, tu abuela te sirve un poco, con soda para rebajarlo».

«Mira, muchacho» me dijo seriamente. «No te pregunté si las abuelas argentinas toman vino, te pregunté si tú bebes». *Cielos*, pensé. *Una noche en la ciudad y ya me está interrogando.* «Te diré una cosa», dije, retorciéndome un poco. «Mi madre no está bien, así que el médico le recomendó que tomara vino de Oporto con un huevo crudo para su salud».

«Tampoco te estoy preguntando si tu madre bebe. ¿Bebes *tú* vino cuando comes carne?». A estas alturas, ya me miraba fijamente. No tenía otra opción. Tenía que contestarle.

«Sí, así es».

«¡Ja! ¡Entonces compremos una botella!», exclamó alegremente. Nos subimos al auto y condujimos para conseguir una botella de un buen vino tinto, riéndonos durante todo el camino. Sin duda me estaba poniendo a prueba. Sabía que estaba sudando ante tal interrogatorio, pero estaba jugando conmigo. Entonces, fue cuando *realmente* supe que Ray Stedman me caía bien. Amaba a su Jesús y aborrecía el legalismo.

Íbamos a divertirnos juntos.

También viví en casa de Ray el verano siguiente, como parte de algo que él llamaba «The Scribe's School» («La escuela del escriba»), junto con otras dos personas —una de ellas era un joven llamado Charles Swindoll—. Ray nos guiaba de cerca, incluso nos permitía que observáramos y oráramos cuando daba consejería pastoral. Con el permiso de los que recibían consejería, simplemente me sentaba en el fondo y escuchaba, sin decir una palabra.

Cierto día, vino un matrimonio adinerado con problemas maritales. El esposo, un hombre de negocios de la vieja escuela, que no era creyente, había traído un cheque por cinco mil dólares emitido a la orden de la iglesia. Probablemente haya estado acostumbrado a solucionar con dinero todos los problemas de su vida y no conocía otra manera de hacerlo. De cualquier modo, cometió el error de deslizar el cheque por el escritorio para dárselo a Ray, mientras yo observaba desde el fondo de la sala.

Ray leyó el cheque. Luego miró al hombre directo a los ojos, rompió el cheque en cuatro pedazos y se lo devolvió. «Guárdate tu sucio cheque», le dijo. «¿Crees que puedes comprar la gracia de Dios con dinero?». Y con esa clase de gentileza feroz que solo tiene un pastor experimentado, desarmó al hombre. Yo no podía creerlo.

Después de la consejería, fuimos a almorzar a *Ricky's*, su lugar preferido, en El Camino Real, una de las rutas principales que se extiende a la ciudad de San Francisco. Se veía de buen humor durante todo el trayecto. «Ray», le pregunté, «¿cómo puedes aconsejar a las personas con problemas tan grandes —situaciones oscuras— durante toda la mañana y no dejar que luego te afecten?».

«Oye» me dijo, «si tuviera que llevar sus cargas, colapsaría. Soy simplemente el vocero del Señor. Estoy allí para escuchar, para ayudar de la manera en que pueda, para llevarlos a las Escrituras. Puedo apoyarlos y guiarlos en lo que necesiten. Pero no soy Dios. Solo él puede verdaderamente llevar sus cargas».

Esa respuesta me permitió aprender una gran lección. Ninguno de nosotros, por más bienintencionado que sea, puede ocupar el lugar salvador en la vida de una persona. Solo Jesús puede hacerlo. Podemos estar presentes y ayudarlos. Podemos escucharlos, hablarles y apoyarlos. Pero si tratamos de ocupar el lugar de Jesús en la vida de los demás, seremos aplastados por un peso que solo él puede llevar.

Esto fue en parte la razón por la cual, años más tarde, estuve preparado emocionalmente para hacer el programa de televisión nocturno *Luis Palau responde*. En horas de la madrugada, la gente llamaba con sus problemas en televisión en vivo, a veces exponiendo cuestiones complejas e importantes, para que los aconsejara. Me veía a mí mismo como si lavara sus pies, como lo hacía Jesús. Y luego, por difícil que a veces llegara a ser, debía seguir adelante. Tenía que confiar en que el Espíritu Santo se encargaría del resto.

Al mostrarme su caminar con Dios, Ray me moldeó y me conmovió. *El cristianismo auténtico* era su libro clave, y su título le hacía justicia. La autenticidad de Ray le daba una habilidad magnética para atraer a otros a Jesús, al mismo tiempo que él mismo era atraído a su Salvador.

Ray era uno de los pastores más importantes de Estados Unidos, pero su humildad era proverbial. Siempre estaba luchando contra ese enemigo borroso que llamaba el «ego» y esa batalla fue una de las lecciones principales que me enseñó. Con los Hermanos Libres, el enemigo había sido el «mundo». Ray subió las apuestas. El verdadero peligro, el orgullo, estaba *dentro* de nosotros.

Decía que uno podía ser la persona más justa de la tierra según la ley, pero si el orgullo lo envolvía, era *insignificante* en el reino. Por supuesto, la santidad personal era vital, pero comenzaba con la humildad de corazón, y ninguna falsa rectitud podría imitarla. Toda la gloria debe ser para Dios. «Crucifique su ego o este lo destruirá», solía decir.

Esto marcaba una yuxtaposición fascinante en él. Desconfiaba profundamente de sí mismo y de su propio orgullo; y, sin embargo, se sentía muy a gusto siendo lo que era.

A veces contaba historias o bromas provocadoras en sus mensajes —nunca cruzaron la línea de lo inapropiado, aunque pisaban el borde— e incluso utilizaba un lenguaje algo picante. Por aquellos días, la zona de la bahía de San Francisco era salvaje y, por lo tanto, hablaba de manera que su público lo entendiera. No era un predicador a quien le costara conectarse con la gente. Sabía que el amor libre y el LSD estaban proliferando en el estilo de vida de San Francisco, y si no podía hablar libremente al predicar sobre Jesús, perdería la oportunidad de llegar a las personas que más necesitaban oír sobre él.

¡Imagínese cómo esa actitud habría llamado la atención de un joven de los Hermanos Libres, para quien el púlpito siempre había sido un lugar sagrado y de seriedad absoluta! No se cruzaba *ninguna* línea. Incluso pronunciar la palabra *sexo* era tabú. Imagíneme a mí, sentado allí los primeros días, escuchando a Ray predicar sobre las palabras de Jesús: «No juzguéis, para que no seáis juzgados», pero expresado completamente con un vocabulario moderno.

Durante mis años en el internado aprendí un montón de palabras de corte vulgar, pero oír el lenguaje crudo de Ray conectándose con las personas heridas me hizo pensar en una nueva manera de predicar. Por supuesto, me hacía sentir incómodo. Sin embargo, también era *real* en un sentido que me fascinaba. La mayoría de los predicadores, incluso en la actualidad, no se animarían a decir las cosas que él decía en el púlpito. Pero allí era aceptable. Bíblico hasta la médula, pero con un poco de asperezas.

Y así se conectaba con las personas. En una ocasión, estaba predicando sobre 1 Corintios. Llegó al pasaje que dice «Y eso eran algunos de ustedes» (6:11), en el cual se enumera una grave recopilación de pecados y se reconoce que dichos pecados quedaron en las viejas vidas de muchos cristianos. «¿Cuántos aquí son culpables de algún pecado de esta lista?», preguntó Ray. Muchos se pusieron de pie, incluso una mujer mayor venerable, la viuda de un tejano rico, a quien la mayoría de la gente llamaba «la mujer púrpura», por la elección de colores de su vestuario.

Un *hippie* que estaba deambulando por la calle había entrado al salón hablando solo, obviamente bajo los efectos de alguna droga. Al principio del mensaje, se lo escuchaba murmurar sobre que todos los cristianos eran hipócritas. Para cuando la mujer púrpura comenzó a declarar su testimonio, reconocer sus pecados y manifestar cómo Cristo la había perdonado, este joven, conmovido, dijo: «Vaya, ¡estos son de los míos!». Esta era la fe verdadera, no una religiosidad vacía. La iglesia era para un tiempo y lugar donde todo podía suceder, y la sabiduría de la iglesia para adaptarse a dicha situación era el resultado del Espíritu Santo guiando a su congregación a honestidad y aliento.

Esta congregación quizás haya sido de la clase de gente de aquel *hippie*, pero para mí era un choque cultural. Mi trasfondo puritano sospechaba del humor en el púlpito, y esta iglesia californiana espontánea era sin duda diferente. De todos los lugares en el mundo a los que pude haber ido, mudarme de Buenos Aires a Berkeley parecía estar calculado para provocarle al joven Luis el mayor impacto cultural. Al cabo de pocos años, Timothy Leary estaría predicando a la juventud de California sobre los beneficios de las drogas, diciéndole: «Conéctate, sintonízate, déjate llevar». Y los chicos le seguían la corriente.

Para mí, todo eso era impactante, pero también era lo que necesitaba. El evangelio había sido adusto en Argentina, pero de inmediato me di cuenta de que también lo era aquí. El nuevo estilo no estaba mal, incluso si al principio me hacía sentir incómodo. Solo era diferente. Y alcanzaba a todos, desde profesores de la Universidad de Stanford hasta los adictos de la calle.

Nunca fui tan al límite como Ray en el púlpito, aunque puedo contarle una o dos anécdotas que encajarían en su estilo, pero sentía que tenía un permiso nuevo para escuchar al Espíritu Santo y permitir que él me guiara para adaptar la manera en que presentaría el evangelio inmutable a mi público. Esa libertad iba a ser necesaria en las décadas venideras. Uno no puede predicar profusamente sin adaptar a su público la manera en que va a hablar sobre Jesús. Estoy agradecido por el ejemplo de padre de Ray. Su libertad me ayudó a encontrar la mía.

Sí. Ray fue un padre para mí y él veía nuestra relación de la misma manera. En una ocasión ofreció adoptarme legalmente. ¡Qué privilegio! Me quedé anonadado. Rechacé su proposición, pensando en mi madre y en la imposibilidad de remplazar a mi papá. Simplemente no me parecía correcto. Pero sabía que de muchas maneras, Ray ya me había adoptado.

En 1 Corintios 4.15-16, el apóstol Pablo escribe: «De hecho, aunque tuvieran ustedes miles de tutores en Cristo, padres sí que no tienen muchos, porque mediante el evangelio yo fui el padre que los engendró en Cristo Jesús. Por tanto, les ruego que sigan mi ejemplo».

Cada vez que leo este pasaje, me viene a la mente Ray. Fui un joven que creció sin padre. Las experiencias de la vida me forzaron a serlo rápido, pero fue duro. Muy difícil. Había anhelado que alguien me hubiese enseñado más que simplemente lo que significa ser hombre; que me lo hubiese podido *demostrar*. Había sentido como si tuviera que forjar mi propio camino, y siempre me quedaba con preguntas que no dejaban de volver. *¿Así es como se supone que deba hacerlo? ¿Me estoy convirtiendo en un buen hombre?* Si bien en mi familia tenía algunas figuras paternas, ninguno de ellos representaba por completo qué significa ser un hombre de Dios como lo hizo Ray. Por eso quería imitarlo.

Imitar no significaba copiar. Significaba hacer mía su libertad y aprender a ser realmente yo mismo en el evangelio; encontrar esa libertad y anunciar con gozo las buenas noticias, no solo con solemnidad.

En los años que siguieron, el espíritu de libertad de Ray nunca lo abandonó. Era implacablemente genuino, siempre haciendo bromas, amable, divertido. No siempre estábamos de acuerdo (aunque debo admitir que por lo general él estaba en lo correcto cuando discrepábamos). Pero jamás dudé de su bondad, su amor o su intención. Decía lo que pensaba, y lo hacía porque le importaba.

Me enseñó una gran lección. La verdad realmente nos hace libres. No solamente libres de la esclavitud del pecado, sino libres de nuestra esclavitud a la ley. Nos hace libres para poder ser nosotros mismos, *realmente* tal cual somos, crecer en santidad y felicidad.

¿Ha aprendido usted esa lección? ¿Se ha rendido plenamente a Dios, de modo que él pueda devolverle lo mejor de su ser? Si aún no ha hallado esta libertad, pídale a Dios por un Ray en su vida. Busque aquellos que claramente estén caminando en el gozo y en la libertad del Espíritu de Jesús e *imítelos*. No los copie, *imítelos*.

Y si ya ha encontrado esa libertad, ¿la está compartiendo con otros? ¿Está escuchando la voz de Dios diciéndole a quién puede animar, empoderar y liberar? ¿Está buscando a un jovencito Luis para guiarlo, atraerlo y adoptarlo como su hijo mientras sigue a Jesús? Nunca sabrá cómo esas decisiones y relaciones pueden afectar al mundo.

En 1992 mi esposa, Patricia, y yo recibimos la noticia de que Ray estaba muriendo. Dejamos todo y fuimos a visitarlo por última vez.

Para ese entonces, era evidente que su influencia había sido uno de los puntos de inflexión en mi vida. ¡Tranquilamente podría no haber sucedido! Podría haber estado atrapado en su propio ego, sus escritos, su carrera pastoral exitosa como para dedicarle su tiempo libre a un jovencito de un pequeño pueblo en Argentina, un niño necesitado e inmaduro, con nada que ofrecer a cambio. La mayoría de las personas habrían pasado de largo. Pero él me *vio*.

Cuando llegamos a la casa de los Stedman, era obvio que Ray presentía que se estaba muriendo. Sabía que necesitaba hacerle algunas preguntas que me había estado haciendo por mucho tiempo.

Nos sentamos allí, Elaine estaba cerca de nosotros, mirando desde el sofá. «Ray» le dije, «hiciste tanto por mí. Invertiste en mi vida, me proveíste, me llevaste a distintos lugares. ¿A cuántos ayudaste como lo hiciste conmigo a lo largo de tu ministerio?».

Miró a Elaine. Se le notaba en la cara su antiguo disgusto por expresar cifras que pudieran inducir el ego. Luego, con toda seriedad, respondió: «Probablemente unos setecientos».

Setecientos. Me quedé anonadado. El impacto de este hombre era mucho más profundo, más amplio y más extenso de lo que había imaginado. Alabado sea Dios.

Esperé por otra pausa en la conversación y volví a mirar al hombre que yacía delante de mí, que había dado gratuitamente de su tiempo, su atención, su sabiduría, sus recursos, su opinión su aliento, su mismo *ser*. «Entonces, Ray, ¿por qué hiciste todo lo que hiciste por un muchacho de Argentina?» le pregunté. «No sabías nada sobre mí. Simplemente confiaste en mí y me trajiste aquí de la nada».

Me miró con intensidad con esos ojos penetrantes característicos de él y sonrió. «Bueno, Luis», limpió su garganta, «Solo sentí al Señor diciéndome: *Trae a ese chico a Estados Unidos, Ray*».

«Y eso fue lo que hice».

CAPÍTULO 5

El fuego secreto

El comandante Ian Thomas y el secreto de Cristo en nosotros

> He sido crucificado con Cristo, y ya no vivo yo,
> sino que Cristo vive en mí. Lo que ahora vivo
> en el cuerpo, lo vivo por la fe en el Hijo de
> Dios, quien me amó y dio su vida por mí.
>
> GÁLATAS 2.20

Mi primer verano en los Estados Unidos lo pasé en Palo Alto, ciudad enclavada en el área de la Bahía de San Francisco. De ahí me dirigí al norte, hacia Portland, Oregón. La belleza extraordinaria de la Costa Oeste con sus imponentes abetos y las altas cumbres de la Cordillera de las Cascadas me ofrecían un entorno admirable para dedicarme al estudio de la Biblia.

Ray había querido que pasara algunos años en el Seminario Teológico de Dallas, su *alma mater*. Pero cuatro años me parecieron una eternidad, y yo estaba ansioso por empezar a trabajar.

Por sobre su separatismo cultural y su cultura moralista, mi experiencia en la Iglesia de los Hermanos Libres hizo maravillas en cuanto a mi capacitación y conocimiento bíblico. Desde que era un niño, la memorización de las Escrituras fue parte de mi vida. Mi educación en el colegio pupilo y en el St. Albans había sido excelente. Había adquirido cierta experiencia en la predicación, lo que para los ancianos de la iglesia era muy auspicioso. En los años de mi adolescencia y comienzo de los veinte, había desarrollado un estudio sistemático de la Biblia y leído una buena cantidad de comentarios clásicos. A decir verdad, me sentía listo para empezar a rugir; sin embargo, tenía la sensación de que algo me faltaba. Había pasión y propósito en mi preparación, pero para ser sincero, aún tenía que sentir el poder sobre el que había leído en las vidas de Wesley, Moody y otros. Esperaba encontrar el ingrediente que me faltaba para dedicarme al ministerio en serio.

El seminario Multnomah School of the Bible (en la actualidad, Multnomah University) ofrecía un programa de certificación de un año para el cual califiqué. Ray me recomendó Multnomah una vez que se dio cuenta de que no iba a poder convencerme de pasar cuatro años en Dallas y que, muy probablemente, un año sería toda la educación que podría conseguir que yo hiciera. Se arreglaron los detalles, y así fue como Luis Palau se encontró caminando rumbo a estudiar, rumbo a la intersección de la calle Glisan y la avenida 82 en Portland.

Mi grupo estaba formado por cuarenta y ocho estudiantes, la mayoría de ellos casados y preparándose para las misiones o el trabajo pastoral. Yo era uno de los únicos seis hombres solteros. Me llamó la atención una joven simpática, de lentes, originaria de Oregón, de nombre Patricia Scofield. Pero recordé que yo estaba allí para capacitarme, graduarme y partir; así es que me esforcé por olvidarme de ella. Después de todo, el mundo necesitaba ser salvado.

El campus de Multnomah era único. Originalmente, había sido diseñado para que albergara un colegio para ciegos. No había escaleras, sino amplias rampas que unían los diferentes edificios y por las cuales circulaban los estudiantes. Yo vivía, comía y estudiaba en el campus; en realidad, no me costó adaptarme a la rutina del seminario. Si bien mi acento era tosco, en general mi inglés era bastante bueno. Teníamos clases de Biblia, teología, periodismo y otras disciplinas necesarias para el liderazgo cristiano. Había capilla para todo el estudiantado tres veces a la semana.

A pesar del trasfondo con que había llegado, el programa del seminario era bastante exigente. Además, la ausencia del «ingrediente que me faltaba» —cualquiera que haya sido— comenzaba a hacerse sentir cada vez más fuerte. No podía quitarme la sensación de que no estaba en el lugar espiritual en el que tenía que estar. La libertad con que fluía la vida de Ray yo la sentía completamente ajena a mi alma.

Y para terminar de complicar las cosas, tenía un profesor que había comenzado a irritarme. El Dr. George Kehoe comenzaba su clase sobre Vida espiritual (*¿A quién se le ocurre enseñar eso en una clase?* pensaba yo de manera bastante cínica) leyendo Gálatas 2.20: «He sido crucificado con Cristo, y ya no vivo yo, sino que Cristo vive en mí. Lo que ahora vivo en el cuerpo, lo vivo por la fe en el Hijo de Dios, quien me amó y dio su vida por mí».

El carácter concluyente y la fe de ese versículo me parecían imposibles. Pablo hablaba sobre esa transformación como si ya hubiese estado hecha y terminada. Está bien, pero ¿cómo haría yo para que tal cosa sucediera? Y, de todos modos, ¿acaso no tenía trabajo que hacer? ¿Un llamado al cual responder? ¿No era la vida cristiana una lucha para hacer lo que Dios nos dijo que hiciéramos?

E igual de importante, ¿no deberíamos *ser* la persona que Dios nos destinó para que fuéramos?

Aquel trabajo incluía predicar y enseñar en el vecindario e incluso en la capilla de Multnomah. Mientras todo esto ocurría, la sensación de un conflicto dentro de mí se hacía cada vez más grande entre cómo me veían —un joven predicador internacional prometedor con ojos azules y una sonrisa encantadora— y cómo era —un joven que luchaba fuertemente con la arrogancia y un sentido de superioridad moral. Me consideraba mejor que los que me rodeaban, incluso mejor que mis profesores y los pastores de las iglesias que visitaba, y aun así me sentía inadecuado sobre asistir a un seminario bíblico estadounidense. Me empecé a retrasar con las tareas de lectura, que eran todas en inglés, y mi vida se volvió algo complicada durante esas semanas y meses.

Estaba preocupado. El primer semestre de clases estaba pago, pero ¿qué sucedería con el segundo? Pensé que no iba a poder pagarlo a menos que ocurriera un verdadero milagro.

Pasó el otoño, y eso en Portland significa lluvia. No la lluvia torrencial a la que estaba acostumbrados en Argentina, que te deja empapado pero luego deja salir el sol. Acá se instalaba una llovizna constante que parecía querer quedarse hasta el arrebatamiento. Junto con mis estudios, la lluvia parecía agudizar mi sentido de que algo me faltaba.

Llegó noviembre. Cierto día entré a la capilla temblando un poco por la llovizna neblinosa que amenazaba con convertirse en un invierno del noroeste auténtico. Húmedo, deprimente e interminable.

En el auditorio, me senté en la parte de atrás donde acostumbraba a hacerlo. En aquellos días, estaba aprendiendo tanta Biblia que un predicador tenía que realmente esforzarse para captar mi atención. Se cantaron algunos himnos, se oró y se hicieron unos anuncios. No estaba prestando demasiada atención, aunque quizás lo estaba un poco más que los dos estudiantes sentados a mi lado que se entretenían jugando ajedrez.

Mientras echaba una mirada al tablero, alguien subió a la plataforma. Lo presentaron como el comandante Ian Thomas. Habló veintidós minutos. Y en esos veintidós minutos mi vida cristiana cambió.

Atrajo mi atención desde el primer momento. Su acento de Oxford no pasó desapercibido para mí. Me fijé que le faltaba parte de un dedo —un testimonio a su historia distinguida en combate— lo cual volvía sus gestos enérgicos y elegantes lo suficientemente tétricos como ser interesantes. Captó la atención de todos los presentes, incluyendo a los jugadores de ajedrez.

Supe más tarde que el comandante Thomas tenía un pequeño rincón en un museo de Londres en el que se detallaba la vez que defendió las montañas italianas de los nazis, con solo la ayuda de un cocinero.

Habló sobre «Cristo en nosotros» tomando para su predicación la historia de Moisés y la zarza que ardía sin consumirse. Moisés, errante por el desierto y ocultándose de su gente, vio una zarza que ardía pero que, misteriosamente, no se consumía; así es que fue a investigar. Con lo que se encontró resultó ser mucho más que un fuego. Estaba pisando tierra santa en un encuentro que definió su vida. Allí, en la zarza que ardía, Moisés se encontró con Dios.

El comandante Thomas hizo referencia a su propia experiencia como estudiante de medicina, cuando estaba considerando la obra misionera. *Sé que soy justificado por la gracia de Dios*, pensaba, *pero ¿cómo puedo vencer la tentación?* Encontró la semilla de una respuesta en Romanos 5, y la verdad floreció. ¡*Había* una manera de vivir en victoria por medio de la fe! Los cristianos no estaban condenados a ser víctimas de Satanás de por vida. El corazón del hombre podía ser transformado. Dios tenía el poder para que la vida y la fe se alinearan. Si bien la carne y la vieja naturaleza eran fuertes, ¿acaso Cristo no era aún más poderoso? ¿No estaba muerta la vieja naturaleza? ¿No se había manifestado la nueva?

Relató la historia de Moisés, criado entre los egipcios como un príncipe, y que por una equivocación había perdido las esperanzas de liberar a su pueblo.

«Quizás este sea el dilema en el cual también tú has caído» dijo. «Has sentido la sobrecarga de una ambición santa. Tu corazón se ha encendido dentro de ti. Has tenido sueños y visiones, solo para despertarte una y otra vez con una sensación de futilidad, como alguien que trata de atrapar el aire o construir castillos en el cielo»[1]

Yo supe que sin importar quién más estuviera en ese auditorio, me estaba hablando directamente a mí.

«En su sensibilidad ante la presencia del hombre» continuó el comandante Thomas, «Moisés se volvió extrañamente insensible ante la presencia de Dios. Cuán fácil es para nosotros caer en lo mismo».

«Tú no fuiste llamado a comprometerte con una necesidad, o con una tarea o con un campo determinado», dijo, enfatizando cada sílaba. «Fuiste llamado a comprometerte con *Dios.* Existen miles de necesidades, pero tu compromiso no debe residir allí. *Debes comprometerte con Cristo*».

Hacia el final de su mensaje, dijo: «En la actualidad se nos enseña a adorar a los héroes. En cada aspecto de la vida, nos volvemos fanáticos, y esto también aplica para el cristianismo. Están aquellos en cuyas vidas hay una manifestación evidente de la poderosa unción y poder de Dios. Son completamente genuinos. La mano de Dios está sobre ellos. Hablan con una autoridad que Dios honra. Las vidas son transformadas, los que están espiritualmente muertos son traídos a la vida de nuevo. Los cristianos

---

1   Comandante Ian Thomas, «Any Old Bush Will Do!» en *The Saving Life of Christ* (Grand Rapids: Zondervan, 1961), pp. 59–70.

derrotados, impotentes e inútiles son transformados en canales útiles de vida divina. Dondequiera que vayan, parecería como si hubiera un toque de gloria sobre sus pasos, los admiramos y los elogiamos. Pero lo miramos de lejos como si fuera el monopolio de unos pocos. Como si tuvieran un llamado especial por la gracia de Dios y como si esto fuera algo inalcanzable para la mayoría de los hombres. Decimos en nuestros corazones: "Hay una zarza que arde. Yo quisiera ser una zarza como esa, pero no soy más que un montón de cenizas"».

Ese soy yo, pensé. He estado tratando de avanzar en el ministerio con arrogancia, confiando en mi educación, pasión, talentos, personalidad. Sin embargo, fui llamado a encontrarme primeramente con Dios. Una experiencia genuina de su presencia debía ser el fundamento de mi ministerio.

«No yo, sino Cristo en mí». Yo no era nada sin Él.

El comandante Thomas enfatizó cuán insignificante era el lugar que Dios había escogido para habitar. ¿Era la zarza tan especial? ¿Tan perfecta? ¿Tan talentosa? ¿Tan hermosa? ¡Desde luego que no! «Cualquier simple zarza sirve» dijo, «siempre y cuando Dios esté en ella».

Era la *presencia* de Dios lo que importaba. El poder le pertenecía a Cristo, no a Luis. Se trataba solo de Cristo, el todopoderoso y maravilloso Cristo resucitado quien mora en nosotros.

Para asegurarse de que yo entendiera ese punto, el comandante Thomas concluyó con Gálatas 2.20, el mismo versículo que mi profesor repetía cada día: «He sido crucificado con Cristo, y ya no vivo yo, sino que Cristo vive en mí. Lo que ahora vivo en el cuerpo, lo vivo por la fe en el Hijo de Dios, quien me amó y dio su vida por mí».

Sentí como si cada palabra de ese versículo estuviera grabándose a fuego en mi corazón. No sabía si quería reír o llorar, pero sabía que necesitaba estar a solas.

Tan pronto como concluyó el sermón, prácticamente corrí hacia mi habitación. *Señor, ahora entiendo*, oré. *Eso es lo que me estaba frenando*. Falté a clase sin pensarlo dos veces. Tenía algo más importante que hacer. Regresé a mi habitación para orar.

Antes, había hecho mi mejor esfuerzo y rogaba a Dios. Pero ese había sido de hecho el problema. Yo era el que trataba, yo era quien rogaba. Había agotado todos mis esfuerzos, y sabía por todo lo que había intentado, que no estaba realmente agradando a Dios. Él quería más que solo mis talentos naturales o mi compromiso. Me quería a *mí*. Por primera vez en mi vida, creí comprender qué significaba rendirse a él. Fluyó de mi interior una oración en español, una oración de reconocimiento y aceptación, una oración en la que sencillamente le pedía que obrara a través de mi vida. Necesitaba aceptar que Cristo en mí era la esperanza de gloria, y que nada menos que el Sol de justicia podría hacer resplandecer la luz que anhelaba mi corazón. Había sido salvo, pero esto era una esperanza de santificación, y me deleité en ella con asombro y gozo solemne.

Al arrodillarme en mi cuarto, una paz y un poder sobrecogedores comenzaron a establecerse dentro de mi ser. Permanecí de rodillas al lado de mi cama por una hora y media. Ese momento marcó el gran punto de inflexión de mi vida espiritual. No fue el final de mi crecimiento, sino el verdadero comienzo de él. Antes de ese punto nunca dudé de mi salvación, pero aquel momento lo sentí, en su profundidad y poder, como una segunda conversión. Cuando me paré al costado de mi cama, me sentía un hombre nuevo. Me sentía, desde el interior, como una zarza ardiente.

Y nada volvería a ser igual.

Para el comandante Thomas, sus palabras quizás hayan constituido un buen sermón. Pero en cuanto a mí, cambiaron la trayectoria de mi vida interior. Aquel día fue mi punto de inflexión.

Una vez que descubrí la verdad de Cristo morando en nosotros, la veía en todas partes. Se encuentra en todo el Nuevo Testamento una vez que sus ojos se abren a ella. Quizás usted piense: *Oh, Dios mío ¿cómo pude haber estado leyendo esto y pasarlo por alto durante tanto tiempo?* Creo que se debe al hecho de que no se trata de un descubrimiento, sino de que le sea revelada dicha verdad. Es una verdad transformadora fundamental. Puede no comprenderla por años, *creyendo* que sabe qué significa, pero sin que su poder verdaderamente toque su corazón. Aun hoy, su poder emocional todavía me alcanza, incluso luego de una vida entera predicándola. Esa verdad es, simplemente, estremecedora.

Desde ese entonces, una bendición inusual reposó sobre mi vida. Podía predicar los mismos mensajes, pero ahora tenían una riqueza y poder que antes carecían. Anteriormente, mis predicaciones podían tener un tono despectivo. ¿Eres estúpido? ¡Di que sí! ¿Por qué no crees *esto*? ¿Por qué no lo entiendes? Y la gente solo se quedaba muda, mirando. Ahora tenía más luz, más vida, más amor, y la gente respondía. Hubo una diferencia significativa inmediata en mi predicación.

Un día, encontré un borrador de un sermón que había predicado en una conferencia de jóvenes en Argentina. Me sonreí al verlo porque básicamente abordaba todos los principios que Ian Thomas había compartido —¡algunos casi palabra por palabra!— pero no los había *experimentado*. Había escrito un borrador increíble, pero no había estado viviendo conforme a esa verdad. Qué recordatorio aleccionador de cómo podemos obrar en otros con toda sinceridad y aún no comprender cómo se aplica en nuestras propias vidas. Uno puede predicar sin que ello implique que lo haya experimentado.

Con el tiempo me di cuenta de que había hallado la «unión y comunión» sobre la cual Hudson Taylor había escrito de manera tan conmovedora. Moody la llamaba la «unción», y hablaba libremente sobre su experiencia cuando se encerró en el cuarto de un amigo en Nueva York, oró como yo lo hice y salió siendo un predicador diferente, un hombre transformado.

Esta verdad, a la que el comandante Thomas llamó «el Cristo que mora en nosotros», infundió vida fresca en mi fe. Una fe que no solo era intelectual o práctica, sino que estaba siendo entretejida dentro de mí. Mi ser interior comenzaba a ser transformado. A experimentar una clase de paz que reconocía en Ray, pero que simplemente yo no la había sentido antes. ¡Cristo vivía *en mí*! Era real y sencillo, y transformó mis decisiones, mi estilo de vida. Comprendí plenamente por qué el evangelio significaba buenas noticias. No se trataba solamente de convertirse; sino de *vivir como convertido*. No era llamativo; era glorioso. No era un espectáculo o la falsedad de Hollywood; era la realidad. No estaba actuando. No tenía que hacerlo. Era real, ya sea si predicaba desde un púlpito o si caminaba por las calles de Portland.

Había pasado por una gran encrucijada espiritual, de la que no me di cuenta sino hasta que la dejé atrás. Mientras continuaba hablando y enseñando a medida que me llegaban las invitaciones, comencé a escribir una declaración para recordarme de la verdad que me había confrontado tan significativamente.

Escribí lo siguiente en mi Biblia en la página en blanco al comienzo del Antiguo Testamento. Debido a que lo fui escribiendo a lo largo de los años, usaba los bolígrafos que tuviera a mano por lo que se pueden ver frases en negro, rojo, verde, azul.

Estoy aquí porque fui llamado por Dios.

Dios sea glorificado. Vive en mí. Dios está aquí. Literalmente.

Conozco su voluntad y sus palabras. ¡Fuego y poder!

Confianza.

Decisión por fe: Invitar a la gente a tomar una decisión y esperar que respondan.

Dios está hablando. Un encuentro con Dios a través de la Palabra.

Esperanza: El Espíritu Santo está obrando, aquí y ahora. Él lo prometió.

Humildad: Nada de mí mismo. Solo él.

Compasión: Los destinos eternos están en juego.

Avivamiento: El despertar de los creyentes.

Cosecha: Conquistar los corazones perdidos.

¡Urgencia!

Drama: La redención obra en las vidas por la eternidad.

¡Decisiones!

Pese a mi aparente tranquilidad externa, con frecuencia me ponía nervioso antes de predicar. Que la reunión estaba comenzando tarde; que la congregación se veía inquieta; que si prestarían atención al mensaje; que la música desentonaba; todo eso me irritaba por mi obsesión de que todo estuviera perfecto antes de comenzar.

Todo lo que hacía, predicar y trabajar, lo hacía en mis propias fuerzas, por lo que nunca era suficiente. Ahora descansaba en la presencia de Dios y sus promesas. Y él era suficiente. Fue un tremendo descanso.

No tenía idea entonces cuánto iba a necesitar trabajar desde ese lugar de descanso en los años venideros.

Para manejar ciertas situaciones complejas se necesita una combinación de paz y valor que solo puede provenir de más allá de uno mismo. Esto se volvió especialmente evidente en mis interacciones con los comunistas, en particular con marxistas y leninistas ateos, en las décadas del sesenta y del setenta, cuando mi ministerio me llevaba a regiones difíciles de Latinoamérica Estos años fueron particularmente controvertidos por estar en medio de la Guerra Fría, y el nivel de tensión era elevado en varias naciones políticamente inestables.

En muchas de estas naciones, la elección no se trataba solamente entre el gobierno oficial y la revolución, sino también entre las nuevas ideologías.

Castro, cuya revolución había tenido lugar en Cuba en 1959, me incitó a una fuerte oposición contra el marxismo. «Lo primero que haremos es matar a todos los abogados», dijo un líder comunista. «En segundo lugar, mataremos a los sacerdotes y a los pastores». Teniendo en consideración dichas declaraciones, sentí que tenía la libertad de hablar contra el marxismo, y eso fue lo que hice. Uno de mis sermones radiales más conocidos fue transmitido desde Costa Rica e incluyó en su título un juego de palabras inteligente: «¿Cristo o Castro?». Esa fue la decisión que muchos se vieron obligados a tomar. Podían recurrir a la violencia cíclica de una revolución sangrienta o podían recurrir a la sangre de Jesús, quien tenía el poder para transformar el corazón de una nación, comenzando con *nosotros*.

Como podrá imaginarse, la mayoría de los líderes comunistas no apreciaron mi mensaje. De hecho, todo lo contrario. Esto causó que algunos lugares fueran un poco arriesgados para predicar, ya que no era bienvenido.

Más tarde supe (de una fuente muy confiable) que cada partido marxista en Latinoamérica leyó y archivó una transcripción de mi sermón. Yo no tenía idea de todo lo que sucedía a mi alrededor. Desconozco la medida en la que Dios me protegió, pero sentí escalofríos cuando una secretaria de alto rango del Partido Comunista en Ecuador me dijo, mientras fumaba un cigarrillo: «Palau, desde el momento en que aterrizó en nuestro país, sabíamos exactamente dónde se encontraba en todo momento, grabábamos todo lo que decía, sabíamos en qué hotel se alojaba, quién lo llevó allí y todo lo que hacía».

Me alegré de no haberme enterado de eso hasta después. Sin saber cuánto interés tenía el Partido Comunista en mi persona, y a causa de la pasión que sentía por predicar sobre la verdadera libertad, solía ir contra los comunistas públicamente. Programaba charlas y predicaba en las universidades donde me reunía con grandes grupos de activistas marxistas. En aquellos días, solía en verdad meterme en enredos. Cuando uno es joven, le gusta luchar en serio. Nos enzarzábamos en confrontaciones polémicas. Era la pasión juvenil, pero me temo que los métodos tenían mucho más que ver conmigo que con el Cristo que moraba en mí y no producían buenos resultados.

En una universidad en América del Sur, tuve un enfrentamiento particularmente acalorado. El pequeño grupo de creyentes que se encontraba en la multitud por su propia seguridad hacía como si no hubiese sabido quién era yo. Podía sentir que la multitud era hostil. Casi todos de los tres mil estudiantes que habían concurrido eran comunistas o simpatizantes comunistas. Cuando recién había comenzado a hablar, un líder comunista subió al escenario y me quitó el micrófono de la mano.

«Oye, oye, oye», dije. «Déjame continuar. Tú puedes hablar después».

«Al diablo contigo», respondió, y ese fue el menor de sus insultos. Siguió agrediéndome, haciendo uso de su imaginación en sus descripciones con respecto a mí y al cristianismo.

Finalmente, interrumpí su diatriba y le respondí gritando: «Está bien, si vas a hacer esto, ¡entonces me marcho! Diviértete, amigo».

«No vas a hablar aquí», gritó.

«De acuerdo. ¡Nos vemos!», respondí y me alejé. Al marcharme, intentaba estrecharles las manos a las personas a mi alrededor, pero nadie me daba la mano. Comencé a mirarlos a los ojos y preguntarles: «¿De qué tienen miedo? ¡No estoy armado!». Se sentía una gran tensión en el ambiente, como una bomba a punto de estallar; sin embargo, regresé al hotel sin ningún incidente.

Al día siguiente, me llamó el líder del partido Marxista de la universidad y me invitó a su casa a comer. La comida estaba muy bien preparada. Nos sentamos y comencé a comer.

En un momento, me miró directo a los ojos. «¿Cómo te atreviste a venir?» me preguntó calmadamente, con una mirada extraña. «Podría haberte envenenado».

Terminé de masticar (la comida estaba realmente sabrosa) y tragué. «Es cierto, podrías haberme envenenado», dije. «Pero, por otra parte, si hubiera querido, Dios podría haberte envenenado a ti».

¿Qué más uno puede hacer en ese momento sino reírse? Yo no estaba muerto. Tampoco él. Hasta podríamos tratar de ser amigos. Y a pesar de ese primer encuentro, así fue. Debatimos muchos temas en la mesa aquel día. Nos fuimos sin que ninguno de nosotros cambiara su postura. Pero habíamos comido juntos y ninguno de los dos era malo para eso, gracias a Dios.

Nuestra obra nunca se enfocó en la política; sin embargo, sí tenía consecuencias políticas y sociales. Cuando las personas conocen la fe verdadera que gobierna sus vidas, y se congregan en las iglesias, además de las repercusiones espirituales (las cuales son las más importantes, por supuesto), comienzan a vivir de manera diferente. La falta de valores y de interés en el prójimo, que hace florecer la corrupción y la crueldad, comienza a remplazarse por algo nuevo y positivo. Si la transformación del corazón es verdadera, el cambio social también lo será. La religión puede en verdad ser el «opio del pueblo», como lo expresó Karl Marx. Los adormece. Puede utilizarse para promover la corrupción al espiritualizar la injusticia o restarle importancia a la opresión. La verdad puede ser tergiversada para expresar casi cualquier cosa en el nombre de Dios. Pero el verdadero cristianismo lo despierta. Transforma el mundo, comenzando con su corazón.

Como resultado, nuestra obra verdaderamente se opone a la propagación de las ideologías destructivas del siglo veinte. Asimismo, desafía las fuerzas corruptas e injustas del *statu quo* que mueve a muchos hacia los regímenes violentos en primer lugar. El amor de Cristo viene a gobernar tantos a los dirigentes como a los rebeldes.

Años más tarde, un pastor influyente viajó a Cuba y se reunió con el Fidel Castro ya envejecido. Le pedí que tratara de convencer al líder de dejarme entrar a Cuba y predicar. En su reunión, el pastor dijo: «Hay un predicador latino a quien le encantaría venir a Cuba y hablarle a la gente. Promete que solamente predicará el evangelio y no atacará al gobierno».

«¿Quién es?», preguntó Castro.

«Luis Palau», dijo mi amigo.

«¡Luis Palau!», Castro le gritó a mi amigo. «Por supuesto que puede venir. Puede tomarse un avión, subirse directo a un taxi, conducir alrededor del aeropuerto ¡y largarse de aquí inmediatamente!».

Todavía enojado después de todo ese tiempo. Todo porque yo había insistido en que Jesús lidera la única revolución que funciona.

Con el correr de los años, gradualmente aprendí que el misterio de Cristo morando en mi ser no implicaba que el Luis pasional hubiera desaparecido. Todo lo contrario. En el mejor de los casos, el Espíritu de Dios usó mi lado luchador para mantenerme a flote cuando necesitaba decir la verdad con algo de picante.

Un Dios, la Trinidad, elige morar en nosotros. El Espíritu de Jesús dentro de nosotros; ¡qué misterio glorioso!

Es un grave error pensar que Dios desea usar solo a aquellos de buen parecer, a los privilegiados, a los fuertes, a los que gozan de buena salud y a los favorecidos. No, él puede usar a *cualquiera* de nosotros. ¿Acaso la manifestación de su gloria no es mayor cuando es el débil, el pobre, el torpe y el necio quienes llevan su mensaje con poder? Es en nuestra debilidad cuando somos fortalecidos.

Ese poder me ha sostenido a lo largo de mi ministerio. No se confunda; no es el mío, sino el de él. No siempre he caminado en su poder con la firmeza con que debería. A veces, he vuelto a descansar en mi propio talento o fuerza. He deseado parecerme más a mis héroes de la fe, quienes genuinamente parecían haber tenido una claridad y pureza en su caminar con Cristo que contribuyeron a sus esfuerzos. A veces, he deseado que me definiera más el «Cristo» de «Cristo en mí» que solo el «mí».

Comprender verdaderamente qué significa «Cristo en mí» es una lección que cada cristiano debe aprender por sí mismo. Puede leer al respecto, conocerlo e incluso predicar sobre ello; pero si ese «Cristo en mí» no ha entrado en su *corazón* por medio de la desesperación y rendición, entonces no mora en usted. Este es el gran secreto del cristianismo.

¿Conoce usted ese secreto? ¿Alguna vez ha experimentado el Espíritu de Jesús de manera tal que su vida se haya vuelto inexplicable e innegablemente Suya? ¿Ha gustado —aunque sea por un instante— lo que significa caminar en la victoria dichosa de «Cristo en ustedes, la esperanza de gloria»?

Si su respuesta es no, acuda a él, clame a él, ríndase completamente a él. Conozca la profundidad de su amor. Él desea que usted viva en paz, poder y victoria. Deje de concentrarse en los demás como héroes de la fe y sepa que *usted* tiene acceso al mismo poder y profundidad que aquellos a quienes ha admirado.

Hay otra cara de esta verdad; una que solo viene con la edad. Es fácil pensar en la vida del Cristo que mora en nosotros como algo que sucedió en «aquel entonces». Mi vida en 1960 estaba bien. Pero ¿qué hay de ahora? ¿Dónde está hoy mi corazón?

¿Cómo está hoy su relación con Cristo? ¿Está morando en verdadera unión y comunión con él? ¿Está su vida marcada por su victoria y su fuego o por las cenizas de la derrota? ¿Cree en verdad que él puede darle el propósito y el poder que tanto admira en los grandes cristianos que ha conocido? Él es.

Si Dios pudo hacerlo por el joven Luis Palau en una fría mañana de noviembre, le garantizo que también puede hacerlo por usted.

Ahora mismo.

¡Pídaselo!

CAPÍTULO 6

Sacrificio vivo

Mi esposa, Patricia Scofield de Palau

> Así en el día de Cristo me sentiré satisfecho
> de no haber corrido ni trabajado en vano.
> Y aunque mi vida fuera derramada sobre el
> sacrificio y servicio que proceden de su fe,
> me alegro y comparto con todos ustedes mi
> alegría.
>
> FILIPENSES 2.16–17

Mi descubrimiento de Cristo en nosotros sucedió más o menos al mismo tiempo que un evento igualmente inesperado en mi corazón. Conocí a alguien.

Patricia Scofield era otra estudiante del programa de postgrado de un año. No puedo recordar dónde estaba la primera vez que la vi. Quizás simplemente pasaba caminando por la biblioteca o tal vez estaba en el centro de un grupo de estudiantes. Pero llamó mi atención. Uno no podía evitar notarla. Era desenvuelta, segura, inteligente, bonita y tenía un coraje y determinación que admiré de inmediato. Era, en una palabra, *atractiva.*

Su ingenio y su inteligencia aguda eran formidables. Compartíamos casi todas las clases. Tanto en las clases como afuera, tenía la tenacidad de un bulldog y una atención para las sutilezas y los detalles teológicos, combinado con un interés real por el bienestar de los demás. Era la clase de estudiante a quien todos querían escuchar. Cuando hablaba, uno sabía que iba a decir algo positivo y, probablemente, un poco desafiante.

Al principio traté de disimular mis sentimientos, con monólogos internos como *Mmm. Esa tal Patricia es bastante agradable, supongo.* Daba la casualidad de que me encontraba con ella en todas partes. Ella vivía fuera del campus en una habitación rentada en la casa de una cristiana ya anciana. De algún modo, siempre me le aparecía: en la biblioteca, caminando entre las instalaciones, en las conversaciones prolongadas después de clase. Dondequiera que ella fuese, por allí me aparecía yo.

Debo admitir que no todas las ocasiones eran accidentales. Desde la ventana de mi cuarto, podía verla cuando venía al campus caminando desde su casa. Yo calculaba el tiempo que le tomaría llegar al punto en que yo me encontraría con ella. ¡Qué coincidencia! Pero, las coincidencias se volvían cada vez más casuales.

Más tarde me enteré de que otros comenzaron a notar mi creciente interés más de lo que hubiese querido. «Oye, Patricia, ¿notaste que Luis siempre aparece cuando estás cerca?» sus amigas comenzaron a molestarla. «Creemos que te está siguiendo». Y no pasaron muchas semanas antes de verme obligado a admitirlo: estaba interesado. *Realmente* interesado.

Aquellos encuentros «accidentales» comenzaron a volverse intencionales. Empezamos a pasar tiempo juntos. No estábamos saliendo oficialmente, pero en las reuniones y fiestas del programa de postgrado, siempre teníamos nuestras miradas puestas en el otro. Pronto me percaté de que no había venido a Portland simplemente a aprender; sino a conocer a Patricia. Al final de nuestro receso por Navidad, comenzamos una relación seria. Nuestro colegio tenía salidas de emergencia que eran toboganes enormes, para los ciegos, ¿recuerda? Yo los utilizaba para deslizarme y visitar a Patricia en cada oportunidad que tenía.

Cuando la conocí mejor, me di cuenta de que era aún más interesante. Era una chica de la zona. Había crecido al otro lado de Portland, en la hermosa zona rural del valle Willamette. Provenía de un lugar llamado Cedar Mill, y no me imaginaba entonces cuán bien iba a llegar a conocer ese nombre tan pintoresco.

Patricia venía de una familia ministerial. Sus abuelos fundaron la iglesia Cedar Mill Bible Church, y su padre era allí uno de los ancianos. Obtuvo su título de grado en la Universidad Seattle Pacific y estaba ahora en Multnomah para prepararse para el campo misionero. Desde que era una niña, se había sentido atraída a las misiones a partir de una conferencia que había escuchado en su iglesia local. Estaba comprometida con esta causa. Compartíamos la visión de que debíamos vivir para proclamar las buenas nuevas. ¿A dónde quería ir? Aún no estaba segura, pero quizás a Taiwán o a alguna otra parte de Asia.

Nuestra relación dio origen a una lucha interna. No había venido a Estados Unidos buscando novia o esposa. Había venido a aprender y luego marcharme. Patricia no entraba en mis planes.

Solía acompañarla desde el campus hasta su casa, exactamente cuarenta y siete metros. Era una caminata bastante corta. Hablábamos de teología, soñábamos sobre las misiones y analizábamos aquello que nuestros profesores nos habían estado enseñando. Después de esas cortas caminatas, nuestra relación avanzó de manera tan acelerada que me di cuenta de que me estaba volviendo incapaz de imaginar mi futuro sin Patricia en él.

La falta de romanticismo en mi propuesta de matrimonio inicial, fue compensada con mi honestidad sobre nuestros llamados. Estábamos en medio del campus al lado de un árbol con un columpio. Hablábamos sobre el campo misionero, reflexionando sobre a dónde nuestros llamados nos llevarían. «¿Considerarías alguna vez…» —vacilé— «ir a Latinoamérica?». ¡Muy sutil, Palau! Sutil y *muy* confuso.

«Por supuesto que lo consideraría», dijo significativamente. Y característico del matrimonio que posteriormente se celebró, entendimos precisamente lo que el otro había querido decir. Llegó el momento de conocer a sus padres. Su papá era bastante tímido. Le dijo a su esposa: «Dile a Patricia que si ese joven pretende casarse con ella, estoy de acuerdo, ¡pero que no venga a pedirme su mano porque yo no sé cómo lidiar con eso». De todas maneras, fui a hablar con él. Logré que me diera su consentimiento. Entonces lo abracé. Se quedó como paralizado, dado que, por aquellos días, los estadounidenses no se abrazaban, particularmente entre hombres. ¡Probablemente se haya preguntado qué clase de latino lunático se está llevando a mi hija!

Para Semana Santa la decisión estaba tomada. En esas vacaciones le propuse, oficialmente, matrimonio en el patio trasero de su casa. Le di un anillo y un ramillete, y nos tomaron algunas fotografías. ¡No había vuelta atrás! Ahí estaba yo, en Estados Unidos de América desde hacía menos de un año y comprometido para casarme.

Contrajimos matrimonio el 5 de agosto de 1961, en la iglesia Cedar Mill Bible Church. Nos fuimos de luna de miel a la escarpada y hermosa costa de Oregón y luego pasamos una semana en una cabaña que nos prestó un querido amigo en el lago Tahoe, California. Y de esa manera, me casé con la mujer más extraordinaria del mundo.

Nos graduamos juntos del programa en Multnomah e inmediatamente comenzamos nuestro entrenamiento con Overseas Crusades. En el año 1961, Patricia y yo completamos un período de prácticas en Detroit, supervisadas por Fred Renich.

Yo seguía creciendo en mi conocimiento de lo que significa ministrar a través del poder de Cristo en nosotros, y un consejo que Fred me dio lo puso en términos prácticos de manera extraordinaria. «Antes de que tus pies toquen el piso en la mañana», me dijo Fred, «dite a ti mismo: *Hoy, voy a enfrentar tentaciones que no sabré cómo manejar, preguntas que no sabré cómo responder, oportunidades de evangelizar que no veré, necesidades que no podré suplir, problemas que no podré resolver. Pero tú vives en mí. Tú encontrarás la manera*». Dicha afirmación se convirtió en un recordatorio diario de su presencia. Me he enfrentado con esas tentaciones, preguntas, oportunidades, necesidades y problemas incontables veces. Si no me hubiese esforzado por rendirme de ese modo, no sé dónde estaría.

Y como suele hacer, el Señor usó a Fred para enseñarme sencillamente cuán lejos tenía que ir.

Comprenderlo es una cosa; vivirlo es otra. Y yo estaba a punto de ser humillado. Considerablemente.

En Detroit, Patricia y yo rentamos una habitación pequeña en el último piso de la casa de una anciana. La iglesia local que nos asignaron como aprendices nos había puesto en contacto con ella. No estoy seguro de cuál es la terminología correcta que se usa en estos días, pero ella era… rara. A pesar de que estábamos pagando por la habitación, se negaba de manera obstinada a darnos la llave, lo cual significaba que no podíamos cerrar nuestra puerta.

Éramos una pareja joven, recién casados por lo que la privacidad era más que una comodidad. La *necesitábamos*. Cuando menos lo esperábamos, entraba a nuestro cuarto sin avisar. Era silenciosa como un gato hasta que de pronto, *allí estaba*. No puedo negar que eso me exasperaba.

«Señora» le dije un día, «estamos pagando por esta habitación. Necesitamos que nos dé la llave». Pero no importaba lo que le dijera y cómo se lo dijera, no nos la daba. Decidí, entonces, tomar algunas medidas. En lugar de dirigirme primero a Fred, mi supervisor local, pasé por sobre él y fui directamente a la organización misionera que nos había enviado. Les escribí una nota diciendo: «Si esa mujer no nos da la llave, renuncio y me regreso».

La organización misionera actuó de inmediato. Contactaron a Fred y, en términos claros, le preguntaron cómo nos estaba supervisando cuando no estaba pudiendo resolver una necesidad tan elemental. Fred me citó para conversar. «Luis», me dijo, «entiendo que estás teniendo problemas con la propietaria de la casa. Me acabo de enterar». El corazón se me aceleró cuando me di cuenta de lo que había sucedido. «¿Sabes cómo me enteré? Tu jefe en OC me llamó. Estaba furioso. Tuve que decirle que no tenía idea de lo que estaba pasando. Y déjame decirte, se enojó conmigo».

Hizo una pausa y prosiguió: «¿Por qué no me avisaste? ¿Sabes lo mal que esto me hace parecer? Me hace parecer negligente y un pésimo supervisor. Pero nunca tuve la oportunidad de solucionar el problema porque nada me dijiste».

Comencé a disculparme. Me habría encantado que la conversación hubiese terminado ahí, pero no fue así. Fred me dijo que este no era un incidente aislado sino que era una oportunidad para reflexionar sobre mi temperamento apasionado y peligroso.

«Eres agresivo, Luis» me dijo. «Eres una persona con objetivos y sabes exactamente lo que quieres, y vas a tratar de conseguirlo sin que te importe cómo. Pero mira hacia atrás, incluso ahora a tus veinticinco años, y verás que has comenzado a dejar cadáveres detrás de ti, personas a las que has herido a medida que avanzas. Todavía no has comenzado a dirigir nada. Vas por un camino peligroso. Continúa así y vas a destrozar a personas en nombre del ministerio. Si no haces un examen de consciencia radical y cambias, conseguirás todo lo que te propongas, pero arruinarás vidas en el proceso».

Regresé al pequeño cuarto donde había comenzado todo este desastre. ¿Era *este* el poder de Cristo en mí del cual había estado tan emocionado? *Soy un hipócrita*, pensé. *Voy a destruir a personas. Quizás ya lo haya hecho.*

Oré con fervor y comencé a elaborar una lista con todas las personas a las que pude haber herido, aun de manera involuntaria. Pequeñas cosas que había desestimado de pronto cobraron importancia con las palabras de Fred resonando en mis oídos. ¿De qué manera mi tono fuerte y agresivo —que estaba acostumbrado a usar— había dejado a otros de lado o desestimado sus ideas? Durante los días siguientes, escribí notas a muchas de las personas de las cuales sospechaba que había herido de algún modo, y les pedía que me perdonaran. Muchos respondieron diciendo que no se habían sentido ofendidos, lo cual fue reconfortante, pero no minimizó la naturaleza purificadora de la experiencia. Redactar dichas notas fue una manera de asimilar el peso de mis palabras y acciones, de considerar cómo Cristo en mí realmente debía relacionarse con aquellos que me rodeaban.

En aquel encuentro con Fred Renich, en donde mis ojos fueron abiertos, sobresale uno de los mayores principios de mi vida con Patricia. Si bien sería imposible reducir nuestra relación a una única lección que ella me ha enseñado, es quien ejemplifica perfectamente lo que significa ser un sacrificio vivo. El ejemplo de Patricia de entregar su vida por los demás fue revelador y el fundamento de nuestro ministerio.

El hecho de que su sacrificio se combinara con una fuerza de carácter sorprendente lo hacía aún más increíble. Patricia es una persona talentosa más allá de las palabras. Su sacrificio no era pasivo, ingenuo o débil; sino escogido, comprometido y llevado a cabo con elegancia. Aquello que a otros les hubiese costado, ella lo hacía parecer casi natural.

Poco tiempo después de haber llegado a Detroit, comenzaron nuestros días misioneros. Contar las historias de aquellos años requeriría otro libro. Al principio, me sentía frustrado. Conocía mi llamado: la evangelización multitudinaria en grandes ciudades (profundizaré sobre ese llamado más adelante). Nuestra organización nos había hecho algunas promesas y concesiones en ese sentido, pero aún me exigían que invirtiera la mayor parte de mi tiempo haciendo pequeñas tareas en casa. Sentía como que las puertas no se abrían lo suficientemente rápido.

Como dice hoy Patricia, esa frustración fue lo mejor que nos pudo haber sucedido. Los líderes vieron que debían retenerme por mi propio bien. Debieron haber pensado: *Luis necesita que lo pongan en su lugar o va a salirse de control.* Pero vieron algo que yo no veía. Por frustrante que fuera, sé que a un hombre con mi personalidad e ímpetu, demasiado en poco tiempo en el ministerio puede condenarlo, ya sea por fracasar (lo cual es malo) o por ser exitoso (lo cual puede ser peor). Cuando miro hacia atrás, veo la sabiduría pura y desinteresada de Patricia reflejada en la comprensión de lo que estaba realmente sucediendo. Aquellos años ayudaron a que el servicio de Patricia asumiera el significado profundo de nuestra misión. Supo comprender desde un comienzo que no se trataba solamente sobre nuestro trabajo; sino que también éramos nosotros sobre quienes Dios estaba trabajando.

Nuestro trabajo en aquellos años nos llevó a vivir en Latinoamérica: Costa Rica, Colombia y México. Todos esos lugares eran peligrosos en esa época, especialmente para una mujer estadounidense y sus pequeños hijos rubios que sobresalían sin importar cuán discretos fueran. Experimentamos incidentes de robos y hurtos en una de las ciudades capitales, que hicieron estremecer mi corazón tanto como esposo y como padre. Yo ya viajaba por períodos extensos de tres a cinco semanas. Cada vez se hacía más difícil dejarlos; no solo por mi deseo de estar con ellos, sino también por causa de mis temores. Era difícil dejar de pensar en que podía sucederles *cualquier* cosa en casa, estando yo ausente. Esa preocupación se volvió demasiado pesada para mí.

Patricia deseaba con fervor estar en el campo misionero. Quería vivir entre la gente y ministrar en un lugar para toda la vida. Si bien habíamos tomado la decisión de regresar y tener nuestro hogar en Oregón, al ponerse de manifiesto que mi ministerio de evangelismo multitudinario resultó ser el centro de nuestro llamado, ella nunca estaba completamente satisfecha. Tuvo que sacrificar el llamado que había sentido por mucho tiempo: las misiones en el extranjero. Fue duro.

No obstante, llevábamos ese espíritu misionero dentro de nosotros. Me da gracia cuando la gente intenta compararme con los supuestos evangelistas que solamente están en el «ministerio» por el dinero de la gente. ¡Si tan solo vieran cómo vivimos! Nunca nos ha faltado nada y hemos recibido en abundancia; pero nunca hemos tenido un estilo de vida lujoso.

Recientemente, cuando nos mudamos, veíamos qué clase de cosas se embalaban en las cajas: nada extravagante (no al menos para el nivel de vida estadounidense), demasiados libros, algunos artículos decorativos, ropa y muchas fotos (las fotografías se vuelven más valiosas a medida que uno va envejeciendo, ya que lo conectan con los recuerdos y sentimientos de los años vividos).

En el aquel proceso, Patricia intentó regalar algunas de nuestras pertenencias al Ejército de Salvación. ¡Pero nos dieron la espalda! Cuando una tienda de segunda mano dice: «Les agradezco, pero no, gracias», supongo que se debe a que uno no ha perdido ese espíritu misionero.

El punto es ganar almas para Cristo. ¿A quién le importan las joyas? ¿A quién le importan las cosas en las cuales la gente gasta su dinero? Las personas dedican sus vidas a tantas tonterías, a tantas distracciones. Patricia y yo no cambiaríamos absolutamente nada de lo que nos ha tocado vivir.

Hoy día, servir a otros no está en boga. Me pregunto si alguna vez lo estuvo. No está de moda invertir su vida, intereses, tiempo y energía por el bien de los demás. Tener una actitud de servicio puede verse como una debilidad, como si uno no estuviera viviendo a la altura de su potencial. Sin embargo, servir al prójimo requiere de una fortaleza increíble. Un siervo se da cuenta del potencial inimaginable que hay en el reino de Dios. ¿Recuerda aquella enseñanza de Jesús? «El más importante entre ustedes será siervo de los demás. Porque el que a sí mismo se enaltece será humillado, y el que se humilla será enaltecido» (Mateo 23.11-12).

¡Qué verdad más conmovedora! El sacrificio de un siervo abre las puertas de la exaltación y el honor de Dios. El grado en el que servimos determina cuán grandes somos a los ojos de Dios.

Ahora que mi vida está llegando a su fin, me pregunto cuán grande seré a los ojos de Dios. ¿Estoy deseoso por servir de manera humilde e invisible, que revele nuestro verdadero corazón, como Patricia, «la esposa de mi juventud» lo hace? ¿Estoy dispuesto a menguar a fin de que otros puedan ser enaltecidos? ¿Estoy dispuesto a dejar de lado mis deseos, poner las necesidades de los demás antes de las mías y simplemente *dar*? Para mí es más difícil de lo que querría admitir.

¿Y usted, mi querido lector? ¿Le ha agradecido a Dios por las personas que han sido de bendición para su vida? ¿Qué le ha dado Dios a través de ellas? ¡Dele gracias a Dios por ellas!

Patricia suele decir que uno de los mayores pecados que cometemos es no reconocer el valor de los demás. ¡Cuántas veces he estado a punto de hacerlo!; sin embargo, ahora, al reconocer lo importante que han sido en mi vida, no hay manera de que pueda hacerlo.

Mi esposa ha derramado amor, sabiduría, humor e inteligencia. Ha dado de su tiempo, sus lágrimas, su energía y su sentido de seguridad. Renunció a su sueño de vivir en el extranjero con tal de servir mejor a nuestros hijos y darme la libertad de viajar. En cada plataforma sobre la que me he parado, el espíritu de Patricia ha estado a mi lado. En cada trasmisión radial, en cada programa de televisión y en *todo*, pude sentir su influencia. Mi vida, las vidas de nuestros hijos y la vida de este mundo es inmensurablemente más rica a causa de ella. Solo me arrepiento de no haberla honrado de manera pública desde el comienzo, no solo como esposa y madre, lo cual siempre hice, sino como mi compañera en el trabajo de evangelismo. Su influencia sobre mi vida ha sido incalculable.

El sentido del humor de Patricia es bastante práctico, al igual que su visión general de la vida. Es una persona realista, pero también más accesible en algunas cosas que yo. Sigo siendo un viejo fundamentalista, pero ella me ayuda a relajarme y a ver cómo el amor, la diversión y los deportes son parte de vivir en las buenas nuevas. ¡La vida en Cristo es para disfrutarla! No podemos solo predicar al respecto. Debemos vivirla.

Ella es una persona que piensa por sí misma y toma sus propias decisiones, y la amo por ser así. Con ciertos pecados que los cristianos tendemos a señalar con el dedo, ella haría una de esas preguntas terriblemente incómodas que te hacen pensar. «Si fuera tu hijo o tu hija, ¿dirías lo mismo?». Suele defender a todos, por su dignidad humana y su valor ante los ojos de Dios, sin importar lo que sea. Quizás tenga ese espíritu pionero de Oregón: adaptable, leal, fuerte y comprometido.

Patricia y yo hemos estado casados por cincuenta y siete años. Si sumamos todo el tiempo que he estado de viaje durante nuestro matrimonio, hemos estado separados un total de *quince años* a lo largo de nuestro matrimonio. Así han sido, simplemente, las cosas. No podía predicar a las multitudes desde mi sofá. Tenía que viajar. Evangelistas como yo tenemos que salir de viaje, o no seríamos lo que somos.

Mi trabajo fue muy demandante para Patricia, sobre quien caía la responsabilidad de cuidar a nuestros niños. No obstante, siempre lo hizo con gozo para el reino. No es la clase de persona que le guste hablar sobre ello. Tampoco es del tipo que hace declaraciones grandiosas o trata de llamar la atención. Las palabras de 2 Corintios 5.14-15 describen perfectamente el fundamento de su estilo de vida:

> El amor de Cristo nos obliga, porque estamos convencidos de que uno murió por todos, y por consiguiente todos murieron. Y él murió por todos, para que los que viven ya no vivan para sí, sino para el que murió por ellos y fue resucitado.

A veces la escucho hablar con otros sobre el pasado y el presente de nuestro ministerio, y la verdad es que me hace sentir muy bien. Ella siempre creyó en lo que hacíamos, y aún hacemos. Este sacrificio se inspiró en mucho más que simplemente un sentido de

Los padres de Luis en el
día de su boda, 1934.

El pequeño Luis en brazos de
su padre en su pueblo natal
de Ingeniero Maschwitz,
Argentina, 1935.

PREDICAMOS
A CRISTO
CRUCIFICADO

La congregación de la iglesia de Luis afuera de su pequeña
iglesia en Ingeniero Maschwitz, Argentina.

Luis (*adelante a la derecha*) con su padre y tres
de sus hermanas, Matilde, Martha y Ketty.

La familia de Luis y la congregación de la iglesia. Edward Rogers
(última fila, quinto desde la derecha), el padre de Luis (última fila,
segundo desde la derecha), la madre de Luis (*primera fila, tercera desde
la derecha*) y la tía de Luis (*primera fila, segunda desde la derecha*).

Fotografía de Luis con su madre, tres de sus
hermanas y su pequeño hermano.

La madre de Luis, Matilde
Balfour de Palau.

Fotografía escolar
de Luis, 1955.

Luis y Patricia cortando el pastel de boda en el día de su casamiento, 1961. Inmediatamente después de su boda se mudaron a Detroit, Míchigan para comenzar su entrenamiento misionero.

Luis y Patricia Palau, 1960.

Luis y Patricia a cargo de la escuela dominical durante el programa de práctica misionera en Detroit, Míchigan.

Luis Palau, 1963.

Luis en la grabación de sus programas de radio en Acapulco, México, 1964.

Luis predicando en su primera gran campaña al aire libre en la plaza de Bolívar en Bogotá, Colombia, 1966.

Luis y Patricia Palau, 1970.

Luis predicando en una
iglesia en Cali, Colombia.

Luis predicando en Monterrey, México, 1966.

Luis, Patricia y sus hijos en el campo misionero.

Luis y Billy Graham caminando por
las calles de Ciudad de México, 1972.

El pastor Ray Stedman de
Palo Alto, California, 1960.

Luis actuando de intérprete para Billy Graham en un
encuentro de pastores en Guatemala, 1976.

Luis con su hijo Andrés tocando el
piano. (Estamos casi seguros de que
ninguno de los dos sabe cómo tocar).

Luis Palau Evangelistic Team

Luis and Pat Palau
Keith, Kevin, Stephen and Andrew

Tarjeta de oración de la familia Pal

Luis hablándoles a los estudiantes
en Wheaton College.

Luis ha sido un invitado frecuente en los programas de televisión
en toda Latinoamérica, el Reino Unido y EE. UU.,
en los cuales abordaba cuestiones espirituales que
enfrentaban tanto la sociedad como los individuos.

Luis con su primer equipo: (*de izquierda a derecha*) John MacWilliams,
Marcelino Ortiz, Luis, Bruce Woodman y Jaime Mirón, 1977.

Luis compartiendo la Palabra en una reunión de jóvenes en Glasgow, Escocia, 1981.

Misión Londres, Trafalgar Square, 1983.

Luis y Billy Graham detrás de escena durante Misión Londres, 1984.

TAKE THE BUS
TO QPR,
WHERE LUIS PALAU
WILL TAKE
YOU FURTHER.

Luis Palau has a message for everyone.
Hear him present relevant Christian answers for today's world.
Queen's Park Rangers Stadium | Buses: 207, 72, 283, 72, 220, 105 |
May 31st—June 30th. Every night (except Sunday) at 8:00 pm.
Admission is free.

VLT
98

Como parte de la masiva campaña publicitaria premiada para Misión
Londres en 1984, se pegaban afiches por toda la ciudad de Londres
con consignas como «Traiga sus dudas» o «Tómese el autobús hasta
QPR [Queen's Park Rangers] donde Luis Palau lo llevará más lejos».

Luis hablando a la juventud durante
una campaña en Bulgaria, 1991.

Luis predicando en Rumania, 1990.

Por muchos años, Luis realizó los programas de televisión de llamadas en vivo, *Luis Palau responde*, en las ciudades de los festivales, en los cuales respondería preguntas y dudas espirituales complejas por parte de los televidentes.

Luis, Patricia y sus cuatro hijos, 2017.

Luis saludando a los niños durante un día de tareas de limpieza promovido por la campaña CityServe en Washington, DC, 2005.

Luis con el ministro Zhao Qizheng, ministro de la Oficina de Información del Consejo de Estado chino, 2005. Se convirtieron en buenos amigos y escribieron juntos el libro éxito de ventas titulado *Diálogo amistoso entre un ateo chino y un cristiano argentino*.

Dan Rather entrevistando a Luis, 2008.

En el 2008, Luis regresó a su ciudad natal para liderar una gran campaña evangelística en Buenos Aires, Argentina. Su trabajo unió a miles de iglesias, decenas de miles de creyentes y cientos de miles de personas en el festival de dos días en el corazón de la ciudad. Resultó ser una de las más históricas y memorables campañas de Luis.

Luis predicando en Times Square, Nueva York. Este evento fue parte de una campaña multitudinaria de tres meses para empapar a la ciudad de Nueva York con el evangelio. Luis y su equipo se unieron a más de mil setecientas iglesias locales a fin de llevar a cabo ciento quince encuentros evangelísticos durante el verano del 2015.

Luis y Patricia con sus hijos, nueras y nietos.

Luis y su hijo Andrés predicando en un festival en Eugene, Oregón, 2018.

Luis con todo el equipo de la Asociación Luis Palau de alrededor del mundo, 2018. Luis siempre ha dicho: «Un evangelista sin un equipo nada puede hacer».

deber conyugal o un hábito. Su honestidad e integridad hicieron de su vida una historia misionera como cualquier otra en la historia del cristianismo. Entregó su vida como un sacrificio vivo en aras del evangelio. Creyó. Se comprometió. Hasta el día de hoy, alega que no fue para tanto. ¡Por favor! Sí que lo *fue*. Patricia, tu trabajo formó a nuestros hijos, forjó nuestro ministerio. Para muchos, tu trabajo ayudó a delinear la *eternidad*.

Si bien tuvo oportunidades para enseñar, hablar, escribir y planear, por lo general, ha sido una testigo silenciosa. Siempre hemos reconocido que formamos un equipo, cumpliendo cada uno una función que, debido a nuestras personalidades y dones diferentes, el otro no podía cumplir. Me inspiraba saber que podía dejar a mi familia por períodos prolongados sin sentirme totalmente culpable. En ocasiones, sí me sentí culpable, además de la tristeza natural de estar lejos de Patricia y de los niños. No creo que hubiera sido un buen esposo y padre si no hubiese sentido culpa alguna. Ahora, esa etapa de mi vida llegó a su fin, y me pregunto si la cambiaría. Me emociona decir que de ninguna manera. Patricia siempre ha estado especialmente enfocada en nuestro llamado. Nunca fue pasiva y nunca se rindió, sin importar los desafíos. Admiro su corazón misionero, su habilidad para ayudarme a mejorar mis mensajes —ha sido una persona indispensable—. Es un bulldog para el evangelio.

Solíamos hablar de cómo desearíamos estar más tiempo juntos. Pero el llamado de nuestras vidas era ganar almas para Cristo. Esa era nuestra misión. Incluso cuando nos encontrábamos a miles de kilómetros de distancia, trabajábamos codo a codo. Llevábamos a cabo diferentes tareas, pero compartíamos un mismo objetivo. Más importante aún, compartíamos a un mismo Maestro. Desde el principio, hemos dedicado nuestras vidas a guiar a la mayor cantidad de personas posible a Cristo. Todo lo demás quedaba en un segundo plano.

Patricia es renuente a hablar de sí misma; no es de su agrado presumir o engrandecerse. Su espíritu de servicio surge de una profunda confianza en Dios. Para ella, el valor para servir a otros con la vida proviene de una fe sincera y profunda, aunque eso implique poner en riesgo la suya. Podría contarle innumerables historias para ilustrar este punto, pero le compartiré solo dos.

En el año 1980 en Escocia, en una campaña de larga duración que nos llevó por el Reino Unido, conduciéndonos finalmente a Londres, Patricia me acompañó por casi una semana. La noté preocupada y seria. Comencé a preguntarme qué pude haber hecho para molestarla. (Los esposos tenemos la tendencia a pensar que todos los problemas parten de *nosotros*). Después de todo, había estado de viaje por siete semanas. ¿Habría hecho algo? ¿Quizás no había escrito lo suficiente? ¿Me habría olvidado de algo importante?

Finalmente, decidí preguntarle. «Patricia, ¿te sucede algo?».

«Ven, tócame aquí», dijo, llevándome mi mano y presionándola contra su pecho. «Un bulto, Luis». Definitivamente era un bulto. «Creo que es grave», dijo.

El lunes siguiente regresamos a Estados Unidos. Para el jueves, teníamos el resultado de la biopsia: cáncer.

Después de darnos la noticia, el médico se retiró para dejarnos a solas por unos instantes. Traté de tranquilizarme para poder tranquilizarla a ella. «Vas a estar bien», le dije.

«No, Luis» me respondió. «Este es el fin».

La seguridad con que me lo dijo me tomó por sorpresa. Yo ya había experimentado una pérdida. De pronto, el dolor por la muerte de mi padre volvió, inundando mi corazón, cuando ni siquiera había comenzado a considerarlo para mi amada. «No», respondí de inmediato. «No, no. Dios te va a sanar».

El médico regresó para informarnos acerca de los próximos pasos. Patricia debía ir al hospital el domingo para que el lunes le realizaran la cirugía. La rapidez con la que se desarrollaban los hechos nos hablaba de la gravedad de la situación.

Finalizada la consulta médica, regresamos a nuestra pequeña casa de dos plantas de la calle Jody en Beaverton. Me sentía muy cansado y aturdido. Si bien mi fe en Dios no había flaqueado, era como si me faltara el aire. ¿Mi esposa con *cáncer*?

Me fui directo al sótano. Quería estar solo. Me eché a llorar. Era un llanto con fuertes sollozos que brotaban desde muy dentro de mí. El amor hacía que las lágrimas salieran de ese modo; el amor que de pronto se da cuenta de lo frágil que es la persona que se ama. Entre lágrimas, recordé cuánto había querido Patricia hacer un viaje a Hawái, y yo había desestimado su idea, sintiéndome un poco tacaño. ¡Luis, eres un canalla!, pensé. ¿Por qué no la llevaste? Ahora, *quizás sea demasiado tarde.*

En medio de mi angustia, comencé a oír música. Llegaba hasta el sótano desde el piso de arriba. Provenía del piano y se oía una melodía familiar que lentamente iba incrementando su volumen. Las notas salían con una confianza creciente, y luego se elevó una voz para acompañarla. Patricia estaba tocando un viejo himno y cantando con firmeza en su voz:

> *Bajo sus alas ¡seguro descanso!*
> *Aunque anochece y amaga el turbión,*
> *en él confío, su brazo me guarda;*
> *hijo soy de su eternal redención.*

Su voz se elevaba con fe. Me sobrecogió. En esa ocasión, cuando podía haber escuchado su sentencia de muerte, escogió regresar a casa y adorar a Dios. Qué hermosa fe. Qué confianza absoluta.

Eso es lo que Jesucristo nuestro Señor trae a nuestra vida; no es la falta de dificultades, sino la fortaleza para soportarlas.

La otra historia que ilustra su servicio y sacrificio es más graciosa pero no menos conmovedora.

Cuando estábamos de misioneros en Cali, Colombia, regresé a casa después de un viaje de varias semanas. Patricia y yo decidimos tomarnos unas cortas vacaciones en Bogotá, la capital. Dejamos a los niños al cuidado de dos niñeras, lo cual, en retrospectiva, *nunca* debimos haberlo hecho. Eran amables, chicas cristianas de aquel país. Amaban al Señor y estaban felices de vivir con misioneros; pero ¿dejar a nuestros mellizos con ellas? ¡Qué responsabilidad! Especialmente porque nuestros niños rubios se destacaban muchísimo en la ciudad, y la violencia y los secuestros nunca parecían suceder lo suficientemente lejos.

Nuestras mentes exhaustas de padres jóvenes tomaron la decisión. Patricia y yo besamos a nuestros pequeños, luego nos subimos a un taxi con destino al aeropuerto de Cali y desde allí, a Bogotá.

Ella afirma hasta el día de hoy que lo que le estoy por contar nunca sucedió. (No la escuche. ¡Sí lo dijo!). En el viaje en taxi, pasamos un pastizal, y me mira y dice: «¡Ooooh! ¡Mira! ¡Caballitos!».

«Patricia», respondí, «los niños no están aquí».

Sí, es gracioso, pero ¿acaso no es también un gran ejemplo de servicio? Renunciaba cada día a sus propios sueños y esperanzas para servir a nuestros niños, e incluso cuando no estaba con ellos, su primera reacción era hablar como si estuvieran. Si eso no es ser semejante a Cristo, entonces no sé lo que sería. Estar con sus hijos en medio de una tierra extraña que a veces se tornaba violenta, pasar tanto tiempo, invertir tanta energía, dar tanto de uno mismo por ellos que, uno siendo tan inteligente y brillante, caiga en el hábito de hablar como un niño, no puede significar otra cosa más que amor. Eso es compromiso. Es ser un sacrificio vivo como Jesús mismo. Aunque esta historia me causa risa, me pregunto cuántos de nosotros nos hemos abnegado totalmente por otros. El amor de una buena madre es la definición del servicio de entrega personal.

Patricia y yo estuvimos en Paraguay en el año 2014. En Asunción, la capital, conocimos a la hija de unos misioneros alemanes. Era abogada y trabajaba con los niños de una pequeña comunidad en el Chaco. Cuando hablábamos sobre su hogar y su trabajo, el espíritu misionero de Patricia se conmovía.

Durante los últimos cincuenta años, estuve saliendo al aire a través de una emisora de radio cristiana que llegaba a las cinco regiones tribales. ¡La gente me veía como su mejor amigo! Por años, habían estado deseosos de que pudiera visitarlos y predicarles el evangelio, pero nunca pude hacerme de tiempo. Patricia, siempre con su mirada puesta en aquellos que podrían pasar inadvertidos, no tendrían nada de eso después de conocer a la hija de aquellos misioneros. «Voy a ir al Chaco contigo o sin ti» me dijo. Y punto.

La logística había sido en parte lo que nos había frenado en cuanto a ir. Acceder a la zona era complicado. Estaba en medio de la nada. Querían encontrar un auditorio para ir a realizar la campaña, pero los miembros de nuestro equipo en Paraguay y Argentina preferían hacerlo bien. «Vamos a ir hasta donde están ellos», decidimos.

Y así lo hicimos. Alrededor de cinco grupos tribales estaban representados en el pueblo de aproximadamente siete mil habitantes (lo cual es una gran ciudad para aquel lugar). Durante años, los menonitas alemanes y rusos habían venido trabajando con estas tribus. Un gran arco a la entrada del pueblo conmemoraba la llegada de los menonitas, y una amplia plataforma para predicar se ubicaba justo en el corazón simbólico de la comunidad.

La campaña no fue fácil, pero fue maravillosa. La mejor parte para mí fue cuando Patricia, la catalizadora de todo el evento, subió a la plataforma.

Todo el mundo quería escucharla. Ella había decidido compartir su testimonio. Yo la acompañé para apoyarla y ayudarla con la traducción. Sin embargo, ¡no dijo ni una palabra en inglés! En un español sencillo pero elocuente contó su historia. Cuando terminó, le dediqué una sonrisa. «¡Muchas gracias, Sra. Palau!».

Fue una sensación maravillosa estar a su lado en un lugar donde no habríamos ido si no hubiese sido por su visión y, como resultado, ver que las almas se entregaron a Cristo.

¿Qué quiso decir el apóstol Pablo cuando escribió que su vida fuera «derramada» por la iglesia? Quiso decir que dedicaba su vida a favor de otros. Significaba que estaba dando lo mejor de sí.

No obstante, no todos los sacrificios son para Cristo. A veces, el servicio puede aún tratarse sobre nosotros mismos. A veces, queremos que nos necesiten. A veces, confundimos el ser útiles con derramar nuestra vida. No existe una receta para que un sacrificio sea verdaderamente para Cristo; pero, pregúntese a sí mismo: ¿Estoy aprendiendo a ofrecer sacrificios al imitar a Jesús? Él es nuestro modelo, nuestro ejemplo. Él es la imagen a la que fuimos llamados por Dios Padre a imitar. Ya sea que seamos predicadores internacionales o padres que se quedan en el hogar, el llamado es el mismo. Sirva a otros como lo hizo Jesús. Derrame su vida por los demás.

Patricia dice que hubo momentos cuando su papel y el mío no parecían «justos». Pero, inmediatamente, continúa diciendo, con ese tono tan categórico que usa cuando su convicción sale a la luz: «Pero *justo* no es una buena palabra. Por supuesto que no es justo. Nada lo es. Gracia es la antítesis de justo. No estamos llevando un registro en el matrimonio o en el ministerio». La actitud de Patricia semejante a Cristo me muestra el evangelio aquí en mi propia casa. Me da una lección de humildad y me fuerza a poner las cosas en perspectiva. Si no vamos a hacer lo que sea necesario para llevar el evangelio a aquellos que lo necesitan, entonces ¿quién lo hará? Alguien debe «sacrificarse».

«La vida *es* justa largo plazo» continúa diciendo. «Dios lo sabe, y siempre hace lo correcto».

Sí, es verdad. Es a través de personas como Patricia que he aprendido a tener un espíritu de servicio semejante al de Cristo. Dios está transformando al mundo de a un corazón a la vez.

CAPÍTULO 7

Bajo la poderosa mano

La humildad de Billy Graham

Humillaos, pues, bajo la poderosa mano de
Dios, para que él os exalte a su tiempo.

1 PEDRO 5.6 RVR1977

La primera vez que escuché su voz fue una noche en que el resto de la casa ya dormía.

Me remonto al año 1950. Yo tendría unos dieciséis años y estaba pasando la noche con mis tíos.

Era más de media noche, pero, como buen argentino (somos animales nocturnos), no tenía sueño. Así es que me recosté en el suelo y encendí la radio de onda corta. Manteniendo el volumen al mínimo, iba cambiando de sintonía. La frecuencia no era limpia y las voces y música se perdían en un ir y venir hasta que, con un poco de emoción, oí la voz de un hombre que hablaba en inglés.

Si bien el volumen era solo un susurro, pude darme cuenta de que su voz era resonante, segura y pujante. Tenía el acento de un predicador. Y de los buenos. Acerqué mi oído a la radio. Aquel hombre estaba exponiendo con energía la conclusión de un sermón. Su presentación del evangelio se escuchaba con fe, y algo en mi corazón se despertó mientras lo oía. El hombre concluyó su mensaje, oró con pasión y luego una voz masculina y potente entonó un viejo himno:

De mis tristeza y esclavitud,
vengo, Jesús; vengo, Jesús;
a tu alegría y a tu virtud,
vengo, Jesús, a ti.

Como lo he mencionado antes, yo había entregado mi vida al Señor a la edad de doce años, sentado en un tronco caído en aquella noche lluviosa en el campamento de verano. Sin embargo, no me sentía particularmente cerca de él; más bien, me sentía todo lo contrario. En el colegio asistía a un estudio bíblico bastante bueno, pero más que nada iba por el té y las cosas dulces. En esa escuela de varones, burlarse de casi todo, en particular de los asuntos de la fe, era recompensado con risas. Mi consciencia me atormentaba por no haber salido en defensa de un par de amigos a quienes estaban maltratando por causa de su fe. (Con el paso del tiempo, uno de esos muchachos que los maltrataba, de nombre David Leake, llegó a ser obispo anglicano en el norte de Argentina). Aunque no me faltaron ganas de defenderlos, no me atreví, y eso me hizo sentir como un cobarde. Delgado como era, no podría haber hecho demasiado, pero al menos podría haber recibido algunos de los golpes que iban dirigidos a ellos.

Por aquel tiempo, me había estado uniendo al resto de mis compañeros en sus bromas. Aunque sabía que eso estaba mal, me importaba más estar bien con ellos que vivir por Jesús. En cierta ocasión, después de un estudio bíblico, dejé olvidada mi Biblia en el tranvía. En una clara expresión de en dónde estaba mi corazón, no intenté recuperarla.

El sermón de aquella madrugada penetró mi corazón y con delicadeza me hizo estar consciente de mi arrogancia. *Señor, vuelvo a casa*, sentí, mientras el himno sonaba suavemente por la radio. El Señor y yo nos reconciliamos y el cierre del mensaje de Billy Graham (porque era Billy Graham el que predicaba) me impulsó a tomar la decisión. *Ha estado escuchando a Billy Graham*, se escuchó con interferencia por la radio, seguido por Cliff Barrows despidiéndose con estas palabras: «Si desea escribir, "Billy Graham, Minneapolis, Minnesota", es toda la dirección que necesita». Más tarde supe que había sintonizado HCJB, «La voz de los andes», emisora misionera que transmitía desde Ecuador y finalizaban la programación con *The Hour of Decision* (Momentos de decisión).

Ese fue mi primer encuentro con el Sr. Graham. Fue más bien unilateral, pero de todas formas, profundo.

No mucho tiempo después, se desencadenaron varias situaciones. Había tan pocos creyentes evangélicos en aquellos días en Argentina que cuando alguien venía del exterior para evangelizar, era un gran evento. Un empresario de Córdoba, un alemán que había huido de los nazis luego de ayudar a proteger a los judíos que eran objeto de persecución, traía una película sobre Martín Lutero cuya proyección estaba prohibida por las autoridades religiosas locales por ser protestante y herética. Así que había un aire de secretismo al respecto, el cual llamó mi atención aún más.

El empresario alemán me dio un libro: *Revival in Our Time* (Avivamiento en nuestro tiempo). Era la historia de las cruzadas evangelísticas de Billy Graham en Los Ángeles, Portland y Boston, e incluía seis de sus mensajes. El libro mencionaba a algunas personas reconocidas que se habían convertido al escuchar el mensaje de Billy Graham. Tal era el caso de Louis Zamperini, un exatleta que participó en los Juegos Olímpicos de 1936 y que fue prisionero de guerra. Recientemente se relató su historia en el libro éxito de ventas y la película titulados *Invencible*. El libro era básicamente publicitario, pero para mí fue explosivo, emocionante y renovador.

Yo por ese entonces tendría unos diecinueve años. Había comenzado a soñar con las grandes ciudades, con predicar y evangelizar a las multitudes. ¡Y he aquí un hombre que estaba haciendo justamente eso! No había oído acerca de su ministerio, pero ya me empezaba a dar cuenta de que, si quería alcanzar a toda una ciudad, no podía quedarme sentado en una pequeña iglesia de ciento treinta personas. ¿Cómo impactar a casi un *millón* de personas de Córdoba? No en nuestro santuario. Ni a través del evangelismo callejero. Necesitábamos pensar en grande. Y los sueños de Billy Graham iban un paso adelante.

Comencé a pensar en estrategias. El pobre está presto a escuchar el evangelio porque son buenas nuevas. El rico presenta una mayor dificultad; piense sobre lo que la Biblia le dice al rico de este mundo. Sin embargo, el rico suele tener influencia en la sociedad. La persona adinerada tiende a burlarse y decide si lo va a escuchar basándose en cosas que en definitiva son irrelevantes: pedigrí, educación, patrimonio.

Afortunadamente, yo me había codeado con chicos ricos. Venía de una familia con dinero, había asistido a las escuelas correctas y era bilingüe. Apreciaba a esos chicos ricos. Sin embargo, al evangelio le costaba mucho alcanzar a sus familias, y la reputación de los evangélicos como un pequeño grupo de ignorantes, ingenuos y personas atrasadas no ayudaba mucho.

En aquel tiempo, tener un teléfono era algo importante. Solo aquellos a los que les iba muy bien financieramente podían darse el lujo de un teléfono. Y las guías telefónicas, que detallaban los números de cada persona en la ciudad, eran minas de oro de nombres y domicilios. Como parte de nuestra estrategia para llegar a la clase alta, decidimos usar una revista, *La Vox*, para la cual trabajaba medio tiempo, y enviarla por correo a todos los nombres de la guía telefónica. Con la ayuda de un escritor dinámico estadounidense que vivía en Argentina, la revista salía bien, y estábamos orgullosos del material que distribuíamos. Estaba bien redactada, tenía buena apariencia y presentaba nuestra fe como algo más que una secta de personas incompetentes y pobres. El evangelio es eso —esperanza para el pobre— pero también es más que eso; es esperanza para el rico. El evangelio de las buenas noticias es la verdad de Dios revelando su amor.

Pero los envíos masivos eran solo el comienzo. ¿La gente la leía? ¿Tocaba sus corazones? ¿Qué más podíamos hacer?

Decidimos aumentar nuestra presencia en las calles. Predicábamos en las esquinas con el espíritu del ministerio del Sr. Rogers, pero no con el tono controvertido en el que muchas personas en Estados Unidos piensan. Nos enfocábamos en la bondad, la luz y el amor. Ciertamente, predicábamos sobre el pecado, el infierno y la redención, pero poníamos nuestros ojos en la gloria de la cruz de Jesucristo.

Nuestro evangelismo en las calles prosperaba, pero no era suficiente como para que el joven Luis dejara de soñar. ¿Cómo *podemos alcanzar a una ciudad?* Esa pregunta me perseguía. Tiene que existir una manera de hacerlo. Tiene que haber un método efectivo para evangelizar en el corazón de una ciudad, una región o un país, exponiendo a cientos de miles a las buenas noticias.

Entonces me llegó el libro. Billy Graham tenía apenas veintinueve años, pero ya estaba impactando ciudades de la manera en que yo había soñado. Graham, George Beverly Shea, Cliff Barrows y Jerry Bevan —un núcleo central de cuatro— cada uno trabajando como parte de una unidad mayor. *¡Eso es!* Una verdad vital cobró sentido: un evangelista debe tener un equipo. Nadie puede ejecutar todo por su cuenta. ¡Y no tenían que hacerlo! Dios proveyó una diversidad de dones para empoderar los ministerios de su pueblo, entre ellos el evangelismo. No era necesario tener un equipo grande, pero sí tenía que ser el correcto. Tenía que ser estratégicamente logístico, con los dones adecuados y espiritualmente enfocado.

Me sentía entusiasmado. *¿Sería* posible alcanzar ciudades enteras con el evangelio? *¿Sería* posible hacer un impacto para Jesús en los corazones de una nación o una cultura? ¿Y si mis sueños sobre el ministerio no eran más que sueños? ¿Y si, en cambio, eran un *llamado*?

El ministerio de Billy Graham usaba la radio. Eso me dejó pensando. Mis pensamientos rápidamente se convirtieron en acciones, y mediante un torbellino de cosas que aún no llego a entender (no me pregunte cómo ocurrió porque no tengo la menor idea), comencé a predicar por radio en Córdoba cuando todavía era un jovencito.

Con un hombre de la envergadura de Billy Graham (siempre insistió en que lo llamara Billy, pero no me parecía correcto), es difícil saber por dónde comenzar. Impactó a todo el mundo. Forjó el curso de la historia más de lo que la mayoría reconoce. También me inspiró como hombre y como evangelista. Fue mi mentor. Los hechos sobre mi relación con Billy Graham se podrían escribir al dorso de una tarjeta postal:

- Fue un ejemplo e inspiración desde el comienzo de mi ministerio.
- En ocasiones viajaba con él y actuaba de intérprete.
- Aprendí el funcionamiento práctico de su ministerio directamente de él y de su equipo.

- Nos abrió oportunidades y apoyó a nuestro equipo por medio de su reputación y al ofrendarnos un pequeño capital inicial.
- Siguió siendo mi amigo y una inspiración a lo largo de su vida.

Parece bastante simple, en realidad. Pero esos cinco puntos ni siquiera *comienzan* a reflejar cómo era estar cerca de Billy Graham. Fue un gigante de la fe, un león con mirada bondadosa. Podría escribir libros enteros sobre la sabiduría e inspiración que recibí de él a lo largo de nuestra amistad.

Si bien el programa radial de medianoche en Argentina me presentó su voz por primera vez, conocí a Billy Graham en Córdoba antes de mudarme a Estados Unidos. Aunque ya era conocido, todavía estaba en los comienzos de su carrera. Nuestro encuentro fue tan breve que lo había olvidado completamente hasta que él me lo recordó en una carta en 1991.

«Recuerdo cuando… nos conocimos por primera vez en tu ciudad natal», escribió. «¡Cuán grandes expectativas teníamos para ti y tu futuro, y el Señor te ha permitido mucho más que cumplirlas!».

Recordé todo tan pronto como lo mencionó. Tenía alrededor de veintiún años y era el secretario ejecutivo de un pequeño comité que trabajaba para traerlo a Argentina, lo cual terminó preparándome para relacionarme con los muchos voluntarios que harían lo mismo por mí en las décadas venideras. Nuestra interacción fue breve, pero ayudé a mostrarle la ciudad. ¡Aparentemente, causó una mayor impresión en él que en mí! Siempre me asombró su voto de confianza desde el principio.

No permanecimos en contacto después de esa ocasión. Seguí adelante y organicé mi primera campaña, establecí mi primera iglesia y me inscribí en Multnomah. No fue sino hasta después de casarme con Patricia y completar nuestra práctica en Detroit que tuve la oportunidad de volverme a encontrar con él.

Concluida la etapa de Multnomah y una vez ya casados, Patricia y yo nos unimos a Overseas Crusades. Si recuerda, el director, Dick Hillis, había sido misionero en China. Le dije que mi sueño era ser un evangelista de multitudes; que mi objetivo eran las grandes ciudades. Me contestó que tenían lugar para mi llamado, y me aceptaron como un miembro del equipo en función de mi deseo por las campañas evangelísticas.

Mientras nuestro tiempo en Detroit llegaba a su fin y orábamos por la dirección de Dios, el Dr. Hillis me escribió:

> Billy Graham llevará a cabo una campaña en Fresno, California. Queremos enviarte a ti y a Patricia para que aprendan cómo organizar una campaña evangelística unida por toda la ciudad. Serás el asistente del director de la cruzada, Bill Brown, y a Patricia le espera trabajo en la oficina. Los gastos están cubiertos, no percibirán un sueldo. Se hospedarán en una granja hacia el final de la calle en Fresno.

Patricia y yo estábamos emocionados. Teníamos una oportunidad de aprender de primera mano del mejor.

Trabajamos en Fresno durante dos meses y medio, aprendiendo todo lo que podíamos. El director, Bill Brown, sabiendo que estábamos allí con el propósito de aprender y no solo por un empleo a corto plazo, nos dio vía libre para aprender todo el funcionamiento interno de cómo realizaban las cosas.

«¿Quieres evangelizar como Billy?», preguntó.

«Sí» le dije, «las grandes campañas en las ciudades son mi objetivo».

«Muy bien. Reúne todo lo que quieras: información, notas de la comisión, muestras de nuestro material impreso. Todo lo que necesites. Prepara tu propio manual de cruzadas».

El permiso generoso de Bill Brown me dio libertad. Aprendí la logística y tácticas de una campaña a gran escala desde adentro.

Una semana antes del evento, llegó Billy Graham. Organizó un desayuno para el equipo y nuestros patrocinadores locales, alrededor de ciento cincuenta personas en total. Nos reunimos en un hotel. Bill Brown nos sentó a propósito a Patricia y a mí al lado de Billy Graham. Los tres comenzamos a hablar y hubo una conexión inmediata. Fui su traductor para la población hispanohablante del Valle de San Joaquín. Su asistente me entregaba los mensajes que predicaba cada noche de la campaña. «Quiero que te tomes todo el tiempo que te sea necesario para pensar detenidamente en la mejor manera de traducirlos», dijo.

¡Trabajar sobre sus sermones hacía que mi corazón de predicador se estremeciera!

Mientras hablábamos en la comida, la conversación se dirigió hacia mi deseo de evangelizar. Me miró directo a los ojos y, con una ponderación tanto realista como inspiradora, me dio uno de los consejos más importantes que jamás había escuchado; algo que moldeó mi ministerio. «Ve a las grandes ciudades, Luis», me dijo. «No pierdas tiempo en los pueblos pequeños. Las grandes ciudades se asemejan a las grandes montañas. Cuando llueve en la cima de la montaña, el agua fluye cuesta abajo y riega los valles. La montaña es la ciudad. Cuando el evangelio llueve allí, bendice los demás lugares, pero al igual que el agua, difícilmente va a fluir hacia arriba».

El evento fue maravilloso. Me ubicaba al lado de la plataforma para asistir a quienes hablaban español. Escuchaba a Billy Graham a través de unos audífonos de radio de la Segunda Guerra Mundial y, presionando el receptor a mi oído, traducía con un micrófono para la gente hispanohablante. ¡Cuán emocionante fue ser una pequeña parte de las conversiones aquella semana!

Cuando la campaña terminó, Patricia y yo salimos al campo misionero con el esbozo de un manual para la organización de futuras cruzadas, sacado directamente del manual de estrategias de Graham, listo para ser adaptado a nuestro estilo y a nuestras oportunidades. Billy Graham y su equipo habían dado de su tiempo para capacitarme y prepararme para el éxito.

Después de Fresno, comenzamos a buscar apoyo para nuestro ministerio en Colombia.

Fresno fue solo el comienzo de mi aprendizaje con Billy Graham. Me mantuve con la oreja pegada a su trabajo, hasta el punto de casi enloquecer a Patricia. En la primavera de 1962, conseguimos algunos discos de 33 RPM de su cruzada en Chicago, realizada a principios de dicho año. Me llevé seis de ellos a Colombia cuando nos mudamos allí y los reproducía una y otra vez, tratando de tomarle la mano a su ritmo, estudiando cuándo comenzaba haciendo una broma o cómo alternaba entre el pasaje y su exposición. Había perfeccionado su forma de predicar, cada elevación y descenso de su voz, y quería aprender de él. ¿Trataba de imitarlo? No, yo era un hombre diferente, un predicador diferente. Pero al igual que un pintor aprendiz, que mira por encima del hombro de un artista experimentado, sentía que tenía mucho por aprender de su técnica a la hora de predicar a las multitudes. Las repeticiones exasperaban a mi esposa, ¡pobre mujer! Ambos podíamos recitar esos sermones en nuestros sueños.

En Colombia, tenía la esperanza de comenzar a evangelizar a las multitudes como había conversado con el Dr. Hillis. Después de todo, esa era la razón por la que nos habían enviado a Fresno. Pero pasaba el tiempo, y las oportunidades no surgían tan rápido como yo quería. Mi paciencia disminuía y luego se evaporaba con el calor colombiano.

Escribí varias cartas a los líderes. En ellas revelaba mi temperamento. Pero la advertencia de Fred Renich sobre mi impaciencia y mi temperamento impedía que las llevara a la oficina de correo. ¡Cuánto me alegro de no haberlas enviado! Aunque estaba molesto por la demora, Patricia tenía razón: necesitaba esa demora. Fue sabio retenerme. En aquellos días, mi pasión e impulso eran mayores que mi habilidad para llevar adelante responsablemente campañas de manera humilde y efectiva.

No pretendo compararme con historias contemporáneas, pero es muy posible que si me hubieran dado el control, como yo quería, podría haber sido demasiado en poco tiempo. Me estremece pensar al respecto, pero al haber visto a otros evangelistas jóvenes fracasar tras un comienzo prometedor, el haber obtenido lo que quería en ese entonces podría haber terminado con mi ministerio antes de que realmente comenzara.

Así que esperé. Todo avanzaba lentamente. Viajaba, predicaba y empezaba a formar un equipo. Las oportunidades en América Latina comenzaban a surgir; las almas se salvaban. Organizamos algunas campañas en Colombia, Ecuador y Perú, pero ninguna se alineaba realmente con nuestros sueños de causar un impacto masivo. Sentía como si me algo, o alguien, me estuviera reteniendo. ¿Por qué no se me daba la libertad de hacer aquello para lo cual había sido llamado y capacitado?

Finalmente, vislumbramos una oportunidad que nos pareció extraordinaria. Nuestra primera campaña evangelística multitudinaria iba a realizarse en Bogotá. Estaba programada para diciembre de 1966. Aquella era una época cargada de violencia y conflictos. Yo esperaba que la campaña fuera un encuentro evangelístico clave, una marcha simbólica por el corazón de la ciudad, que pacíficamente pudiésemos gritar a la ciudad y a la nación: ¡*Aquí estamos!* Miles de personas asistirían y desde luego atraerían la atención de otros miles.

Imagínense mi sorpresa al recibir una carta del equipo de Billy Graham, invitándome para asistir a un congreso mundial sobre evangelismo a realizarse en octubre en Berlín. La invitación nos desafiaba a «Que todo el mundo escuche la voz de Dios». Ese era, justamente, el anhelo de mi corazón.

Volé desde Colombia a Alemania por mi cuenta, con solo cincuenta dólares en el bolsillo. En Berlín aún se podían observar las cicatrices de la guerra. Era un entorno excepcional para tener una charla acerca de llevar el mensaje de la paz de Cristo a todos los pueblos.

Yo era simplemente uno de los asistentes, pero me encontré con personas que conocía de la radio o de las páginas de *Christianity Today*, la revista estadounidense fundada por Billy Graham. En aquel tiempo, *Christianity Today* era un ejemplo de todo lo que yo esperaba para Latinoamérica, pues presentaba la fe evangélica como inteligente y segura de su creencia, no acobardándose en temor o siendo presa de la tentación de avanzar en sus intereses mediante políticas corruptas u otros medios deshonestos.

Solo me encontré con Billy brevemente en la recepción de apertura, pero su invitación me brindó la confianza de que el ministerio al cual me sentía llamado era el camino correcto que debía seguir.

Recuerdo haber caminado por las calles nevadas y frías de Berlín con un amigo de la conferencia. Fuimos a comer salchichas vienesas y a conversar. Asistir al congreso me abrió los ojos a nuevas posibilidades. Había recibido el aliento que mi corazón impaciente necesitaba. El congreso había expandido mi entendimiento de cómo Dios estaba obrando para difundir las buenas noticias. La gente común y corriente *podía* causar un impacto en este mundo. Un hombre como yo *podía* marcar una diferencia.

Después de todo, Billy Graham lo había logrado, ¿cierto? Parecía como que el mundo entero estaba esperando nuestro mensaje.

La humildad de Billy Graham podía ser apreciada por todos. Cuando entrábamos a algún sitio y había alguien que él no había conocido, simplemente se acercaba y le extendía su mano y, sin la más mínima ironía, le decía: «Hola, soy Billy Graham». Sin afectación, sin fingimiento, sin la cursilería sureña. Realmente se interesaba por *esa persona*.

Después de que el televangelista Jim Bakker cayera de la gracia y fuera a la cárcel por fraude, supe que le habían asignado la tarea de limpiar los baños en la mañana de Navidad. Mientras se encontraba en medio del trabajo, se escuchó por el altoparlante: «Jim Bakker, tiene visita».

Era Billy Graham. Jim, quien acababa de salir de limpiar el baño, fue a ver a su visitante y simplemente cuentan que Billy Graham lo abrazó y le dijo: «Jim, te amo». Billy Graham tenía todas las razones para subestimarlo. Sin embargo, fue directo a la fuente del problema y la abrazó, tal como lo haría Jesús. Billy Graham genuinamente amaba a las personas y no las juzgaba. Creo que eso es lo que lo convirtió en uno de los predicadores de las buenas nuevas más extraordinarios de la historia. ¿Tenía defectos? Sí, desde luego, al igual que todos. ¿Lo adoro como un héroe? En absoluto.

Pero fue y continúa siendo una verdadera inspiración.

Todo lo que Billy Graham me enseñó, de palabras y de hechos, fue formativo. Sin embargo, nada era nuevo. Era el mismo consejo que los maestros en la fe les habían dado a sus discípulos desde el comienzo del cristianismo: sean humildes. Eso es todo. Cada cristiano debe abrazar la humildad, y cada pastor debe basar su ministerio en ella. Pero ¿vivimos en humildad? ¿Somos lo suficientemente fuertes para renunciar a nuestro orgullo?

En otra ocasión, nos encontrábamos en Alemania en un congreso alemán sobre evangelismo. Mientras estábamos con Billy Graham en su habitación del hotel, un joven evangelista luterano alemán se acercó para hablar con él después de que el asistente de Billy, T. W. Wilson, lo dejara entrar.

El joven entró y prácticamente besó la mano de Billy Graham. «¿Sobre qué querías hablar?», le preguntó Billy después de saludarlo.

«Me convertí cuando vino a Alemania hace algunos años» le dijo, «y tengo un llamado evangelístico. Fui a un seminario, tengo un equipo —somos diecisiete— y tengo dinero. Pero no se me presenta ninguna invitación para predicar. Nadie me invita. ¿Podría darme algunas sugerencias?».

Billy Graham lo miró totalmente perplejo. A él nunca en su ministerio le habían faltado invitaciones para hablar. Miró a los miembros de su equipo para que lo ayudaran a pensar en algo. Hablaron sobre algunas posibilidades y, cuando estaban por terminar, el joven predicador le preguntó: «Sr. Graham, ¿me bendeciría?».

«Por supuesto» le dijo. «Oremos». Y todos nos arrodillamos. Comenzó a orar por este joven que acababa de conocer.

Yo no sé lo que esperaba, pero lo que sucedió superó mis expectativas. Billy Graham oró y continuó *orando*. Oró intensamente por este joven. No se trató de una oración de bendición simbólica para enviar a este joven. Fue sincero. «Señor, bendice a este joven. Ábrele las puertas. Concédele oportunidades para ganar almas, Padre...».

En un momento, mientras orábamos, la voz de Billy Graham se volvió prácticamente inaudible. Abrí por curiosidad mis ojos. Billy Graham estaba en el suelo con sus brazos extendidos. Su nariz y su boca presionaban la alfombra de la habitación del hotel, y su oración no dejaba de fluir.

Quedé conmovido. Era el evangelista más famoso del mundo; de hecho, uno de los cristianos más conocidos de la historia. ¿La influencia de sus predicaciones? Incalculable. Los presidentes esperaban su llamado telefónico. No obstante, ahí estaba, en una postura totalmente innecesaria (o al menos eso pensé) de completa humillación. Ciertamente, Dios lo hubiera escuchado de igual modo de rodillas, o sentado en una silla.

Cuando terminamos de orar, todos nos pusimos de pie. Billy Graham desde más abajo que el resto. El joven le dio las gracias y el asistente lo acompañó hasta la salida. Yo le hice un comentario a Billy; le dije algo que ni siquiera recuerdo qué fue, pero sí recuerdo su respuesta: «Mira, Luis» me dijo, «1 Pedro 5 dice: "Humillaos, pues, bajo la poderosa mano de Dios, para que él os exalte a su tiempo"... Luis, tenemos que poner esto en práctica».

Nunca supe el nombre de ese joven. Desconozco si alguna vez tuvo su oportunidad de predicar. Pero nunca olvidaré el sonido de la voz de Billy Graham contra la alfombra de un hotel en Alemania. Así debe de ser el sonido de la humildad.

Otro ejemplo de su humildad tuvo lugar a raíz de una experiencia llamativa que aún me hace reír. Patricia y yo estábamos viajando a Los Ángeles, California, en donde teníamos programada una reunión con Billy Graham en un hotel local. Bajamos del avión y comenzamos a buscar a alguien del equipo. Fue entonces cuando un personaje misterioso llamó nuestra atención. Era alto, disfrazado como un espía, con gafas oscuras, un sombrero de ala ancha al estilo de Elmer Fudd y —uno no puede inventar algo así— *una nariz falsa*. Era Billy Graham. Por alguna razón, había decidido llevarnos al hotel en persona. Patricia señaló que su disfraz había atraído más la atención que él mismo, y todos nos reímos. Nunca olvidaré su humildad sencilla e increíble, su buena disposición para ponerse un disfraz con el propósito de darnos la bienvenida. Fue divertido pero, más que nada, fue amable.

¿Quién es su ejemplo de humildad? ¿Quién le ha *demostrado*, no solo *contado*, qué significa humillarse delante de Dios? Esos ejemplos son invaluables.

Ni el teólogo más inteligente ni el expositor más elocuente ni el erudito más cuidadoso pueden compararse con un cristiano que esté dispuesto a humillarse bajo la poderosa mano de Dios. Ninguna enseñanza puede remplazarlo, ninguna predicación puede provocarlo y ninguna investigación puede profundizarlo. Solo una convicción interior genuina —una desesperación por volverse insignificante delante de Dios— puede llevar esa clase de poder espiritual. Cuán rico, cuán profundo, cuán misterioso es el obrar de Dios, quien nos encuentra aún sobre el suelo, quien nos escucha cuando oramos pegados a la alfombra. ¡Alabado sea su nombre!

No resulta fácil satisfacer a los evangelistas. Tendemos a sentir la carga por cada asiento vacío en la multitud. Puede ser fácil, en especial cuando uno es joven, perder la perspectiva. Fue alentador descubrir que Billy Graham también tenía la misma lucha. «Incluso cuando piensas que el estadio estará lleno, quizás no sea así», me dijo una vez. «Por tanto, cambia tu expectativa. He aprendido a esperar que cualquiera sea el lugar donde predique, ya sea una iglesia o un estadio, esté lleno hasta la mitad. Si se llena algo más que eso, entonces me siento entusiasmado».

En el evangelismo no hay lugar para fanfarronadas. El ministerio *nunca* trata de nosotros. Cuán rápido nuestra humildad puede simplemente convertirse en orgullo.

Es por ello por lo que el ejemplo de Billy Graham impactó mi corazón más que cualquier otro. Ver de cerca la autenticidad y la integridad de su ministerio me inspiró a perseguir las pequeñas cosas que alimentan la vida interior de una persona. Me inspiró a continuamente considerar el llamado de Ray Stedman de crucificar mi ego. Me hizo sentir apreciado y valorado por Dios y, al mismo tiempo, saber que Dios está dispuesto a usar a *cualquiera* que quiera despojarse de sí mismo en humildad. Cuando este personaje de Argentina comience a sentirse un factor indispensable en el plan de Dios, veré en mi imaginación estos labios convertirse en barro, y volveré a buscar el peso de la mano poderosa de Dios como me ha enseñado mi maestro, apoyo, mentor, amigo y fiel ejemplo, Billy Graham.

Con el paso del tiempo, las cartas de Billy Graham se volvieron cada vez más breves y, posteriormente, adoptaron la forma de unas disculpas; por lo general, por no ser capaz de comunicarse de manera efectiva cuando lo llamábamos por teléfono. Su letra se volvía cada vez más temblorosa a medida que el Parkinson se iba apoderando de su cuerpo, hasta que finalmente se detuvieron y fueron remplazadas por notas amables escritas por su antigua secretaria. La gran vida de este hombre continuó en el oscuro sufrimiento producto de su enfermedad crónica. Fue en el día que falleció, 21 de febrero de 2018, que me comprometí plenamente a escribir este libro.

Para ser honesto, me sentí incómodo cuando me di cuenta que algunos se referían a mí como el Billy Graham de Latinoamérica. ¡Porque el Billy Graham de Latinoamérica fue *Billy Graham*! Comoquiera que sea, me siento honrado, aunque nunca me he referido a mí mismo como tal. No soy digno de ese título.

El orgullo es un vicio singular, porque puede estar totalmente desconectado de la realidad. Las personas más orgullosas son, por lo general, aquellas que tienen menos derecho a serlo. Todo pasa por sus mentes y sus corazones. La autoestima de una persona orgullosa no está sujeta a sus habilidades, logros o éxitos.

Pero gracias a Dios, la humildad puede ser una virtud con la misma clase de desconexión. Así como uno puede ser orgulloso sin ninguna razón que lo justifique, también se puede ser genuinamente humilde cuando tiene todos los motivos del mundo, en términos terrenales, para enorgullecerse.

¿Puede pensar en algún predicador con más motivos para sentirse orgulloso que Billy Graham? Era un hombre de confianza de los presidentes y amigo de los líderes mundiales. ¡Guio a más personas a Jesús que el número de habitantes de algunos países! Su integridad era incuestionable; su fidelidad hacia el evangelio, excepcional. Cuando se resumen las palabras de todas sus críticas, lo peor que se puede decir de él —aparte de mencionar algunos comentarios desacertados sobre política y racismo, de los cuales se arrepintió profundamente— es que estuvo demasiado dispuesto a trabajar por la unidad en la iglesia y por el amor en el mundo. Ese es un legado que pudo haber convertido a ese niño criado en una granja lechera de Carolina del Norte en un verdadero monstruo del orgullo.

¿Pero acaso lo hizo? No. Nunca lo vi presumir, vanagloriarse, caer en autocomplacencia o sentirse satisfecho consigo mismo, incluso en nuestras conversaciones privadas. Veía sus logros con honestidad e inmediatamente atribuía su éxito a Dios y al arduo trabajo de muchos otros. Tenía una profunda sencillez de espíritu.

El ego siempre me ha perseguido. La tentación al orgullo corre por mis venas. Estoy seguro de que Billy Graham también era tentado; ¿por qué otro motivo me habría aconsejado que resistiera el orgullo a menos que la tentación fuera real? Si no hubiera tenido su ejemplo, gradualmente habría caído en una vida privada definida por el orgullo. Podría haberlo ocultado bien, pero habría corrompido todo lo que hice.

Gracias a Dios, creo que en verdad evité caer en el orgullo. No de manera perfecta, pero sí constante.

¿Qué hay de usted, querido lector? ¿Dónde está su corazón? ¿Está cediendo ante la tentación profunda del orgullo? ¿O se humilla bajo la poderosa mano de Dios, responsable de todas sus victorias? Ya sea que se humille o se enaltezca, la mano de Dios puede tocar nuestros labios —incluso si son de barro— y librarlos para anunciar las buenas nuevas.

Todos podemos marcar una diferencia para el bien del mundo y la gloria de Dios. Si —y este es un «si» enorme— estamos dispuestos a negarnos a nosotros mismos para que Dios pueda convertirse en el todo de nuestras vidas.

CAPÍTULO 8

Mucho mejor
que estar solo

El equipo de la Asociación Luis Palau

Más valen dos que uno, porque obtienen más
fruto de su esfuerzo.

ECLESIASTÉS 4.9

El evangelismo multitudinario tiende a estar acompañado por la tentación de corromper el llamado. Las multitudes acuden. La gente escucha —*mucha* gente—. Cuando tal cosa ocurre, basta un solo paso para que el evangelista comience a considerarse a sí mismo como una celebridad, como una estrella de cine ministerial. Su propósito de guiar a las personas a Jesús puede fácilmente verse socavado por la tentación persistente de creer que todo se debe a él.

Es por esta tentación que tener un equipo es tan importante. Si usted es un narcisista o un líder inseguro, probablemente formará un equipo que refleje y refuerce su manera de ser. Si no lo es, buscará colaboradores firmes y fuertes en su misión que no sean solamente herramientas de lealtad personal.

Hace poco me di cuenta de que pasé toda mi vida con el acelerador pegado al piso. De una cosa a otra, a otra y a otra. Aunque he tenido ventajas maravillosas producto de este paso acelerado y es una de las razones por la que hemos podido lograr tanto; también he dejado que el pasado simplemente se alejara de mí la mayor parte de mi vida. *Será mejor que alguien más se acuerde de esto,* solía pensar. *No puedo perder tiempo en esto otro.* Ahora veo que no fue una pérdida de tiempo. Nuestra historia es tanto la historia de Dios como la nuestra.

Aunque siempre he tenido la tendencia a ser independiente, le doy gracias a Dios que nunca he caído en la tentación de caminar solo. Y esto no significa que la tentación no haya sido fuerte. ¡Me considero afortunado por haber podido llegar tan lejos sin ayuda! Aun así, le agradezco a Dios porque no cedí ante esa tentación. Desde mis primeros días como evangelista callejero hasta hoy, al ver un equipo sorprendentemente talentoso y bien entrenado para continuar el ministerio sin mí, me he sentido increíblemente bendecido de ser parte de un equipo mucho más grande, más sabio, más fuerte e infinitamente más efectivo de lo que podría haber hecho solo. Un proverbio africano dice: «Si quieres ir rápido, anda solo; pero si quieres llegar lejos, anda acompañado».

Ese «acompañado» ha incluido a todo el cuerpo de Cristo (a lo que me referiré más adelante) incluso a aquellos que no comparten nuestra fe. Abarca a todos, desde extraños hasta jefes de estado, desde voluntarios por una sola vez hasta aquellos que dedicaron todas sus carreras en nuestro equipo. ¡Cómo desearía poder honrar a cada uno de esos hombres y mujeres por sus nombres!

Dios cuenta algunas de sus mejores historias en un susurro. Por eso, debemos aprender a prestar mucha atención para captarlas, porque en un abrir y cerrar de ojos se pueden pasar por alto algunos de sus milagros más increíbles.

De todas las campañas que hemos realizado alrededor del mundo, algunas han sido claramente milagrosas. Una de ellas fue la de Leningrado (hoy St. Petersburgo) en 1989. La Unión Soviética nos abrió las puertas de manera sorprendente, ¡un país al que la mayoría consideraba «cerrado»! Hong Kong en 1987 fue otra; fue impresionante el silencio en el estadio cuando les pedí que elevaran sus ojos a las estrellas y pensaran en su creador, y ver a miles correr por la grama para entregarse a Jesús.

En 1982 en Ciudad de Guatemala tuvimos uno de los encuentros más grandes de la historia, con cientos de miles de personas. La experiencia de Nueva York en 2015, la dejaremos para más adelante. Podría seguir indefinidamente.

De todos los milagros y de todas las campañas especiales, una se destaca como la más memorable de mi carrera: la de Reino Unido, previa a (y también incluida) la de Misión Londres en 1983-1984.

Esta campaña requirió, además de un gran esfuerzo y creatividad por parte de nuestro equipo, de una dependencia absoluta del liderazgo espiritual, invitaciones y la provisión de Dios a través de los galeses, los escoceses y los ingleses. Muchas personas cuyos nombres nunca aparecerán en los recuentos históricos.

Todo comienza en el Eurofest en 1975, una conferencia de jóvenes organizada por el equipo de Billy Graham. Yo era uno de los oradores, y el Espíritu de Dios se manifestó en el evento de una manera *asombrosa*. Cerca de diez mil jóvenes vinieron de toda Europa y del Medio Oriente. Sucedieron cosas increíbles, entre ellas la reconciliación entre exsoldados israelitas y egipcios, que todavía tenían recuerdos vivos de la guerra de los Seis Días. Ambas partes se abrazaron, besaron y se pidieron perdón mutuamente.

A mí me agregaron en el programa a último minuto debido a que el orador original se había enfermado. Hablé sobre la historia de José, y la respuesta fue muy especial. Cuando invité a que pasaran al frente quienes necesitaban oración o consejo, miles se pusieron de pie. Después supe que habían sido alrededor de siete mil. Aquello fue conmovedor. Mi compañero, Jaime Mirón, un veterano de nuestras cruzadas en Latinoamérica, entró en acción y rápidamente organizó la manera para que los pastores y misioneros que asistieron a la conferencia pudieran acercarse para hablar con aquellos que necesitaban apoyo, oración o consejo bíblico. Fue un momento maravilloso ver a estos jóvenes avanzar para renovar su compromiso de vivir en santidad y fe, algo que atravesaba el peor momento en el último tiempo en sus continentes. Dios estaba obrando.

Concluida la conferencia, se me acercó un señor que dijo ser de Cardiff para preguntarme si querría realizar una campaña en Gales.

«Me encantaría» le respondí. «¡Invíteme!».

«Lo estoy invitando ahora mismo» me respondió.

Mientras hablábamos, mi instinto me decía: *Este señor está soñando. No creo que vaya a ser capaz de conseguir el apoyo para una campaña.*

Como para poner término a la conversación, le dije: «Tan pronto como consiga un grupo de personas, invíteme. No me importa si son muchos o pocos; solo quiero tener la oportunidad de predicar en el Reino Unido».

Pues, me demostró que yo estaba equivocado. Muy pronto, me escribió: «Estamos preparados». Había reunido a un grupo de iglesias, tenía escogido el lugar y había elaborado un plan para que la gente llegara allí. Incluso había contratado a Cliff Richards, un cantante tan importante en el Reino Unido como Elvis Presley lo era en Estados Unidos, quien en el Eurofest había compartido un hermoso testimonio de fe en el Señor Jesús resucitado.

La campaña se llevó a cabo en 1977 en el castillo de Cardiff. Para los galeses, el castillo es un lugar simbólico. Esa simple campaña, impulsada por una invitación de un solo hombre, nos abrió puertas sorprendentes. Después de Cardiff, se me acercó un agricultor de Aberdeen, Escocia. Su aspecto era tal cual uno esperaría: sonriente, algo curtido por el clima, como si viniese de una tierra de pastizales verdes, cielos grises y ovejas blancas. Cultivaba centeno para hacer pan. Tenía manos grandes y una forma de hablar pausada.

«¿Consideraría, Sr. Palau», dijo con un marcado acento escocés, «venir a Aberdeen?».

«Me encantaría», dije, pensando: ¡Aceptaré todo lo que sea en Gran Bretaña!

Era simplemente un anciano en una pequeña iglesia, pero de algún modo, logró conseguirnos un estadio de fútbol. Para ser preciso, debo decir que reservó el Pittodrie Stadium, con una capacidad para veintidós mil personas. Así que me encontraba en el Mar del Norte, donde el viento proveniente de la costa penetra hasta los huesos, incluso en el verano.

«A todos les encanta Escocia desde lejos», recuerdo que alguien bromeaba. El crudo viento nos dio una fría bienvenida a uno de los países de mis ancestros. Pero la gente era cálida, y la invitación de ese agricultor se convirtió en una campaña gloriosa.

De allí surgieron nuevas oportunidades para visitar otros pueblos y aldeas. Pasamos meses recorriendo Escocia y luego comenzó un tiempo maravilloso de reuniones en carpas por toda Inglaterra. ¡Qué giro increíble de mi niñez! El Sr. Rogers había predicado en carpas en mi país. ¡Ahora yo me encontraba predicando en carpas en el suyo! Y los meses transcurrían. En total, estimo que predicamos en alrededor de cien pueblos y aldeas en Inglaterra y más de treinta en Escocia. Pasamos dos semanas de reuniones en carpa en Motherwell y sus alrededores y cinco semanas en Glasgow predicando en Kelvin Hall. Teníamos reuniones siete días a la semana en Glasgow y vimos a muchos ser salvos. Al finalizar, ¡sentí que había conocido más de la hermosa Gran Bretaña que los propios británicos!

A lo largo del recorrido, sucedieron milagros de salvación. Siempre me han emocionado los milagros espirituales; ver a las personas conocer una fe verdadera y vibrante cuando no hay explicación lógica por sus decisiones más que el obrar del Espíritu Santo. No obstante, las victorias implican batallas. Nadie puede progresar sin antes haber luchado. Nuestro enemigo busca constantemente perturbar la unidad, inquietarnos y enfrentarnos unos contra otros. Por tanto, una de las mayores victorias de nuestro tiempo en el Reino Unido fue la unidad sostenida entre las personas de diferentes denominaciones, regiones, origen étnico y maneras de pensar —urbanas y rurales—; escoceses, galeses, irlandeses e ingleses; protestantes y evangélicos. Cuán poderoso fue ver a cada persona luchar sus propias batallas, pero, al mismo tiempo, unirse a la causa que nos había convocado a todos. Por la gracia de Dios, aquello que pudo haber sido un tiempo abrasivo y de separación, fue unido por un bien común.

Los británicos son lentos para comprometerse espiritualmente, pero cuando lo hacen, lo hacen en serio. Es por ello por lo que el número milagroso de personas y de reuniones en carpa durante ese tiempo significa mucho para mí. En la noche de cierre de las dos semanas en Motherwell, el presidente, quien me presentó todas las noches, se puso de pie cuando di la invitación final. Pasó adelante con su esposa y sus dos hijos, miró hacia la multitud y dijo: «Recibimos a Jesucristo». Presidía el evento, pero no estaba seguro de su propia relación con Jesús. Salió de esa carpa con una certeza plena de su salvación. Había hallado la seguridad de la vida eterna, algo que su familia no había tenido hasta esa campaña.

A menudo, los miembros de nuestro equipo se encuentran con británicos alrededor del mundo quienes decidieron seguir a Jesús a causa de nuestro tiempo en el Reino Unido: misioneros, maestros, activistas, pastores, líderes empresariales, estudiantes internacionales, entre otros. Los frutos de aquel viaje no fueron solo conversiones, sino que Dios proveyó una bendición especial en nuestro tiempo allí que impulsó a las personas al servicio del reino. Cuando Jay Fordice, el director creativo de la Asociación Luis Palau (ALP), regresó a Escocia en el 2008, conoció a muchísimos pastores y personas involucradas en el ministerio, quienes recuerdan nuestra visita a Glasgow como un momento clave en sus vidas. El legado de estos eventos alcanza a todo el mundo. Es maravilloso. Todo es gracias a Dios.

Y la obra y las predicaciones continuaron. Glasgow nos condujo a Leeds y Leeds a Londres.

Desde hacía mucho tiempo tenía planeado que, si el Señor ponía en mi camino a alguien que nos invitara a Londres, aceptaríamos de inmediato. Hicimos correr la voz y se lo comunicamos a todos los que podíamos, a fin de llegar allí antes de que alguien se nos interpusiera y nos echara. Entonces formamos un grupo, unificando nuestras conexiones. En parte era liderado por los escoceses, como el joven empresario George Russell. La campaña se denominó Misión Londres.

Me interesaba Londres porque constituye un potencial único para producir un impacto mundial. Solo algunas otras metrópolis en el mundo tienen una influencia similar. Billy me había dicho que las grandes ciudades son como las altas montañas y si Billy tenía razón, entonces Londres era el pico más imponente. Su influencia estratégica sería incalculable; también lo era su necesidad espiritual, igual que los desafíos.

Imagínese por un momento que se le asignara la organización de un evento de cien mil personas en el corazón de una de las ciudades más grandes del mundo. ¿Por dónde empezaría? ¿Dónde recaudaría los fondos? ¿De qué manera movilizaría a las iglesias, abordaría el gobierno de la ciudad, manejaría la seguridad y difundiría el evento? Solo piense en los monumentales desafíos logísticos.

Nuestro plan consistía en dos etapas que abarcarían un período de dos años. En primer lugar, tendríamos pequeñas campañas en diez áreas claves de la ciudad para generar impulso y recibir el apoyo necesario. La segunda etapa duraría seis semanas y se llevaría a cabo en una ubicación privilegiada: el estadio de fútbol Queen's Park Rangers. Era un estadio prestigioso y del tamaño *perfecto*: ni tan pequeño que tuviéramos que dejar gente afuera, ni tan grande como para correr el riesgo de sentirnos frustrados por no haber podido lograr la concurrencia que queríamos.

Como siempre, las iglesias locales lideraban el camino. Éramos cautelosos, en particular con los británicos, en cuanto a imponer nuestras condiciones. Les servíamos, los apoyábamos e íbamos con ellos, pero las iglesias británicas llevaban el liderazgo y la logística. El resultado fue maravilloso. «Traiga sus dudas» decían los afiches por toda la ciudad en una gran campaña publicitaria. Recibimos una importante cobertura mediática. «Una ardua tarea por delante para Luis Palau» y «Nacer de nuevo. Alborota Gran Bretaña» eran algunos de los titulares de la prensa.

La primera fase en 1983 tuvo buenas repercusiones. Me resfrié, pero otros predicadores tomaron mi lugar. Esta fue una de las pocas veces en toda mi vida que alguien tuvo que ocupar mi lugar. Esta primera etapa del evento mayormente se llevó a cabo en carpas y tuvieron un gran éxito. A medida que nos acercábamos a la segunda etapa, comenzaron a aparecer las preocupaciones. Solo los gastos serían enormes. El comité local encargado de llevarnos allí estaba, honestamente, atemorizado. Era evidente que el esfuerzo se veía imposible. Definitivamente, necesitábamos un milagro. Así es que el comité me envió a hablar con *sir* Morris Laing.

Sir Morris era el hijo de un reconocido filántropo cristiano. Su padre fue el primero en independizarse como constructor entre las guerras, y su negocio creció considerablemente durante la reconstrucción de Inglaterra luego de su destrucción como consecuencia de la Segunda Guerra Mundial.

Mi objetivo era representar al comité local y obtener su apoyo, tanto de su voz como de su «chequera».

«¿Quién es *sir* Morris?», pregunté.

«Ve a visitarlo», me respondieron.

Me programaron una reunión privada a las 11:30 de la mañana. Lo recuerdo exactamente. Para ser honesto, después de todo ese preámbulo, fui a la reunión sintiéndome bastante intimidado. Después de todo, estaba por conocer a uno de los hombres más ricos de Europa.

Llegué puntualmente. Me saludó con una sequedad sorprendente. «Buenos días», dijo, con un tono de voz cortante, al estilo británico. «¿Té?».

«Sí, por favor», dije, sintiéndome aún menos a gusto.

«¿Azúcar?».

«Sí».

«¿Leche?».

«Sí, por favor».

Sirvió dos tazas, y nos sentamos. Di un sorbo con cuidado, respirando el vapor caliente. «Tengo quince minutos disponibles» dijo. «Debo ir a la ciudad para reunirme con el presidente de Royal Dutch Shell y otro socio. Entonces…». Bebió su té cortésmente, mirándome directo a los ojos. «¿Qué necesita de mí?».

¡Vaya! Entrar a la oficina de un extraño ¿con una bienvenida como esa? Pero no estaba siendo descortés, solo extremadamente directo, como cualquier hombre en su posición debe serlo.

«Bueno, señor», comencé diciendo, «yo no quiero nada de su parte; pero el comité ejecutivo de nuestra campaña evangelística en Londres me dijo que se encuentran bajo una presión financiera extrema, y que Dios le ha dado contactos y recursos que quizás puedan ayudarnos».

«Sí», respondió, «algunas fundaciones y fideicomisos».

«No lo sabía. No estoy realmente familiarizado con el funcionamiento de las cosas aquí en Gran Bretaña», dije. «Pero me dijeron que tiene un buen corazón para la ciudad y la nación».

«Sé lo que quieren», dijo. Se levantó, se dirigió hacia su chequera con un bolígrafo y regresó con un cheque de cien mil libras.

«¿Servirá esto?», preguntó. Es una gran suma hoy en día, pero en ese entonces parecía astronómica.

«Creo que va a animar al comité», dije sonriendo.

«Bien», dijo. «He estado preguntando detenidamente sobre usted. No quisiera involucrarme con nada que pudiera darle a mi empresa una mala reputación, pero parece un hombre honorable. Hay otro cheque por esa misma suma si se quedan cortos hacia el final. Por favor, no le diga a nadie porque no me gusta dar yo solo. Vamos a involucrar también a otros».

A los quince minutos exactos, se despidió respetuosamente y salió para su otra cita. Yo no cabía en mí de alegría. Fui a almorzar con el comité. Cuando les mostré el cheque, quedaron sin aliento. El presidente del comité, entonces, sacó un sobre su chaqueta y nos dijo: «Esto es de Dios. Aquí traía mi carta de renuncia. Si no nos hubiera dado este dinero, no habría podido continuar; no habría tenido el valor».

El apoyo de *sir* Morris nos abrió las puertas a las clases más altas de la sociedad y vida británica. En respuesta a las invitaciones de varios partidarios claves, comencé a programar horas de café por todo el gran Londres. Incluso participamos en un desayuno de oración para los parlamentarios en la casa del presidente de la Cámara de los Comunes, desayuno que sigue siendo un evento anual después de más de treinta años. En aquellos días, cuando el recuerdo de la guerra de las Malvinas entre el Reino Unido y Argentina era aún reciente, resultaba prácticamente impensable que un argentino estuviera haciendo esto y que los británicos respondieran de manera tan favorable. Pero sucedió.

La prensa provocó que la gente hablara. Los periódicos, las revistas, la televisión y la radio contribuyeron al aumento de interés. Incluso los periódicos incluían caricaturas sobre la misión. Mientras tanto, se llevaban a cabo docenas de eventos para alcanzar a cada clase social británica —el té siempre ocupando un lugar prominente— con el fin de prepararnos para la cruzada en el estadio.

Mi mensaje, especialmente en los eventos de mujeres de clase social alta, era siempre el mismo: la historia de la mujer samaritana. Les leía la historia, poníamos una música especial y luego, por alguna razón incomprensible, teníamos la actuación de un *mimo*. No me gustan los mimos; siento que son espeluznantes. Pero este casi me convenció del valor de un mimo. Realmente representaba su mensaje de manera efectiva. Yo había preparado un mensaje diferente que se titulaba «Cinco tipos de mujeres», pero mi esposa, siempre perspicaz, me dijo: «¿Quién eres tú para hablar sobre mujeres?». Tuve que admitir que tenía razón.

Nos hicimos amigos de *lady* Susie Sainsbury, una aristócrata altamente respetada, cuyo marido es ahora miembro de la Cámara de los Lores. Ella fue quien sugirió la historia de la mujer samaritana en el pozo. «¿Está segura?», le pregunté. «Estas señoras son de la alta sociedad». Hablaríamos sobre una mujer con una reputación que había tenido cinco maridos y estaba viviendo con un sexto hombre. En un evento, donde doscientas de las mujeres más ricas en Gran Bretaña se juntaron en el Hurlingham Club, Suzy sonrió irónicamente. «¿Ve a esa mujer de azul por allí?», señaló a una figura elegante del otro lado de la sala. «Fuimos juntas a la universidad, y *déjeme decirle...*».

«Bueno, bueno, bueno, entiendo», dije, precipitadamente.

Estas eran personas como todas las demás. Detrás de toda esa apariencia, tenían los mismos pecados, la misma hambre y sed espiritual y las mismas necesidades por las buenas nuevas de Jesús. Hablé, y un buen número de ellas se entregaron al Señor. Como resultado, comenzaron dos estudios bíblicos regulares entre estas mujeres de gran prestigio. Gran parte del mundo no entiende el sistema de casta británico, pero esto fue un milagro; un milagro social, pero de todas maneras un milagro. ¿Qué otro nombre puede dársele cuando alguien va en contra de los tabúes y etiquetas culturales por causa de Jesús?

Se necesita valor para que las personas de la alta sociedad expresen abiertamente sus convicciones cristianas. Esos círculos de alta educación, finanzas, títulos e influencia suelen manifestar su desaprobación a quienes insisten sobre su fe más allá de un evento social los días domingos. ¡Y atreverse incluso a insinuar que creer en Jesús es importante! La gente de clase alta arriesga su reputación con una decisión como esta. Podrían hasta perder a un montón de amigos si la gente comenzara a murmurar: «¿Sabes quién se ha convertido en un fundamentalista?».

En la primera etapa de la misión, cerca de doscientos mil londinenses asistieron a nuestros eventos. De esos, ocho mil se comprometieron públicamente a seguir a Jesús. Yo predicaba «la misma vieja historia», como C. S. Lewis irónicamente se refería a las buenas noticias. En la segunda etapa de la ministración en Londres, más de veinte mil personas entregaron sus vidas a Jesús. No estoy seguro del número total de personas que asistieron, pero era una cantidad exorbitante. ¿Quién sabe cuántos en la intimidad de sus corazones se encontraron con Dios?

Como siempre, prediqué sobre la necesidad de un encuentro con el Cristo vivo, la importancia crucial de la Biblia y la bondad increíble de la gracia de Dios. Hablé sobre Dios moviéndose en Gran Bretaña, atrayendo a las personas a su familia y a su *amistad*, no simplemente su adoración, no solamente su señorío. Prediqué acerca de la bondadosa y amorosa paternidad de Dios y sobre su pacto de amor eterno.

Matt Redman, el reconocido músico cristiano, se convirtió allí siendo un jovencito, al igual que muchos futuros pastores, teólogos y misioneros. El impacto fue impresionante, tanto a corto como a largo plazo. Billy Graham tenía razón. Las ciudades son como montañas. Escalar esta en particular fue duro, pero valió el esfuerzo.

Hubo muchos momentos sobresalientes del ministerio de nuestro equipo, pero Misión Londres se ubica en la cima. ¡Quince semanas! En lo personal, no fue una simple campaña; fue la *campaña*. No es como si un mosquito picara a un elefante; es como si alguien comenzara a *comerse* al elefante.

Nuestros logros comenzaron con esos pequeños pasos, uno tras otro: un señor en Cardiff, un agricultor en Aberdeen y muchos otros cuyas historias no me alcanzaría el tiempo para contarlas, como la del prestamista en Ayrshire y el dueño de una librería en Motherwell. Cada historia es un paso glorioso, y todas culminaron con la cálida bienvenida a Londres por la princesa Alexandra, prima hermana y amiga personal de la reina.

Una vez, siendo aun un joven en Argentina, me paré en una esquina de un pequeño pueblo donde terminamos fundando nuestra primera iglesia. Estaba rodeado de gente y, en un abrir y cerrar de ojos, pensé: *Así tiene que haberse sentido el apóstol Pablo,* y no solo Pablo, sino *cada* evangelista itinerante desde el comienzo del cristianismo.

Allí estaba yo, en un pueblo nuevo, rodeado por personas a las que nunca había visto antes y a las que, posiblemente, se les estaba presentando claramente el evangelio por primera vez. Algunos escuchaban y unos pocos se convertían. Donde antes no había luz, se encendía una pequeña chispa. *Este es un trabajo sagrado,* pensé. *No soy un don nadie anunciando a los gritos Juan 3.16. Soy un sacerdote de Dios.* Sabía que todo este trabajo era demasiado importante, demasiado peligroso y demasiado especial como para intentarlo solo.

El modelo cristiano del ministerio es un equipo. Cristo eligió a doce discípulos. Envió a los setenta y dos en pares. Al apóstol Pablo lo acompañaron siete personas en Hechos 20. Todos trabajaban juntos. Pablo casi nunca estaba solo. A veces, viajaba con solo una persona, todos los demás habían sido enviados a otras misiones, pero aun así tenía ayuda, apoyo, aliento. Nadie tiene todos los dones del cuerpo de Cristo. Nos necesitamos mutuamente.

Patricia llevó el sentido de «equipo» a otro nivel. Cuando en el año 1968 llegamos a México luego de nuestro festival en Bogotá en 1966 y una vez que resultó obvio que íbamos rumbo a un ministerio internacional, formamos un equipo de cuatro personas que demostraron ser el principio de algo especial. Patricia y yo fuimos los cofundadores de este equipo destinado a crecer.

Uno de mis mayores errores fue no haberle darle a Patricia el crédito que se merecía, no solamente como esposa sino como compañera en todos los aspectos. Por supuesto que la honré, pero ahora me doy cuenta de que eso pudo haber pasado desapercibido como esas palabras que muchos predicadores o maestros les dicen a sus esposas. Debí haberlo hecho de manera oficial y en forma constante hasta que la gente hubiese podido ver el alcance de su contribución. Porque Patricia fue muchísimo más que una esposa sonriente. En cada nivel de nuestro ministerio, hizo más de lo que la gente podría llegar a imaginar., Su compromiso fue total.

Los miembros de nuestro equipo tenían que tener lo que Patricia y yo llamábamos «el espíritu misionero», es decir, tenían que estar dispuestos a vivir y trabajar como nosotros lo hacíamos: sin esperar nada a cambio, sin demandar nada y simplemente haciendo lo que hacíamos porque para eso habíamos sido llamados. Digamos la verdad: uno no se involucra en el ministerio de evangelismo porque busca tener una casa bonita y una cuenta de jubilación. Quizás eso llegue algún día si el Señor quiere proveernos. Si esa hubiese sido nuestra meta, habríamos escogido un camino diferente en la vida. Tal vez las comodidades y la seguridad lleguen, pero tal vez no. Hay que estar preparados para el *tal vez no*.

Dicho eso, «colaboradores» y «equipo» son términos diferentes. Los colaboradores van y vienen más libremente. Es importante para ellos estar «involucrados», pero no están aquí por un profundo sentido del llamado. Para los miembros de nuestro equipo, sin embargo, su inversión es más alta, personal y, a veces, para toda la vida. Cuando pienso en los miembros de nuestro equipo, me viene a la mente Doug Steward, quien nos acompaña desde que era un estudiante en Multnomah. Ahora tiene un hijo casado. Jaime Mirón, David Jones, Ruben Proietti, John Ogle, Carlos Barbieri, Colin James, Anne Scofield, Edmundo Gastaldi, Scott Kraske, Levi Park y podría continuar. Tantos hombres y mujeres que han dedicado sus carreras a nuestra misión.

Nuestro equipo trabaja porque quiere que millones escuchen acerca de Jesús. Quiere que las naciones sean bendecidas y que la iglesia se fortalezca. Dan constantemente por la visión de Cristo, la cual es mayor que cualquiera de nosotros. Esa visión no cambia. Tampoco su pasión, en especial por aquellos de nuestra familia que están perdidos. Este equipo simplemente desea ser parte del hermoso proceso de Cristo de dar vida a aquello que ha estado muerto, de encontrar a los que se han perdido. Todo nuestro equipo, desde la junta directiva hasta el personal temporario en los festivales, comparte esta pasión.

Por último, siempre me he visto a mí mismo como un miembro del equipo. Muchas personas, incluso Ray Stedman, criticaron mi elección de usar mi nombre como parte de la organización. Pero no pude escaparme de esta verdad fundamental: la gente escucha a la *gente*. Si uno les dice: «Vengan a escuchar una presentación del evangelio sobre la promesa de la vida eterna», responderán: «Estás loco». Pero si usted dice: «Vengan a escuchar a Luis Palau, de Argentina» responderán: «¿Cuándo estará hablando?». Esto no es autopromoción; es la naturaleza humana.

Por supuesto, nuestro llamado fue al ministerio de evangelismo multitudinario. Pero desde el comienzo teníamos objetivos específicos en mente que determinaron la manera en que pusimos en marcha ese llamado.

Uno de nuestros sueños era reanimar al pueblo de Dios. Tratamos de enseñarles los principios de la vida cristiana victoriosa, de superación, de vivir constantemente dentro de la voluntad de Dios para su propio bien y el bien de su ciudad y de su nación.

Nuestra prioridad siempre fue plantar iglesias. Los misioneros que nos guiaron a Jesús tenían una progresión muy clara: ser salvo, ser bautizado, comenzar una iglesia. Deseamos codificar esos valores en el ministerio ALP desde el comienzo. No nos considerábamos un remplazo de la iglesia local. Estábamos para fortalecerla y apoyarla. Y, por supuesto, ¡también nosotros somos parte de la iglesia!

Tener una pasión por la iglesia local era una cualidad esencial para los miembros de nuestro equipo. No aceptábamos a la gente que hablara con desdén del cuerpo de Cristo, como si vinieran a hacer el trabajo «real» que las iglesias locales no pudieran llevar a cabo por falta de inteligencia o valor. Tal inmadurez no tenía lugar en la ALP. Éramos siervos de Cristo, de la iglesia y de los perdidos, a quienes Jesús atraería a sí mismo a cualquier precio. Existíamos para el beneficio de los demás.

Solíamos llevar un registro del número de iglesias de las que fuimos agentes instrumentales en sus comienzos. Dejamos de contar después de llegar a las cinco mil, porque simplemente estábamos muy ocupados. No nos considerábamos un ministerio que plantaba iglesias, porque eso habría confundido a la gente. No es beneficioso para el ministerio tener demasiados objetivos públicos. Sin embargo, el objetivo de fundar iglesias era fundacional, compartido y analizado por todo el equipo. En los dos años posteriores a nuestra campaña histórica en Rumanía, supimos de cientos de iglesias nuevas (por medio de un informe del Movimiento de Lausana), en su mayoría iglesias en las casas, como consecuencia directa del trabajo de nuestro equipo. Le damos la gloria solo a Dios por ello. Pero debo reconocer que nos deja un sentimiento muy gratificante. Este fue el sueño que Dios me dio, y *¡Dios lo estaba haciendo realidad!*

No solo sembramos la semilla o convertimos a las personas. Las iglesias surgían por miles. A Dios sea la gloria.

Yo sabía que atraer a las multitudes ayuda a que las personas nos escuchen. La gente dice que no hay nada mágico acerca de los números, y tiene razón. Excepto cuando no la tiene. Jesús no necesita una multitud para obrar, y muchos de sus milagros y enseñanzas más increíbles ocurrieron sin hacer ruido. Pero para tocar la vida pública de una nación con el evangelio y abrir las puertas de los medios entre otros, se necesita un gran número de personas. Las multitudes le dan una audiencia. La gente lo escucha de una manera diferente. Las reuniones grandes, abren puertas aún más grandes.

Otro requisito de vital importancia para un miembro del equipo es tener un amor genuino por la gente. Uno debe estar preparado para amar a quienes lo insultan. Eso de «bendigan a quienes los maldicen» no es fácil. Una cosa es citar ese mandato de Jesús y otra es practicarlo.

Aquí es donde se hace presente la fe. Se necesita fe para mantenerse firme. El agotamiento es real. Billy Graham solía observar que la mayor parte de los evangelistas se agotaban después de diez años. Creo que es verdad para cualquiera que tiene un llamado demandante. Las razones son muchas, pero una de ellas, dicho con toda franqueza, es que con el tiempo, la gente se siente tentada a hablar más de lo que cree. Hablar demasiado es peligroso; uno se va excediendo, poco a poco, hasta que la gente tiene de usted la imagen pública de un «cristiano superestrella», lo que no se condice con lo que realmente es usted por dentro. Es solo una cuestión de tiempo para que tal ministerio colapse. Después de todo ¿qué más puede hacer? Se volvió más grande en el exterior que la fe que lo sostiene por dentro. ¿Qué lo mantendrá firme? Está vacío.

Luego, existe la importancia de ser humildes, lo cual es más fácil de decir que de hacer. Debemos crucificar la carne. Allí hallaremos la humildad de Cristo.

La mejor manera que conozco de permanecer humilde es sencillamente no concentrarse en uno mismo. ¿Ha alcanzado una victoria maravillosa? Alabe al Señor por ella y regocíjese. Luego, permita que se desvanezca en el pasado, tanto como si no hubiese sido suya. Avance mirando a Cristo. Si se concentra en el pasado, tiende a exagerar su papel y, si no es cuidadoso, puede comenzar a sentir que merece algo de reconocimiento y de gloria. No sea presumido. Como mucho somos siervos inútiles. No pase demasiado tiempo probándose el sombrero del Maestro y mirándose al espejo.

En definitiva, la clave es la siguiente: pasar tiempo con Dios. Todo lo demás —el amor, la visión, la fe, la humildad— son el resultado de estar cerca de Jesús. Cuando pasamos tiempo en la presencia de Dios, resplandecemos. Otros lo notan. Uno mismo puede *sentirlo*. No existe nada más que pueda remplazar nuestro tiempo en la presencia de Dios. En su luz, las tinieblas huyen, porque saben que no pueden vencerlo.

Nuestro equipo contribuyó a poder lograr una aceptación alrededor del mundo. Sus integrantes caminaron con humildad, con una actitud servicial y con el entendimiento de que existíamos para bendecir a la iglesia. Esa actitud es la que se convierte en su reputación. Su excelencia potenció mi reputación, la reputación de nuestro ministerio y también la reputación de Jesús.

La gente tiene una mejor opinión de mí de la que debería, pero es a causa de mi equipo. La gente ve el trabajo excelente de mi equipo y me lo atribuye. Su trabajo es la única parte de mí que algunas personas ven. Creen que me conocen; pero en realidad a quienes conocen es a los miembros del equipo.

A lo largo de las décadas, les he inculcado algunas frases. Una de las principales es simplemente ¡Proclam*ar*! No solo predicar, *proclamar*. Proclamar tiene la fuerza y la frescura de un anuncio autoritativo de las buenas nuevas, que es precisamente lo que significa el evangelio.

A medida que el equipo fue creciendo, hubo desafíos. Me temo que yo mismo fui uno de los desafíos principales. En las primeras etapas de nuestro ministerio, solíamos traer a un asociado talentoso y motivado y lo enviábamos a determinada ciudad para que comenzara a prepararla, pero no le dábamos casi ninguna dirección. Luego, por si esto fuera poco, me molestaba cuando no hacía exactamente lo que yo tenía en mente. Realmente era mi responsabilidad liderar de acuerdo con sus necesidades, no solo las mías. ¡Vamos, Luis!

A veces, simplemente asumía demasiado. Habría sido un mejor líder si hubiera sido más práctico. Mis propias debilidades en ciertos modos retrasaban al equipo. Pero me ayudó cuando una vez uno de los miembros del equipo me confrontó con un desafío: «¿Por qué no escribes lo que pretendes que hagamos?» me dijo, bastante molesto. «Vamos de una ciudad a otra sin saber lo que realmente quieres. Entendemos que quieres conseguir una multitud. Está bien. Pero ¿cómo?». Ese comentario marcó una enorme diferencia y me llevó a considerar cómo mi incapacidad para comunicar mis expectativas con claridad constituía un problema de liderazgo que tenía que superar.

Dios les da visión a ciertas personas como parte de un llamado al liderazgo. También llama a muchos a apoyar a esos líderes que van tras su llamado divino. Ambos llamados son vitales. Mi filosofía sobre el liderazgo proviene en gran parte de los ejemplos del Nuevo Testamento en Hechos y en las epístolas, en particular 1 y 2 Timoteo y Tito. Siempre animo a los líderes jóvenes a que estudien esas cartas palabra por palabra.

Los verdaderos líderes van algunos pasos adelante en términos de la visión. Un líder promueve e impulsa esa visión, y la gente responde. ¡Sí! ¡Él está diciendo exactamente lo que yo quiero que alguien me diga! ¡Voy a seguirlo!

Un evangelista tiende a tener un espíritu de liderazgo. El evangelismo exige estrategia, energía, unción y la clase de amor hacia las personas y confianza en Dios que no se puede fingir o reemplazar. Si Dios lo ordenó, entonces es posible. Por lo tanto ¡pongámoslo en práctica! Esa es la clase de fe que el ministerio de evangelismo requiere. A Billy Graham le encantaba la frase: «¡Oh, tierra, tierra, tierra oye la voz del Señor!». La idea de llamar a las naciones por medio de una proclamación para que despierten en Cristo es muy poderosa.

Resultado de esa clase de liderazgo es un toque inspirador y delicado. Muchos políticos, y a veces hasta gente de iglesia, piensan que los líderes para que realmente lo sean tienen que imponer su voluntad con puño de hierro, como un dictador. Nada podría estar más alejado de la verdad. Una dictadura solo predispone para una revolución. (Basta con leer la historia de los países latinoamericanos para tener un curso acelerado sobre *dicho* principio). Nadie gana de esta manera; lo único que se consigue es maltratar al pueblo.

Inspirar la visión de los que forman un equipo es fundamental cuando se trata de guiarlos en su trabajo de ganar almas para Cristo. Sin embargo, esa visión puede debilitarse si no se cuida. Para que el equipo siga creciendo y manteniéndose fuerte, tiene que haber un sentido de resistencia y de identidad dedicados totalmente *a* la misión pero que incluso vaya *más allá*. Esto lo conseguimos en nuestro equipo gracias a nuestros constantes encuentros, tiempos de oración, charlas y bromas, comidas y celebraciones. Trabajábamos codo a codo, pero también nos interesábamos genuinamente unos por otros y por nuestras familias. Esa conexión fue invaluable. En buenas cuentas, nuestras vidas estaban en las manos del otro, literalmente. Nuestra seguridad, misión y reputación dependían de la confianza, habilidad y oración del otro.

Nuestro equipo también incluía sostenedores, personas que han ofrendado con sacrificio y orado con poder. Me maravillo cuando pienso que hemos tenido sostenedores que nos han apoyado por cincuenta y cinco años. Es inspirador pensar en su fidelidad hacia nuestra visión.

Cuando uno comienza a considerar su vida, y su mente empieza a recordar, se da cuenta de todas las veces en que el Señor estuvo allí presente. Estuvo delante de usted todo el tiempo, esperando con paciencia, hablándole dulcemente y extendiéndole su invitación. Estuvo en países distantes mucho antes que nosotros. Estuvo en Colombia, Escocia, Inglaterra, China, Europa del Este y en cada uno de los lugares a donde fui. Muchas veces sentí como si toda la campaña estuviera a punto de desmoronarse. Existen muchas fuerzas que trabajan cuando uno está liderando una campaña unida en una gran ciudad, y algunos problemas pueden volverse graves de un momento a otro: dinámicas interdenominacionales, problemas políticos, enemigos que odian la esencia misma de lo que uno profesa. Tuvimos amenazas de muerte, amenazas de bomba y mucho más, aunque nunca las hicimos públicas. Todo esto acontecía detrás de escena. Y nuestro equipo las manejaba mientras todos orábamos y nos esforzábamos para protegernos unos a otros.

No estamos ofreciendo un show. No estamos actuando. La guerra espiritual es real. Los miembros de nuestro equipo están comprometidos con la oración y ejercen resistencia contra la guerra espiritual en cada etapa de una campaña, incluso cuando se los ve sentados al costado de la plataforma o sonriendo y estrechándose las manos con los voluntarios.

Nuestro equipo libró batallas de varias maneras especiales; pero también nos divertimos de varias maneras especiales. Cuando se aprecia el drama desde detrás de escena, también se aprecia el humor.

Por la gracia y el poder del Espíritu Santo, este equipo ha tenido un alcance global. Su trabajo ha sido sobresaliente. Solo la logística de llevar a cabo eventos importantes en naciones distantes es abrumadora, en donde la seguridad podía resultar difícil, la política podía llegar a ser complicada y los detalles sólidos difíciles de obtener.

En el ejército de Dios, nadie es un don nadie. Todos son importantes. Hemos aprendido esa lección. Muchas de nuestras campañas dependieron de contribuciones claves que provinieron de personas desconocidas. El Señor abrió grandes puertas gracias a personas ordinarias. Dichas personas son, en su mayoría, desconocidas hasta el día de hoy. No obstante, recibirán su reconocimiento delante del trono de Cristo. ¡Cuán poderosas son las obras de Dios a través de personas humildes!

Muchas veces, Dios no usa a líderes tradicionales para abrir puertas. No siempre son pastores o miembros de una junta. Sin grandes acreditivos como agentes claves, solo una pasión por ver a la gente acercarse para conocer a Jesús. Dan pequeños empujones para asegurarse de que el cuerpo permanezca en movimiento. ¡Y sus esfuerzos crecen! Un empujón del Espíritu a través de una persona dispuesta puede volverse una avalancha de gracia abundante.

Me pregunto si usted ha estado tratando de seguir a Jesús y servirle por su cuenta. Si el individualismo de esta era, y la tentación constante al aislamiento que todos enfrentamos, ha obrado en usted alejándolo de los demás.

De ser así, considere qué podría significar unirse a un grupo de obreros leales por la causa de Jesús. Quizás usted sea un líder talentoso con una visión por las misiones y el servicio. ¡Bien! ¡Siga adelante! Pero no avance solo. Use su visión para inspirar, servir y abrazar con una humilde confianza el camino que Dios tiene preparado para usted. Tal vez fue llamado a servir y apoyar la visión de otro seguidor de Cristo. ¡Bien! Esfuércese fielmente según los dones que le fueron dados.

Este llamado de servir junto con nuestros hermanos es un regalo para cada uno de nosotros y para el mundo.

A través de la comunidad y el apoyo de los colaboradores, he hallado una manera de trabajar juntos que es mucho mejor que trabajar solo.

CAPÍTULO 9

No hay mayor alegría

Mis hijos, Kevin, Keith,

Andrés y Stephen Palau

> Nada me produce más alegría que oír que mis hijos practican la verdad.
>
> 3 JUAN 1.4

La noche en la que a Patricia se le rompió la fuente, estábamos en Cupertino, California, en casa de unos amigos. Habíamos venido desde Portland (donde estaba nuestra residencia en aquel entonces) con motivo de una delegación misionera en una iglesia local. Ese día, ambos habíamos caído exhaustos a la cama después de un día ajetreado pero satisfactorio. Era enero de 1963.

Patricia estaba en su séptimo mes de embarazo.

Yo dormía profundamente cuando sentí que me sacudían para despertarme. La voz de Patricia se oía apremiante. «Necesitamos ir al hospital ya» me dijo. «El bebé está por nacer».

«¿Qué? ¿Estás bromeando?»

«Dile eso al bebé» me respondió, de modo cortante.

Mis palpitaciones se habían acelerado. Me levanté en el acto. Me fijé en la hora y vi que era apenas pasada la medianoche.

Los próximos minutos fueron un torbellino. Nos vestimos a la carrera, despertamos a los dueños de casa, agarramos lo que pensamos que podíamos necesitar, y partimos. Llamamos a un médico cristiano que habíamos conocido en Palo Alto —el médico habitual de Patricia estaba en Portland, por supuesto— y rápidamente vino para encontrarse con nosotros en el hospital más cercano, el hospital de la Universidad de Stanford.

Patricia fue ingresada inmediatamente y se la llevaron. Esos minutos estuvieron cargados de tensión. Los médicos tienen una capacidad especial para mantener la calma en situaciones como estas, lo que muchas veces es más perturbador que la ansiedad que domina a los que dependen de ellos. Quise ir con ella pero no me lo permitieron; así es que no tenía otra cosa que hacer que caminar de un lado a otro, orar, sudar, orar, sentarme, orar, caminar. Yo era la imagen perfecta de un padre ansioso.

Y no me faltaba razón para estarlo. ¡Siete meses! Era plenamente consciente de que las vidas de Patricia y la del bebé estaban en peligro. Y que existía una posibilidad real de que terminara saliendo solo del hospital.

El doctor regresó para mantenerme al tanto. «Tienes que orar» me dijo.

«¿Qué pasa, doctor?» le pregunté.

«Aún no estoy seguro» me respondió. «El latido del corazón del bebé no es normal. Suena algo así como…» e imitó un latido extremadamente rápido e irregular. «Nunca he oído que el corazón de un bebé latiera tan rápido» dijo.

Oramos juntos. Mi voz que siempre había sonado firme y segura se quebrantó más de una vez. Cuando el doctor hizo ademán de irse, le dije: «Si tiene que elegir a quién salvar, sálvela a ella». Las posibilidades del pequeño no eran buenas; asintió con un movimiento de cabeza y se marchó.

Regresó después de un tiempo que parecieron horas. «Continúa orando», dijo. «El pronóstico no es alentador».

El reloj parecía detenerse. Yo, inquieto, oraba y caminaba de un lugar a otro. Finalmente, a las 5:30 de la mañana, el doctor regresó. Me armé de valor para recibir cualquiera fuese la noticia, pero me sentí aliviado al ver la alegría en su rostro. «¡Felicitaciones!» me dijo. «¡Eres padre de mellizos varones!».

Quedé anonadado. Los latidos irregulares habían sido dos corazoncitos saludables trabajando uno al lado del otro. «Ve a esa ventana», me dijo el doctor, «identifícate como el señor Palau y las enfermeras te mostrarán a tus hijos».

Mi corazón lleno de alegría casi se rompe cuando los vi. Pese a la inundación de amor que sentía en ese momento, mi preocupación por ellos se agudizó. Los pequeños prematuros luchaban por sobrevivir. Pero a medida que fueron creciendo, mi preocupación se transformó en amor, felicidad y un poco de orgullo. Estaba emocionado. ¡Era el padre de dos niños! En el colegio yo siempre fui flaco. Los otros chicos solían burlarse de mí y me daban una paliza cuando jugábamos al rugby o peleábamos. Me reí. ¡Cómo me gustaría que mis compañeros pudieran verme ahora! ¡Dos hijos *con un solo tiro!* Me sentí muy hombre.

Con menos drama, Andrés nació tres años después, en 1966, en Cali, Colombia. Steve nació en 1969 en Ciudad de México. Y así Patricia y yo nos convertimos en los padres orgullosos de los mejores cuatro hijos varones que podíamos llegar a imaginar.

Muchos recuerdos me vienen a la mente cuando pienso en aquellos años cuando nuestros hijos eran pequeños. Cuán agradable fue esa época: jugar a los autos de juguetes en el suelo, colorear o dibujar juntos, escuchar sus vocecitas cuando me contaban lo que habían hecho en el día, en la escuela y en los muchos detalles que constituyen la crianza.

Mientras que muchos de los que preguntan sobre nuestra familia piensan en el sacrificio que fue para ellos no tenerme cerca, pocos parecen entender que esa pérdida también fue mía. No abandoné la vida familiar rutinaria por la ostentación y el drama de lo «realmente» importante. Tenía un llamado y lo seguí. Sin embargo, no he pasado por alto que muchos de los momentos más preciados, los tesoros de las vidas de mis hijos transcurrieron sin que el papá estuviera allí. No me arrepiento de mi decisión; pero sí lamento los muchos recuerdos que tuvieron lugar estando yo ausente.

La paternidad trae un profundo gozo. También una enorme responsabilidad. Por haber crecido sin un padre después de los diez años, sentí profundamente que necesitaba sabiduría para la tarea que tenía por delante. Si bien apreciaba la influencia de Ray Stedman y de otros hombres sobresalientes en mi vida, simplemente no había tenido un padre que me dijera y me demostrara qué significaba ser un padre justo.

¿O sí?

Recuerdo vívidamente una fría mañana cuando tendría unos seis años. Era invierno y pasábamos mucho frío pues la calefacción en casa en Maschwitz era muy limitada. Ese día me levanté temprano, antes de que mi mamá o mis hermanas se despertaran, y escuché el chisporroteo del fuego en la estufa a leña. Me empezaba a llegar ese olor tan familiar y reconfortante que produce la leña cuando se queda en el fuego de las primeras horas de la mañana. Me dejé llevar por aquel sonido y llegué hasta la puerta de la oficina de mi papá. Estaba cerrada pero por debajo vi que adentro había luz. Abrí y vi a mi papá arrodillado junto a su escritorio envuelto en un poncho. Levantó la vista y me miró sin decir palabra. Me fijé que ante él había un libro abierto. «¿Qué estás haciendo, papá?» le pregunté.

«Estoy leyendo la Palabra de Dios, Luisito» me respondió. «Cuando seas grande, lee un capítulo del libro de Proverbios cada día, y serás un hombre exitoso».

Una década más tarde, cuando tenía alrededor de dieciséis años y las cosas no nos estaban yendo bien, me enojé con Dios. Creo que ha sido la única vez que lo hice. Me da vergüenza admitirlo, pero tengo que ser honesto. Que Dios me perdone, pero es lo que hice. *Señor*, le dije, furioso, ¿por qué te llevaste a mi papá? De pronto, no sé cómo, aquellas palabras que me dijo en su oficina vinieron a mi mente. Y me decidí a leer Proverbios. En el primer capítulo, me encontré con lo siguiente:

Hijo mío, escucha las correcciones de tu padre
    y no abandones las enseñanzas de tu madre.
Adornarán tu cabeza como una diadema;
    adornarán tu cuello como un collar. (Proverbios 1.8-9)

Sentí que me tranquilizaba. La pregunta que le había hecho a Dios no desapareció y aún sigue resonando dentro de mí pero, de algún modo, Dios, a través de esas palabras, se me había acercado como mi verdadero Padre.

Mi padre terrenal me había hecho un regalo al señalarme a mi Padre celestial.

He leído Proverbios a lo largo de mi vida, y puedo decir que no hay un mejor libro para un joven sin padre. A mí me acercó al único que podía llenar el vacío que dejó mi papá. No es lo mismo, pero en Salmos Dios promete ser «Padre de los huérfanos». Proverbios fue para mí como una conversación de treinta y un capítulos sobre las cuestiones reales de la vida y de la fe que volvió práctica esa promesa. Me ayudó a aprender y a crecer. Me enseñó a ser padre.

En busca de principios, solía leer con la pregunta *cómo puedo ser un buen padre* quemándome por dentro. Y los encontré. Me parecieron extraordinariamente sencillos, pero me propuse tomarlos muy en serio. «Tan compasivo es el SEÑOR con los que le temen como lo es un padre con sus hijos» (Salmos 103.13). *Está bien*, pensaba. *Necesito ser compasivo. Trabajaré sobre ese aspecto.* Era así de sencillo, pero había encontrado una guía práctica.

En definitiva, era consciente que yo era solo un marcador de lugar del verdadero Padre de mis hijos. Cuando los mellizos tenían apenas dos años, recibí una promesa. Hasta el día de hoy, cuando abro mi Biblia, la veo escrita en el margen al lado de Isaías 54.13: «Y todos tus hijos serán enseñados por Jehová; y se multiplicará la paz de tus hijos» (RVR1977).

Incluso escribí la fecha: *28/10/1966, Cali, Colombia.* Por supuesto, el versículo original hace referencia al pueblo de Israel. Pero el principio —que las enseñanzas de Dios guiarán al joven a la prosperidad— me tocó fuertemente y la tomé para mis muchachos.

De la Biblia, traté de aprender cómo debe ser un buen hombre. Era el modelo más cercano que tenía: Cristo Jesús como el esposo de la iglesia y Dios como nuestro verdadero Padre. Cundo dice que nuestro Padre perdona, significa que *yo* debo perdonar a mis hijos. No tenía la opción de rechazar a un hijo rebelde, como muchos padres hacían en aquellos días. Si Dios hiciera eso, ¿dónde estaríamos? Hasta mis veinticuatro o veinticinco años, simplemente aprendí sobre la paternidad con la Biblia, en especial con el libro de Proverbios y las epístolas de Pablo que, si se las lee con cuidado, se encontrará mucha sabiduría paternal.

Yo necesitaba de esta sabiduría con desesperación. Las exigencias de mi ministerio ponían una presión única sobre mis hijos y sobre Patricia. Para ser un esposo y un padre cabal, comprometido y presente, resultaba imprescindible que viviera los principios establecidos en Proverbios.

Desde el comienzo, Patricia y yo nos esforzamos para evitar crear una potencial amargura en nuestros hijos. Nos propusimos resolver nuestras frustraciones cuando surgían, evitando así que se posicionaran en nuestras almas. Los padres amargados crean, consciente o inconscientemente, hijos amargados.

Siempre traté de ser sensible a las presiones excepcionales que mis hijos podían enfrentar por ser hijos de un evangelista. Hacíamos devocionales juntos, pero nunca de manera legalista o autoritaria. Patricia y yo sentíamos que la forma más segura de promover el resentimiento hacia Dios era obligar a los hijos en Su nombre. Más bien, preferimos predicar con el ejemplo y con moderación. Ha habido familias que se rigen por el principio de «si no lees la Biblia, no comes». Me horrorizo al pensar el resentimiento que pudo sembrarse en el corazón de esos niños. ¿Qué clase de Dios consolida esa estrategia en las mentes jóvenes? Dios no es un legalista exigente que retiene a sus hijos como muchos se imaginan. Es cierto, nos pide que le entreguemos todo, pero solo después de que él mismo lo *entregó* todo.

La crianza para alguien que viaja constantemente era una lucha. Siempre me preocupó esa cuestión. Históricamente, los hijos de los predicadores, los misioneros y los evangelistas sufren el peso del sacrificio de la familia y, por lo general, se manifiesta de manera negativa en sus vidas. No teníamos dinero en aquellos días para las costosas llamadas internacionales. No era sencillo mantener largas conversaciones. Solía escribirles cartas cuando estaba de viaje, pero nada puede disipar la preocupación que un padre siente al pensar que su ministerio cristiano puede afectar a sus hijos de manera negativa.

Cada vez que tenía que marcharme, procuraba explicarles la razón de mi partida. Cuando eran pequeños, les decía: «Hay niños que no conocen a Jesús, voy a ir a contarles acerca de él». Cuando eran más grandes y podían acompañarme a los viajes cortos, procuraba llevarlos conmigo a alguna conferencia o campamentos. Siempre puse como condición de mi asistencia poder llevar a mi esposa y a mis hijos. Nadie nunca me rechazó a causa de ello. Como resultado, ¡obtuvimos muchos viajes gratis! Estas experiencias ayudaron a que los niños se dieran cuenta de que el ministerio puede ser divertido y culturalmente enriquecedor. No siempre se debe renunciar a todo. ¡A veces se gana!

También nos esforzamos para mantener a los niños involucrados. Cuando viajaban con nosotros, se les asignaba alguna tarea. Se encargaban de la mesa de libros o de repartir los distintivos a los consejeros. Queríamos que tuvieran un sentido de propósito y que aprendieran desde el comienzo que su participación nos importaba y que marcaba una diferencia.

Una de las perspectivas más importantes de Patricia sobre la crianza era no fomentar las medidas disciplinarias tales como «¡Cuando tu papá regrese te va a retar!». Eso nunca fue parte de la ecuación. En cambio, empleaba las oportunidades disciplinarias para presentarles a los niños un frente unido: «Su papá y yo pensamos de esta manera». Reforzaba el respeto de los niños hacia ella, y hacia mí también. Y se notaba.

En mi condición de padre, procuré darle expresión creativa a mi lado divertido y afectuoso para con ellos. Cuando eran pequeños les escribía cartas y les hacía dibujos como los que ellos me mandaban. «Así de orgulloso me siento cuando pienso en ti», le escribí a Andrew en una carta que recientemente encontré en una de mis carpetas. Había dibujado una gran sonrisa zonza. Era absolutamente fatal desde una perspectiva artística, pero transmitía el *amor* que sentía por mis hijos. Cada uno es muy especial para Patricia y para mí.

Mi objetivo principal era enseñarles sobre nuestro Dios amoroso. Estoy seguro de que muchas veces fracasé, pero simplemente quería darles una introducción de un Dios de la Biblia que es bueno, abundante y amoroso. Con el correr de los años, esa estrategia no nos brindó respuestas específicas para muchos dilemas. Imagíneme a mí criando hijos cuando el rock 'n' roll alcanzaba su punto culminante en la década del setenta. ¡Yo, criado en una iglesia adusta para la que *bailar* era un pecado! ¿Cabello largo? ¿Música rock? ¿*Sergeant Pepper*?

En aquel tiempo había una canción que tenía mucho sentido para mí en la que Jesús miraba a través del cabello a los ojos de una persona. Si busca entre nuestras antiguas tarjetas navideñas, encontrará una en la que los mellizos tienen el cabello igual que los Beatles. La enviamos no sin cierta intranquilidad pensando que algunos de nuestros amigos más conservadores podrían dejar de apoyarnos. Pero en aras de dejar que los niños fueran ellos mismos, les dejamos el pelo largo, enviamos las tarjetas y creo que conservamos a todos nuestros amigos. Debajo de esas cabelleras, había niños que amaban al Señor.

En aquellos días, para muchos cristianos los Beatles eran la personificación de la maldad. John Lennon había dicho que ellos eran más populares que Jesús. A pesar de esa afirmación, el disfrute de Keith y Kevin por todo lo relacionado con los Beatles crecía cada vez más. Incluso comenzaron una banda de *covers* y tocaban sus canciones en la preparatoria donde estudiaban.

En su adolescencia, Keith y Kevin fueron a un concierto en Vancouver, Washington, a escuchar a Keith Green, un músico cristiano famoso que tiempo después murió en un accidente aéreo. Era un buen cantante y un hombre de Dios. Es un misterio por qué el Señor se lo llevó.

Aquel concierto creó una nueva ola de pasión y devoción en los mellizos. Fue un llamado a consagración y a santidad, y ellos respondieron. Fue radical. Desde ese entonces, Kevin y Keith se decidieron por Cristo, al cien por ciento.

Cuando regresaron a casa después del concierto, Keith tomó toda la música y demás cosas de los Beatles y las tiró a la basura. (Para ser claro, Keith Green no les pidió que hicieran eso. La decisión de Keith fue solo una expresión de crecimiento y compromiso radical con Cristo). Para él, esa etapa había quedado superada.

Lo que no supo fue que su mamá había recuperado los discos de la basura. Los mantuvo escondidos por años hasta que un día, en un encuentro familiar, le preguntó: «Oye, Keith, ¿todavía te gustan los Beatles?».

Keith le dijo que sí y Patricia le devolvió los discos. Aquel incidente familiar ocurrió en una época en que muchos padres cristianos presionaban a sus hijos para que se deshicieran de sus discos de música secular, ¡Patricia había rescatado los de su hijo de la basura! Eso constituye un gran ejemplo de la crianza equilibrada y contraria a la intuición en la que ella se destacaba. Se puede ver el fruto de su crianza en las vidas de nuestros hijos. ¡Alabado sea Dios! Ella marcaba el camino, y yo trataba de acompañarla en completa cooperación.

La verdad es que Patricia no solo tenía que ser la mamá; también tenía que actuar un poco de papá. A mí nadie me entrenó para ser padre. ¿Pescar? No. ¿Cazar? No. ¿Reparar cosas? No. ¡Soy un inútil! Incluso con las instrucciones en la mano ¡no puedo ni siquiera arreglar un grifo! Pero los niños han aprendido de su madre.

Todos son muy trabajadores y creativos para resolver los problemas. Ella es una mujer muy práctica. Se encarga de la jardinería, repara las cosas y es muy habilidosa en el hogar.

Dios sabía que nuestra familia iba a necesitar a una mujer con semejante fuerza, habilidad y capacidad para fomentar y promover las relaciones. Nuestros niños son quienes son hoy porque Patricia hizo un esfuerzo adicional. No se trata sobre quién tiene el puntaje más alto, tenemos una sociedad conyugal con una unidad verdadera, pero simplemente tengo que admitir que ella se lleva el reconocimiento por mostrarles a nuestros hijos el amor de Dios día tras día, año tras año.

Uno de los aspectos más complejos de la crianza es que rara vez uno puede darse cuenta de cuán bien está realmente haciendo las cosas. Tras el fallecimiento de Billy Graham, *Christianity Today* publicó un artículo en el que se incluían algunas declaraciones de su hija en las que hacía referencia a la ausencia de su padre en el seno de la familia. Tal ausencia era para él motivo de profundo pesar. Pero no hay duda de que su ministerio en muchas ocasiones fue a costa de su familia.

Yo, quizás más que muchos, fui testigo de esta dinámica en su vida. Una vez, cuando asistíamos a una conferencia en Ámsterdam, Billy Graham se puso de pie para hablar y comenzó a presentar a su familia. Su hija «Bunny» que estaba sentada a nuestro lado, se volvió y nos dijo: «Escuchen. Mi papá va a nombrar a todos pero se va a olvidar de mí». En efecto, nombró a cada uno de sus hijos («Gigi... Franklin... Anne... Ned...») y luego pasó directamente a su mensaje. *Se había olvidado de Bunny*. Sin duda que fue un descuido, pero ya había sucedido con la frecuencia suficiente como para que ella lo predijera. Entiendo cómo sucedió y no lo estoy juzgando a él. Billy Graham no era un hombre perfecto, ¿quién lo es? Amaba a sus hijos. Indudablemente. Uno podía darse cuenta de ello. Pero una vez me dijo que lamentaba tener que viajar tanto y que a veces sentía que les había fallado a sus hijos.

Dudé en compartir esta historia. De hecho, la eliminé del manuscrito más de una vez. Me preocupaba que pudiera entenderse como una crítica a Billy Graham o una exaltación a mi persona. Ninguno de los dos supuestos corresponde a la realidad, y me duele pensar que alguien pudiera interpretarlo de esa forma. Finalmente, decidí compartirla porque tuvo un impacto sobre mi vida y porque los hijos de Billy Graham han estado sumamente expuestos a los altibajos en su relación con su papá.

Nadie es perfecto. Ninguno de nosotros puede ser todo para todos. Sin importar quiénes somos, sin importar lo profundo de nuestro ministerio, somos seres humanos que necesitamos de una comunión diaria con nuestro Salvador. Cualquiera puede pasar por alto a sus seres más cercanos.

Pero Cristo puede redimir nuestros errores. Nuestra humanidad y quebrantamiento puede conducirnos a la clase de humildad que vi tan claramente en Billy Graham. ¿Encuentra su inspiración en la imagen de un superhéroe cristiano inalcanzable o en la idea de que *cualquiera* de nosotros —con todos nuestros defectos— puede ser usado por Dios? ¿No cree que nuestra humanidad, incluso el ser honestos sobre nuestras limitaciones, revela el poder de Dios? A esto se refiere el apóstol Pablo en 2 Corintios 4.7: «Pero tenemos este tesoro en vasijas de barro para que se vea que tan sublime poder viene de Dios y no de nosotros». Nuestras debilidades humanas nos transforman en vasijas de barro; y, sin embargo, con grietas y todo, nuestra debilidad es lo que revela el poder de Dios.

Si bien estamos en la gracia, también hay un llamado para atesorar esas relaciones cercanas a nosotros, en especial para quienes están involucrados en el ministerio, donde algo bueno puede distraernos de lo que es mejor y, muy a menudo, es la familia la que se sacrifica. Después de ese momento en Ámsterdam, oré por mi relación con mis hijos. Examiné mi corazón. ¿Soy un padre *presente y tengo una relación equilibrada con ellos? ¿Estoy dando la impresión de que favorezco a unos sobre los otros?* Yo era consciente de lo vital de la pregunta. Nada nos garantizaba que nuestras relaciones fueran saludables solo porque Patricia y yo éramos seguidores de Jesús. Con solo pensar que uno de mis hijos podía sentirse como Bunny me habría roto el corazón. Sin mencionar el corazón de quien se habría sentido menospreciado.

Después de esa experiencia, Patricia y yo trabajamos el doble de duro para mantener fuertes nuestras relaciones familiares, porque vimos que era nuestro *deber* hacerlo. Tratamos de ser conscientes y consistentes. Al fin y al cabo, la crianza es trabajo de Dios, así es que le pedimos participar con él de la mejor manera. La crianza de nuestros hijos no era cuestión de darla por sentada.

La Biblia, en particular los libros de Salmos y Proverbios, está llena de maravillas que surgen entre las generaciones. En los tiempos modernos, representado por los hijos y nietos, existe un sentido de cambio pero también de permanencia. «Tu fidelidad se extiende a cada generación», escribe el salmista (Salmos 119.90). Qué gran verdad. Uno puede aprender ese principio siendo un niño, pero no será capaz de *sentirlo* hasta que envejezca y lo experimente por sí mismo. ¡Cuán lejos siento que está mi padre cuando pienso en esa fría mañana en la que lo descubrí leyendo Proverbios junto al fuego! Y, sin embargo, lo siento tan cerca cuando me veo abrazando a mis nietos, contando las mismas viejas historias y dichos ingeniosos a fin de que recuerden algunos principios de la sabiduría que los ayudará incluso cuando yo ya haya partido.

Parte de lo asombroso de las generaciones es que lo viejo no puede acaparar todo el mercado de la sabiduría. De hecho, creo que algunas de las mayores contribuciones que mis hijos aportaron a mi vida, aparte de simplemente ser ellos mismos, fue una perspectiva fresca que mis ojos envejecidos no podían ver hasta que me lo mostraron. La generación anterior ciertamente posee experiencia; pero existe una sabiduría fresca entre aquellos que aún se están formando. Así como el joven debe escuchar con cuidado y respeto a sus mayores, también los mayores deberían escuchar a los jóvenes. Solo cuando las generaciones respetan verdaderamente los dones únicos de cada uno y se escuchan mutuamente, aprenderemos a vivir al máximo de nuestro potencial. Así es como todos crecemos y maduramos.

Los muchachos fueron los primeros en sugerir que cambiáramos nuestro modelo de campaña al de festival, a fin de aprovechar los encuentros como oportunidades de celebración y festejos y, al mismo tiempo, predicar el evangelio y confraternizar con otras iglesias locales. Recuerdo cuando sugirieron que incluyésemos patinadores en nuestros eventos evangelísticos. Me sentí tan *viejo*. ¡Soy un abuelo! ¿Qué sé yo de piruetas en el aire y deslizamientos en patinetas? Pero tenían razón. Las puertas se abrieron a nuevos grupos de personas y subculturas sociales, y tuvimos oportunidades de reunir a más personas como nunca antes lo habíamos visto. Su visión y su ingenio estaban en lo correcto; pero yo no lo vi sino hasta que ya lo habíamos puesto en acción. Como padre, me encanta ser capaz de reconocer que los hijos han tomado la decisión correcta, ¡aun a pesar de uno!

No siempre fue fácil. Incluso a veces, de forma activa, causé problemas, aun con las mejores intenciones. El mejor ejemplo para ilustrarlo es cuando sentí un fuerte llamado para ir a la ciudad de Nueva York. La idea surgió cuando Kevin se encontraba en la transición del liderazgo del equipo. Todavía estábamos tratando de descubrir la manera de trabajar juntos. Acudí a él, con gran pasión sobre dicho llamado. Escuchó diplomáticamente y luego, en términos inequívocos, me dijo que no estábamos preparados para el desafío de llevar adelante una campaña en Nueva York. Ir a Nueva York era posible, pero necesitábamos de una preparación significativa. Movernos demasiado pronto podía llegar a ser desastroso.

Un «no» no era lo que yo quería oír. El viejo Luis, que estaba dispuesto a pasar por encima de cualquiera con tal de conseguir lo que quería, ¡se encendió! Sin consultarle a Kevin, convoqué a mi equipo a una reunión en la capilla donde anuncié —¿adivinen qué?— ¡vamos a ir a la ciudad de Nueva York!

Con toda razón, Kevin se sintió engañado y ofendido. Él había venido dirigiendo en forma discreta y con visión y yo, de un plumazo, pasé por sobre su liderazgo anunciando públicamente algo para lo que no estábamos preparados. ¿Herí los sentimientos de mi hijo? Indudablemente. Durante algunos meses, atravesamos un período difícil. Simplemente no nos poníamos de acuerdo y ninguno estaba dispuesto a ceder. Ambos estábamos comprometidos con la certeza de nuestras posturas.

Quisiera creer que ambos terminamos bien, pero en realidad, solo sería mi deseo para tratar de sentirme mejor. Kevin tenía razón. Punto. Fuimos a Nueva York (cuya historia se relata en el capítulo siguiente), y cumplí con mi llamado, pero mi noción del tiempo había fallado. Requirió un esfuerzo monumental que mi anuncio prematuro no había tomado en cuenta. Kevin había previsto el esfuerzo y lo tomó en serio. Finalmente, nos reconciliamos, pero ha quedado como un recuerdo vívido de cuán difícil a veces es para los mayores escuchar a los líderes jóvenes cuando dicen una verdad que no queremos oír.

En la familia Palau, las vacaciones son un tiempo maravilloso. Nuestros hijos ahora tienen sus propias familias, y reunirnos las tres generaciones es una bendición. Oramos juntos, aunque como la mayoría de las familias que conocemos, los nietos están en distintas etapas en sus caminos espirituales. Patricia siempre ha estado determinada a mantener la familia estrechamente entrelazada. Ha visto a tantas familias cuyos hijos han ido en diferentes direcciones, alejándose gradualmente entre sí hasta que para cuando llegan a los cincuenta se sienten extraños unos a otros. Por eso, decidió que eso *no pasaría entre nosotros* y desde el principio que si el empeño, la buena comida y el equipo de fútbol americano, los Ducks de la Universidad de Oregón podían mantenernos unidos, se encargaría de que así sucediera. Todos vacacionamos juntos cada verano y organizamos fiestas tan a menudo como podemos. Andrés y Wendy suelen ser los anfitriones, pero todos colaboran. Es maravilloso. En verdad disfrutamos el tiempo juntos.

Cuando mis hijos eran todavía pequeños, comencé a hacer por ellos una oración específica. Oraba para que Dios los convirtiera en «pilares de la iglesia, soldados de la cruz y verdaderos siervos de Dios». Realmente anhelaba que pudieran apoyar, sostener y entregarse a la causa de Jesús y de su reino. Que independientemente de lo que hicieran con sus vidas, sin importar cuál fuera su llamado o su vocación, pusieran a Cristo en primer lugar. Tuvieran o no un llamado al ministerio, oraba con todo mi ser para que amaran a Jesús y le sirvieran. ¡Gracias a Dios, he vivido lo suficiente para ver su *hermoso* obrar en las vidas de cada uno de ellos!

A menudo, pienso en qué tipo de legado quiero que mis hijos asuman. Muchas cosas en lo personal, pero en términos de la obra y nuestro llamado, mi mente siempre regresa a la iglesia. La evangelización es fundamental para el bienestar de la iglesia; hace que la iglesia crezca, la une en una misión evangelística y la guía a hablar públicamente de la esperanza. Quiero que cada uno de mis hijos, con todos sus recursos y posibilidades, lleve y haga prosperar el legado de edificar la iglesia.

El liderazgo de Kevin en el equipo de la ALP es un regalo del cielo. El ministerio por el cual hemos trabajado tan duro para edificar está prosperando. Trabajamos con diferentes métodos y estrategias para edificar la unidad en la iglesia, bendecir nuestra comunidad sin restricciones y proclamar el evangelio sin vergüenza a quien quiera oírnos. De él he aprendido mucho. No siempre ha sido fácil; hemos tenido desacuerdos en más de una oportunidad, pero he aprendido a escucharlo, no solo como su papá, sino como un colaborador. Su liderazgo ha demostrado que su visión está consistentemente en la vanguardia. Kevin tiene un instinto extraordinario dado por Dios para notar mucho antes que los demás hacia dónde van las cosas y qué elementos serán necesarios.

Cuando con el apoyo de Andrés comenzó a promover el cambio de «cruzadas» a «festivales», con lo que se intenta resaltar el gozo de las buenas nuevas en lugar de la idea militante de una cruzada, yo no estuve de acuerdo. En absoluto. No podía entenderlo. Simplemente no podía ver lo que ellos veían. Ellos conocían su generación y podían ver algo que yo no podía ver. Por lo general, las personas con mentes rápidas como la de Kevin no se dan cuenta de que a otros les cuesta seguirlos. Le llevó tiempo aprender a explicar con eficacia aquello que veía.

Por ejemplo, en el gran trabajo que llevó a cabo para City Gospel Movements (en donde la unidad de una campaña se convierte en un esfuerzo continuo de servicio y evangelización) se adelantó a lo que debía hacerse. Yo no. Más bien, me sentí temeroso. Vengo de una generación que temía que dichos esfuerzos involucrasen a los políticos e incitasen a la acción social la cual atenuaría nuestro énfasis evangelístico. Pero Kevin fue capaz de liderar a la iglesia en un servicio sencillo y en actos de amor increíbles, los cuales son independientes, pero al mismo tiempo apoyan nuestro trabajo aguerrido por el evangelio. Aprendí que la iglesia puede involucrarse con la comunidad sin que nuestra fidelidad se vea comprometida. De hecho, *aumenta* nuestra fidelidad al servir con nuestras energías y recursos a aquellos en necesidad.

Keith es un hombre de bajo perfil, pero fuerte y comprometido. No busca llamar la atención, pero su lealtad es inspiradora. Nunca olvidaré la vez que habló en la capilla a nuestro equipo de la ALP. «No soy un orador como mis hermanos», comenzó diciendo, y continuó contando cómo, a través de obras de caridad en orfanatos se había hecho amigo de muchos de los miembros del equipo de fútbol, los Timbers de Portland y de cientos de sus seguidores, llegando a ser una personalidad reconocida entre ellos. Keith siente un gran afecto por estos fanáticos y atletas, en su mayoría inconversos. Gracias a esa actitud suya, ellos han desarrollado la confianza de abrirse a él, compartiéndole sus esperanzas y sus luchas. Incluso le han pedido que ore por sus problemas conyugales. Es algo asombroso. Y esto es solo un ejemplo de la clase de persona comprometida que es. Las aguas quietas calan hondo en el ánimo de Keith. Tiene amistades personales con raíces profundas lo que genera una fuerte lealtad hacia él por parte de esos amigos. Muchos se convirtieron en intercesores y fieles colaboradores del ministerio.

La gente suele preguntarme sobre nuestro hijo Andrés y su etapa de rebeldía. Realmente no sé muy bien qué decir. Puede leer al respecto en sus propias palabras en su libro titulado *La vida secreta de un necio*. Andrés nació para ser líder, y los líderes, para bien o para mal, deben hallar su propio camino. Fueron años muy difíciles; pero son su historia. Como padre cristiano, uno se pregunta en qué se equivocó. Sin embargo, no puede culparse a sí mismo por decisiones que no le correspondían tomar. Dios le otorga a nuestros hijos la misma voluntad y poder de decisión que nos da a nosotros. Tienen que aprender a ejercitar sus decisiones. Hacemos lo mejor para instruirlos y guiarlos. Tratamos de mostrarles la verdad y la bendición que proviene de vivir en la luz. Pero sus vidas son sus vidas.

Cuando se le pregunta acerca de aquellos años, su respuesta es simple: «Me gustaba salir de fiesta». Él sabía distinguir entre qué estaba bien y qué estaba mal. No era una cuestión de conocimiento, sino una cuestión de elección. Incluso durante sus años más descontrolados, solía volver a casa después de la universidad con su cabeza llena de correcciones de todos los conceptos «erróneos» que había oído en clase o en el campus. Me contaba enardecido lo que algún profesor había dicho sobre el cristianismo, y me decía: «Pero eso no es cierto, ¿verdad, papá? ¡Es antibíblico!». ¡Si no hubiese deseado tanto que abrazara el evangelio, me habría reído! Desde un principio, Andrés tuvo la habilidad de reconocer a un farsante desde lejos. No juzgaba a la gente ni pretendía ser mejor que ellos. Simplemente discernía de dónde venían. Tiene una mente ágil, precisa y teológica, pero su don principal es como evangelista.

Es un gozo compartir con Andrés la plataforma en los festivales. Es tan gratificante para un papá ya envejecido como yo ver a la generación más joven dar un paso adelante. Esa satisfacción crece exponencialmente cuando se trata de nuestro propio hijo. No tengo palabras para describir tal sentimiento. Dios es bueno.

Solo el Señor puede designar o ungir a un evangelista, o a cualquier otra persona en este sentido. Presentar a Andrew de manera más prominente fue más bien un reconocimiento de la unción de Dios que cualquier decisión de nuestra parte. No es justo para él ni para mí decir que ha heredado mi ministerio o que de cierto modo ha tomado «mi manto». Necesita crecer y desarrollar su propio estilo, misión y visión. Espero que si alguno lo ve como la sombra de mi persona, la luz de Cristo disipe ese pensamiento más rápido que un parpadeo. Estamos, los dos juntos, bajo la sombra de Cristo, encomendados por el mismo Padre, ungidos por el mismo Espíritu y predicando al mismo Cristo crucificado para bendición de las naciones.

Stephen, nuestro último hijo, me inspira con su lealtad y compromiso hacia sus hijos. Es muy divertido y sociable, tiene gran facilidad para hacer amigos y tiene una risa maravillosa. También está comprometido con los caminos de Dios, mantiene su vida espiritual vibrante y consagrada al Señor. Ha sido un formidable maestro de escuela primaria por más de veinticinco años, demostrando un gran amor por sus estudiantes. Enseña en quinto grado aquí en la ciudad de Beaverton, en la misma escuela a la que él mismo asistió, y es un ejemplo para toda la familia y para nuestro equipo. El mismo impulso y excelencia que lo ayudó a destacarse en los cuatro años en que jugó al fútbol americano en la preparatoria Sunset High School y en Wheaton College se ponen de manifiesto cuando usa su don para educar y dirigir a otros. Tiene un grupo de hombres que todas las semanas se reúne para orar y apoyarse mutuamente de una manera poderosa.

Él es el alma de la fiesta. Andrés no se queda atrás. Los mellizos, hablando un poco más suave, son los menos alborotados. Cada uno de los muchachos aporta una cualidad especial cuando nos reunimos. ¡Cuánto los amo!

Mi oración fue respondida. Ver a cada uno en los caminos del Señor constituye un sentimiento increíble, un sentimiento como ningún otro. Amo muchísimo a mi familia.

Ahora mis hijos tomaron las riendas, cada uno a su manera. Me asombro cuando veo al Señor guiándolos. Admiro la devoción que manifiestan. Los observo con un orgullo santo. Son hombres de Dios, con diferentes llamados, diferentes dones, pero cada uno es una fuente de gozo y una representación honorable del apellido Palau. Viven en santidad, para sus familias y para Cristo. Sirven a la iglesia y a nuestra comunidad de maneras asombrosas.

Cuando me enteré de que tenía cáncer terminal, una fuente de gozo fue saber que mis hijos estaban preparados para la carrera que sigue por delante, tanto en la vida como en el ministerio. Mi diagnóstico de cáncer significó que tenía que apartarme por completo de mis funciones de liderazgo en el equipo y como evangelista. En teoría, uno quiere entregar su ministerio. En la práctica, no fue fácil hasta que el doctor me miró a los ojos y me dijo que tenía que hacerlo. Pero veo la fidelidad del Señor, la creatividad y la motivación de nuestros hijos y de tantos otros que trabajan para compartir el evangelio como parte de nuestro equipo, y tengo la seguridad de que estamos haciendo más de lo que jamás podría hacer. No puedo imaginarme el futuro de nuestro ministerio, a pesar de que el mensaje siempre será el mismo. Estoy feliz por haber respondido al mandamiento de aquel «que comenzó tan buena obra» en mí (Filipenses 1.6). Pero me deleito aún más en la fe, confiando en que Jesús guiará la próxima generación de los Palau para continuar el ejemplo de compromiso, generosidad y creatividad que me dejó mi padre.

Al contemplar las maravillas y el poder que se manifiestan cuando las generaciones comparten aquello que les ha sido dado para el servicio del Señor, me pregunto dónde se encuentra uno. ¿Cuál es su relación con aquellos que son mayores o más jóvenes que usted? Podría abarcar a miembros de la familia, pero ciertamente también involucra a otros: vecinos, miembros de la congregación, compañeros del trabajo y muchos otros. ¿Los ignora? ¿O ha aprendido el poder de la perspectiva que tienen tanto las personas mayores como los jóvenes? No se aparte de lo que Dios está tratando de darle a través de la perspectiva de otra generación.

Todos nos fortalecemos cuando aprendemos a escuchar al otro y olvidamos nuestras pequeñas e insignificantes diferencias de opiniones, a favor de recordar el gran amor y la verdad que nos une por la causa de Jesús. Después de todo, todos tenemos el mismo llamado. Quizás hablemos de maneras que se sienten tan diferentes como el cambio de «cruzada» a «festival», pero en definitiva, solo importa una cosa: hacer resplandecer la luz de las buenas noticias en unidad.

CAPÍTULO 10

Bendiga a las naciones

La hermosa unidad de la iglesia

Él mismo constituyó a unos, apóstoles; a
otros, profetas; a otros, evangelistas; y a
otros, pastores y maestros, a fin de capacitar
al pueblo de Dios para la obra de servicio,
para edificar el cuerpo de Cristo. De este
modo, todos llegaremos a la unidad de la fe
y del conocimiento del Hijo de Dios, a una
humanidad perfecta que se conforme a la
plena estatura de Cristo.

EFESIOS 4.11–13

En lo profundo de las selvas de una nación latinoamericana
conocí a tres jóvenes. Como cualquier joven, disfrutaban
pasando el tiempo con amigos, les gustaban las buenas bromas y

soñaban con formar un hogar. Creo que la única diferencia entre ellos y el adolescente promedio era que siempre andaban con una metralleta y unas cuantas granadas. Eran guerrilleros.

Los tres se habían criado en hogares evangélicos convirtiéndose, gradualmente, en rebeldes. En mi opinión, aunque discrepara de sus métodos, luchaban por una buena causa. En su país, todo estaba cabeza abajo, revuelto. Los militares y la policía se habían vuelto un carrusel de corrupción. Las injusticias habían llegado a tal punto que estos jóvenes estaban dispuestos a arriesgar sus vidas con la esperanza de lograr algo mejor. «Ya es suficiente», se habrán dicho entre sí. «Vamos a tratar de cambiar esto». Y lo intentaron. Se unieron a un grupo de rebeldes que se movían en medio de la selva del Amazonas. Las cosas no salieron como esperaban. La revolución se paralizó en un lento estancamiento que parecía consolidarse y empeorar todo. Había algunas escaramuzas por aquí, algunas represalias por allá, disparos a cualquiera que estuviese descuidado en el bando opuesto, pero nunca se lograba un cambio duradero.

Sus esperanzas se habían marchitado. Para animarse unos a otros, se reunían alrededor de la radio de onda corta cada vez que podían. Los programas radiales son escasos por esa zona. Por la gracia de Dios, estoy en aproximadamente cuatro mil estaciones de radio en Latinoamérica. Existen altas posibilidades de que alguien encienda una radio en cualquier parte del continente y juegue con el dial hasta que mi voz salga por el parlante.

Más tarde mantuve correspondencia con tres de esos rebeldes, y me contaron su historia. «Comenzamos a escucharlo allí en la selva», expresaron, «y lentamente empezamos a decirnos el uno al otro: "si salimos vivos de esta, predicaremos el evangelio"».

En efecto, sobrevivieron. Cuando me escribieron, me contaron historias asombrosas de cómo lograron salir del círculo de violencia al que habían ingresado. Posteriormente, esos tres jóvenes comenzaron a poner en práctica el valor increíble y las habilidades de supervivencia en la selva que aprendieron como revolucionarios, a fin de empezar a establecer y liderar iglesias en las mismas áreas remotas en donde una vez habían cargado sus armas. Las Biblias remplazaron sus bandoleras de municiones. Muchas personas piensan que toda esa área ha sido olvidada por Dios. Pero él no la ha abandonado.

Considero todo mi ministerio —desde el evangelismo hasta la docencia, desde el ministerio de transmisión hasta representar a cristianos, hasta políticos y líderes mundiales— como un apoyo a la iglesia. Sin embargo, uno de los principales análisis históricos del evangelismo multitudinario por parte de otros cristianos ha sido que socava la función de la iglesia local.

En el cristianismo estadounidense, el evangelista suele verse como un enemigo de los pastores. Por lo general, los evangelistas son menospreciados. A veces, se lo merecen, pero la historia no acaba ahí. Los evangelistas y los pastores deberían ser los aliados más cercanos. Los dones dados a los hombres en Efesios 4 deberían trabajar en unidad para edificar el cuerpo de Cristo.

Creo que ese prejuicio se remonta a los días de George Whitefield, un evangelista y un compañero de John Wesley. Cuando Whitefield llegó a la ciudad, tenía la mala costumbre de menospreciar a los pastores locales. Era una de sus debilidades. No es que no haya planteado algunos argumentos buenos, pero el principio era incorrecto. Desde entonces, el pastor y el evangelista han ido frente a frente. La imagen de Whitefield como el evangelista de multitudes se ha arraigado en las mentes y en la cultura estadounidenses. Los pastores creen que los evangelistas son una clase de celebridad frívola, egoísta y presuntuosa. Los evangelistas ven a los pastores como alguien que ha perdido el fuego interior. Claro que los pastores se preocupan por las almas, pero solo si estas se unen a la iglesia y ponen sus diezmos. Ambas actitudes son horribles.

Cualquiera puede criticar, pero se necesita madurez para edificar. Si desea servir a Jesús, demuéstrelo actuando, no atacando a otros. Recuerde este versículo: «¿Quién eres tú para juzgar al siervo de otro? Que se mantenga en pie, o que caiga, es asunto de su propio señor. Y se mantendrá en pie, porque el Señor tiene poder para sostenerlo» (Romanos 14.4). Deje que el Señor se encargue de los demás. Procure *usted* mantenerse de pie en su propio llamado. ¿Qué le tiene que importar el llamado de otra persona?

El evangelismo masivo no tiene que oponerse a la iglesia local. Tampoco debe acusarla. El evangelismo es un don diferente dado por el Espíritu Santo, mencionado más de una vez por el apóstol Pablo. No todos los pastores son evangelistas. Y no todos los evangelistas son pastores. Mientras que ambos deben pastorear a los cristianos y compartir el evangelio, tienen un llamado diferente. De hecho, sus dones deberían trabajar conjuntamente, codo a codo.

A veces se enfrenta al evangelismo con el discipulado, como si el apoyo a uno de algún modo le restara valor al otro. Frente a esto, me rasco la cabeza y me digo: ¿Qué?

¿Cómo se puede discipular a alguien que no se ha convertido? ¿Cómo va a enseñarles e instruirlos y formarlos para que lleguen a ser como Jesús si nunca se han comprometido a seguirlo? Los primeros pasos de la vida cristiana son el resultado de la decisión de olvidar el pasado y volverse a una nueva vida en Cristo que se nos ofrece gratuitamente. Los evangelistas trabajan para guiar a las personas a tomar esa decisión, no a decidir por ellos. No hay manera de evitar esa decisión. El no tomar una decisión constituye en sí mismo una decisión. La oportunidad puede volver a surgir porque Dios busca nuestras almas con un amor paciente y bondadoso. Pero por otra parte, la oportunidad puede no regresar. Este día, como cualquier otro día, podría ser el último.

El evangelista ayuda a guiar a los convertidos a iniciarse en el discipulado. Los atrae a fin de que la iglesia pueda ayudarlos a crecer y a madurar. Una vez oí decir que el evangelista se para a la puerta de la iglesia y grita: «¡Entren! ¡Entren! ¡Esta es la puerta!». Para el nuevo creyente, entrar es el fin de una etapa, pero ese primer paso también es el comienzo de una nueva.

Desde un principio, prometí que nuestra obra fortalecería y levantaría al cuerpo de Cristo. Nadie ha hecho un recuento oficial, pero me aventuro a decir que hemos ministrado a cientos de miles de pastores alrededor del mundo. Nuestro objetivo ha sido bendecir e infundir ánimo a estos hombres designados por Dios.

He recorrido el mundo entero, desde los barrios más marginales del mundo hasta los salones de los líderes mundiales más poderosos. Y puedo decir enfáticamente que no existe una institución en el mundo como la iglesia. Somos más diversos, más flexibles, más creativos, más fuertes, más comprometidos, más alegres y más *unidos* que cualquiera otra religión, nación o grupo de interés en la tierra.

Tenemos defectos, y son muchos. *Muchos*. Tales defectos a veces estropean la belleza. Pero no nos la quitan; nos manchan, sí, pero la estatura de nuestra grandeza en Cristo no se reduce. Visto como un todo, el cuerpo de Cristo es mejor de lo que pensamos. Con toda la maldad que algunos de nosotros les infligimos a los demás, se puede contar con el cuerpo de Cristo cuando no haya esperanza. Estará allí para usted. Lo amará de una manera genuina.

Son varios los principios que guían el ministerio de nuestro equipo y sobre los que se fundamenta nuestra filosofía de campaña. Uno es que nunca nos adelantaremos a la iglesia.

El involucramiento de la iglesia local que se hace evidente en el trabajo conjunto en una ciudad o región, aunando recursos y marcando el camino con nuestro equipo, es fundamental.

Este apoyo de la iglesia local es lo que nos arriesgamos a perder en la ciudad de Nueva York, cuando permití que mi entusiasmo por dicha ciudad me dominara. Kevin tenía razón; *necesitábamos* más tiempo del que pensaba para hacerlo bien. Si no permitíamos que el apoyo creciera de manera natural y orgánica entre las iglesias de los cinco distritos, entonces correríamos el riesgo de ir más allá y más rápido de lo que el Espíritu de Dios estaba guiando.

Pero el problema con la ciudad de Nueva York no fue acerca del *qué*, sino del *cuándo*.

El primer empuje para organizar una campaña en Nueva York había tenido lugar cuando yo aún estaba en Argentina. Trabajando en el Banco de Londres, siempre prestaba especial atención a los memos sobre la sucursal de Nueva York. Nueva York era un foco de acción. Los empleados iban y venían constantemente. Me fascinaba Nueva York como un eje financiero y cultural. Su influencia alcanzaba a todo el mundo.

Por esa misma época, en 1957, Billy Graham realizaba una cruzada allí. Esa campaña histórica duró tres meses y medio y alcanzó a más de dos millones de personas. Se dice que 61.148 personas aceptaron a Cristo. En realidad, el ministerio de evangelismo por televisión de Billy Graham comenzó en la ciudad de Nueva York. Yo tuve una conexión especial con esa cruzada por medio de un amigo, hijo de un misionero que había tratado infructuosamente de enseñarme a jugar baloncesto. A pesar de no resultar buen jugador (era demasiado pequeño para ese deporte), permanecimos en contacto aun después de que se mudara de Argentina a Toronto, Canadá, para continuar sus estudios.

Durante un verano, mi amigo fue voluntario en la cruzada de Nueva York. Cada noche durante la campaña, el equipo publicaba un boletín en el que se detallaban con exactitud los hechos de ese día: sobre qué se había predicado, a quiénes se había alcanzado, cómo había sido la respuesta. Semana tras semana, mi amigo me enviaba los boletines por correo. Era emocionante. Él sabía de mi pasión por el evangelismo de masas sobre el cual había comenzado a soñar. Esos boletines me inspiraron más allá de las palabras. Yo me devoraba las historias de conversiones y de eventos diarios que daban fe del impacto que la campaña estaba teniendo sobre la ciudad.

Desde entonces, Nueva York estuvo en mi corazón. Al principio, no faltaban las dudas. Mi nombre. Mi nombre era español. *¿Quién iría a apoyar a un evangelista de nombre tan raro? ¿Graham? desde luego, ¿pero Palau? ¿Quién es Palau?* Yo era un perfecto desconocido y sobre eso, no tenía dinero. Nueva York costaría millones. Hablar de la ciudad de Nueva York era un sueño inalcanzable.

Había algo más. Yo sabía que podía inspirar a los latinos. Deseaba con desesperación ver un movimiento en Nueva York dirigido por latinos, no por anglos. Los movimientos dirigidos por anglos eran típicos y tendían a excluir a otros grupos étnicos. Lo que muchos percibían, incluso entre cristianos, era que a los latinos, en cierta forma, se los consideraba inferiores. ¡Les demostraríamos lo contrario! ¡Dejen que los latinos organicen algo inolvidable en el corazón de Nueva York!

Para el 2012, el tiempo era el indicado. Había estado saliendo al aire por radio en Nueva York durante treinta años, tanto en español como en inglés. Mis predicaciones y nombre eran conocidos. Sin hacer mucha bulla, comenzamos con algunos preparativos, uniéndonos con las iglesias locales a través de los distintos grupos étnicos y fronteras de riqueza.

Al reconocer que ningún grupo, organismo o denominación podría comenzar a abordar las enormes necesidades de la ciudad, la comunidad cristiana se unió a la ciudad para vincular a los voluntarios de las iglesias (por miles) con las necesidades prácticas específicas en la ciudad (también por miles).

Asimismo, teníamos el sueño de que toda la zona triestatal, Nueva York, New Jersey y Connecticut, escuchara las buenas noticias. Sentar las bases nos llevó cerca de tres años, pero en 2015 la recompensa fue inmensa. NY *CityServe* fue una campaña masiva de servicio de un año, en la que las iglesias locales llevaron a cabo trabajos voluntarios necesarios sin ningún tipo de compromiso por toda la ciudad, culminando con el *CityFest*, una gran celebración y series de eventos predicándose la Palabra en los sitios más emblemáticos: Radio City Music Hall, Times Square, Central Park, entre otros.

Permitir que los latinos tomaran el mando no fue la decisión más estratégica en términos de números. Mi impresión es que otras comunidades, como loa caucásicos en particular, no se sintieron apelados a participar. Creo que fue inconscientemente porque no se les pidió que lo hicieran. Pero no lo lamento. Otros simplemente tuvieron que decidir si cooperarían para apoyar un evento del cual no eran anfitriones ni ejercían funciones de liderazgo. ¡Muchos nos apoyaron! Pero muchos otros, no.

Con los latinos de la ciudad asumiendo cargos de liderazgo claves, muchos pertenecientes a otras minorías rápidamente se unieron bajo la bandera de una campaña cristiana unida: afroamericanos, chinos, coreanos y otros grupos étnicos. Todos se esforzaron para ir más allá de su zona de confort y conectarse en un sentido de misión común. Esta unidad confundió a los medios que en verdad no sabían qué inventar acerca de una campaña conjunta que, a pesar de los contratiempos que pudieron surgir, transcurrió sin problemas.

Nuestra misión era sencilla, pero la logística de una campaña ministerial de varios años era infinitamente compleja. Estábamos en uno de los principales lugares del mundo. Con tantas comunidades diferentes e iglesias involucradas, existieron muchos pequeños incidentes de malentendidos interculturales, que hoy día nos hacen sonreír al recordarlos. Un caso simpático ocurrió en cierta ocasión en que tuvimos una concentración en una iglesia hispana en un vecindario relativamente peligroso. Como parte del programa, se invitó al líder de una destacada iglesia coreana. Él pensó que lo habían invitado para que fuera el predicador pero la iglesia anfitriona solo pretendía que diera un saludo. ¡Cuando tomó el micrófono comenzó a compartir un mensaje por medio de un intérprete! Los anfitriones quedaron consternados pero bendecidos. Este líder, brillante y capaz, ansiaba tanto participar que no dudó en zambullirse cuando le entregaron el micrófono. Esto honra su liderazgo y da fe de su pasión por esta misión unida. Lo que podría haber sido una metida de pata cultural se convirtió en una hermosa confirmación de nuestro trabajo en equipo.

Hacia el final de la campaña, me mudé por algunos meses a Nueva York. La energía de la ciudad es embriagadora. Sin duda, hubo frustraciones; pero como ocurre con la mayoría de las frustraciones, simplemente nos fuerzan a pensar más, a trabajar más duro y más unidos, de manera más creativa y adaptarnos. Y así lo hicimos. Nueva York es como el microcosmos del mundo. Aunque Chicago está cerca, Londres es similar y París es increíble, ninguna otra ciudad es como Nueva York. Doscientos veinte idiomas se hablan allí. Me emocionó ver a la iglesia trabajando unida en la ciudad.

Lo único que pareció limitarnos fueron las nuevas regulaciones de la ciudad desde la caída de las Torres Gemelas. Todo evento al aire libre estaba sujeto a medidas estrictas de escrutinio y seguridad. Quizás yo haya sido demasiado optimista, pero esperaba que pudiéramos reunir a medio millón de personas en Central Park. Las restricciones estrictas limitaron nuestra concentración a sesenta mil, ¡un número inferior al que Billy Graham guio a Cristo en

Nueva York! (¡Nos sentimos mejor cuando nos enteramos de que la ciudad ni siquiera hizo una excepción con el Papa cuando vino tres meses después!). No podíamos tener más de sesenta mil personas reunidas por lo que al resto tuvimos que darle las espaldas. Ni siquiera permitían que se reunieran en las calles. Creíamos que, dado el bullicio de la zona las restricciones de seguridad serían más simbólicas que prácticas; así es que intentamos cada estrategia que se nos vino a la mente. Buscamos algún tecnicismo. Nada. En un momento, le sugerí a nuestro equipo que hiciéramos algo muy latino: decirle a la gente que de todas formas viniera. Sin embargo, eso habría sido una irresponsabilidad hacia nuestra ciudad anfitriona; así es que terminamos sujetándonos a su deseo de darle seguridad a la gente y decidimos que predicaríamos con todo nuestro corazón sin fijarnos en el tamaño de la multitud. Después de todo, no se trataba de cantidad, por mucho que quisiéramos aprovechar al máximo la ocasión. Por lo demás, me grabarían en video con fines de teledifusión en todo EE. UU. y otras partes del mundo.

Otro plan comenzó a desarrollarse en nuestras mentes. Si no podíamos tener un evento único masivo haríamos *muchos* en lugar de uno solo *grande*. Nuestra campaña en Londres duró más tiempo, pero Nueva York conllevó el esfuerzo a mayor escala que nuestra organización haya emprendido.

Hacia el final de la campaña, habíamos organizado no menos de ciento veinte eventos alrededor de la ciudad, desde aquel multitudinario en Central Park hasta muchos en los barrios, almuerzos para empresarios y una reunión en las Naciones Unidas. Estábamos en la televisión y en la radio. Teníamos entrevistas publicadas, publicidad en taxis, anuncios en el subterráneo, carteles en los autobuses de dos pisos y dos anuncios de página completa en el *New York Times* y en el *New York Post,* por medio de los cuales se invitaba a la gente a nuestros eventos y se incluía una declaración clara del evangelio en la parte inferior. Incluso los reporteros, que nos preocupaba que fueran prejuiciosos contra el evangelio, terminaron siendo amables. Si tenían alguna crítica, se la guardaron, ya que percibían que lo que fuera que estuviese sucediendo en la ciudad, se trataba de un movimiento respetable. Era más grande que ellos, más grande que Luis Palau y más grande que cualquier otra persona o iglesia. Abarcaba toda la ciudad y era *real*.

Andrew y yo decidimos que haríamos una invitación para recibir a Jesús cada vez que habláramos, ¡en particular cuando se transmitía en directo y no había posibilidad de editar! Sentíamos que no debíamos perder el foco de por qué estábamos en la ciudad: no para ser agresivos sino para compartir nuestra creencia y la fe sencilla que creíamos que Jesús les estaba pidiendo que la adoptaran también. Miles de personas fueron salvas. Solo Dios sabe el impacto producido en ese tiempo. Para cuando terminamos, nuestras estimaciones internas concluyeron que hasta un ochenta por ciento de los habitantes de Nueva York tuvieron la oportunidad de escuchar el evangelio, gracias a todas nuestras actividades por radio, televisión, medios de difusión impresos, entre otros. No sé exactamente qué pensar sobre una estadística como esa, más que decir: «Señor, desearía que hubiera sido el cien por ciento», y con el próximo aliento decir: «Gracias».

Hubo pequeños enfrentamientos entre bastidores, como suele suceder cuando se reúne a una gran familia como la iglesia. En una ocasión, quisimos realizar un evento en una playa local, en donde podríamos haber alcanzado a unas veinte mil personas. En esa playa en particular todo estaba permitido; incluyendo montar un escenario y predicar. Y, bueno, *cualquier otra cosa* también. Pero había un solo problema: Allí la gente se asoleaba «como Dios nos trajo al mundo». Mientras yo estaba dispuesto a predicarles, algunas de las iglesias locales simplemente no se sentían cómodas con la situación. Sometimos el asunto a discusión, principalmente porque no estábamos dispuestos a que se nos escapara una buena oportunidad. Finalmente, nuestro respeto por las iglesias locales y sus líderes nos hicieron ceder, y esos bañistas terminaron bronceándose sin nosotros.

Pasó el año con literalmente *miles* de testimonios del obrar de Dios a través de su pueblo en la ciudad. Uno de los entrevistadores del *New York Times* me hizo una pregunta que habitualmente está en la mente de todos: «¿Cómo logra unir a toda esta gente? ¿De culturas tan diferentes?»

«Jesús» le dije. «Créeme, es por Jesús». No he hallado una mejor respuesta desde entonces. La gente secular ve el movimiento cristiano estrictamente en términos sociológicos. Por supuesto, existe un elemento sociológico, pero en definitiva, el movimiento cristiano es espiritual. Así ha sido desde un comienzo, cuando los seguidores de Jesús predicaron por primera vez el evangelio en el increíble crisol del Imperio romano, vieron sus iglesias expandirse en toda clase de personas. Eso no se ha detenido. Jesús aún puede unirnos como una familia, ricos y pobres, instruidos e indoctos y los sencillos, gente de todas las naciones. Nos unimos cuando nos acercamos a Jesús. Ese es el mayor testimonio que este mundo jamás haya visto, porque es el más inexplicable. No hay explicación al respecto, y cuanto más piensa usted en ello, más extraño se vuelve. ¡Alabado sea Dios!

Sin importar lo que los demás digan, usted no ha estado en Nueva York si no ha estado en Times Square. ¿Quién no soñaría con tener un evento evangelístico allí? Esta constituye una de las historias más increíbles de mi carrera. Solicitamos el permiso correspondiente, y nos lo denegaron. No podíamos organizar un evento en dicho lugar. Inexplicablemente, sentimos que a pesar de su firme denegación, las autoridades estaban equivocadas. Time Square sería parte de nuestra historia en Nueva York. No teníamos idea cómo, solo que así debía ser.

El punto conflictivo era una ordenanza que establecía que después de las 7 de la noche estaba prohibido cualquier sonido de volumen elevado debido a los múltiples espectáculos de Broadway de los alrededores. Tampoco se podía construir una plataforma. Únicamente se permitía una de treinta centímetros. Alguien del equipo reaccionó: «No, no. Necesitamos una plataforma grande, también el sonido fuerte. Tenemos mucha música, a Palau predicando, a su hijo predicando».

«De ninguna manera», respondieron las autoridades.

Entonces, uno de los miembros de nuestro equipo, Carlos Barbieri de la Argentina, dijo: «Muy bien, ¿Qué clase de ley es esta? ¿Quién la estableció?» Nadie sabía. Solo estaban allí para cumplirla. «Me gustaría ver esa ley», presionó, «porque no suena razonable. Este es un lugar para todos los estadounidenses». Entonces comenzaron a investigar tratando de hallar el decreto.

Cuando terminaron, descubrieron que no había nada por escrito, ninguna regulación u ordenanza de la ciudad. «De todos modos no pueden llevarlo a cabo», manifestaron, pese al hecho de que no había nada en los libros que nos lo impidiera. Así que los miembros de nuestro equipo comenzaron a hacer preguntas: «¿Quién está a cargo de esto? ¿Quién toma las decisiones?».

Finalmente, nos dieron el nombre de un neoyorquino típico. Supongamos que se llamaba Frankie. «Si lo encuentran, probablemente pueda resolver esta cuestión», nos dijeron. Encontramos a Frankie. Cuando le explicamos el problema, nos dijo: «No soy yo, es mi tío». Muy bien. Fuimos con su tío y le explicamos lo de la plataforma. «Por supuesto que pueden tener una plataforma grande» nos dijo. «¿Cuán grande quieren que sea y dónde?».

«Bueno, aquí, pero nos dicen que no es posible».

«No se preocupen. Si nos dejan que nos encarguemos del sonido y de las luces, les conseguiremos la plataforma».

Y eso fue exactamente lo que sucedió. Terminamos con una plataforma enorme en medio de Times Square, con música, testimonios y predicaciones. El lugar estaba repleto, y por tres horas celebramos el evangelio en «la ciudad más animada del mundo». Y teníamos reservada una sorpresa más.

Habíamos querido transmitir nuestro evento en una de las pantallas gigantes de Times Square, pero cuando nos acercamos al dueño de nuestra primera elección, nos expresó unas cuantas palabras en el sentido de que no iba a rentar su pantalla a unos malditos protestantes.

Este hecho hizo enojar a Frankie. «¿No quiere rentarles una?», dijo. «Les conseguiré *ocho* por el precio de una». Así que alrededor de las 8:00 p.m. esa noche, me puse de pie para predicar en el corazón de la ciudad de Nueva York. Con las luces y la multitud, se sentía como el mismo centro del mundo, de nuestra cultura. Y por encima de nuestras cabezas, mientras las palabras de las buenas noticias hacían eco entre los edificios, me veía a mí mismo predicando en las pantallas de Times Square. No en la que habíamos tratado de rentar sino en ocho más, las ocho mejores que la primera.

Todos los que formaron parte de nuestras campañas tienen historias sencillas pero profundas como estas. Los esfuerzos tanto increíbles como invisibles de otros han removido obstáculos, hallado soluciones y permitido que pudiera predicar una y otra vez por medio de la fe en el gran despliegue del poder de Dios. El rostro en la pantalla era mío, pero ¿cuántos escuchando las buenas nuevas aquella noche pensaron en las personas que hicieron ese evento posible? ¿Quiénes habrían alguna vez oído hablar de Frankie? ¿O de Carlos? Podría enumerar a tantas personas que fueron usadas por Dios para hacer cosas maravillosas; sin embargo, gran parte de su trabajo nunca será reconocido. Pero Dios no los olvida. Y tampoco yo. Me he apoyado sobre los hombros de personas fuertes y dadivosas. Es un pensamiento hermoso y humilde.

«En mis visiones más audaces» expresó el presidente de nuestra campaña, «nunca imaginé que oiría predicar abiertamente sobre el cielo y el infierno en Times Square». *Allí mismo*, los corazones fueron salvos. Turistas de todas partes del mundo paseaban por allí. Alternábamos quince minutos de música con quince minutos de mensaje, a fin de que la gente pudiera ir y venir. De ese modo, todo aquel que pasaba caminando por algunos minutos podía escuchar el mensaje. Los turistas son como un banco de peces. Caminan, pasean, se detienen, escuchan. Un ejecutivo de Wall Street, que se detuvo a escuchar la música, fue guiado al Señor.

En Central Park, el alcalde de la ciudad de Nueva York, un hombre espiritual, aunque no religioso, nos agradeció por nuestros esfuerzos en la ciudad. «Ojalá esto durara para siempre» nos dijo. Los pastores en la plataforma se acercaron e impusieron sus manos sobre él. Yo retrocedí, dándoles lugar para que oraran por sus líderes. Posteriormente, un cuarteto argentino subió para cantar «Dios bendiga a América», y el alcalde se conmovió hasta las lágrimas. «Vaya», dijo, «qué bella canción».

Cualquier evangelista está listo para ir al cielo después de eso.

Cuando me preparaba para hablar en Nueva York, me sentí confundido. Siempre me había dicho que si alguna vez tenía la oportunidad de predicar en Nueva York, aprovecharía la ocasión para dirigirme a toda la nación. En mi mente, tenía un llamado histórico al arrepentimiento *hecho* desde Nueva York pero que *alcanzaba* a todo Estados Unidos. Mientras me preparaba, algo en mi corazón parecía impedirme hacerlo. No visualizaba a la nación, sino solamente a la gente. Personas de carne y hueso que concurrirían al evento, que alterarían sus agendas, que dispondrían de su tiempo, gastarían su dinero para cruzar la ciudad. ¿Se acercarían para oír un llamado nacional a regresar al evangelio? Desde luego que no. Estaban allí porque el Señor las había atraído personalmente. Necesitaban que los mirara a los ojos, no a las cámaras. Necesitaban ser el foco, no el telón de fondo. Necesitaban una presentación sencilla del evangelio eterno.

Entonces, en lugar del llamado conmovedor dirigido a una nación que había imaginado, escribí uno de los mensajes más sencillos de todo mi ministerio. Era tan simple que podía confundirse con cualquier otro de mis décadas de predicador.

Tenía tres puntos: Jesús vino a vendar los de corazón quebrantado y a sanar nuestras heridas, Jesús vino a buscar y a salvar a los perdidos y Jesús vino para darnos vida eterna y llevarnos al cielo cuando muramos.

Así de elemental puede volverse el evangelio. Sentí paz con ese enfoque tan sencillo. No quería impresionar a nadie con un cúmulo de citas ni predicar desde una perspectiva de mi propia importancia o grandeza. Es fácil para un predicador sonar inteligente, ¿pero, qué consigue realmente con eso? La multitud enfrente de usted quiere escuchar las buenas noticias. ¿Lograrán escucharlas? ¡Anúncielas! Olvídese de lo que piensan de usted.

Fue una noche hermosa en Central Park. No obstante, un evangelista de multitudes solo piensa en toda la gente que no estuvo allí. Cuando la campaña terminó, me sentí un poco desanimado.

Eso me llevó a considerar cuáles eran mis prioridades. Así habían resultado las cosas. ¿Creía que yo sabía más que Dios? Desde luego que no. Oré al respecto. ¿Por qué tantas regulaciones, Señor? Muchas más personas podrían haber oído. Muchas más personas necesitaban oír.

El Señor me dijo: *Luis, cuando llegues al cielo, te sorprenderás al saber cuántos fueron impactados y aceptaron a mi Hijo, Jesús.*

Patricia y yo aún asistimos a la iglesia en donde nos casamos. Fue fundada por los abuelos de Patricia de modo que tenemos allí una conexión familiar. Pero hay más que eso. Creemos que a menos que haya una razón *importante* para buscar una nueva iglesia, uno debería estar comprometido con la misma.

A lo largo de los años, la iglesia Cedar Mill Bible Church ha sido un apoyo increíble para nuestro ministerio. Hemos servido en la medida que pudimos y hemos recibido un apoyo tremendo de las predicaciones y las enseñanzas. Al Wollen, el pastor que nos unió en matrimonio, nos ayudó por muchos años. Nunca olvidaré su énfasis puesto en la «comunión consciente y constante» con Dios, lo que me ayudó a desarrollar mi entendimiento sobre Cristo morando en mí.

Qué privilegio ser parte del cuerpo de Cristo. En sus expresiones tanto globales como locales, la iglesia es algo hermoso.

Pero esta hermosura puede perderse fácilmente en la realidad y, a veces, en el dolor de estar rodeado de otras personas imperfectas. La iglesia es una muestra representativa del mundo. Llevamos a la iglesia muchas de nuestras peores cualidades y a veces hasta se amplifican allí.

Andrés siempre se ríe acerca de la vez en que estaba en una clase con un joven sincero e inteligente que se había apartado de la iglesia, a pesar de que todavía creía en Dios. Su conflicto lo reducía a una simple pregunta: «Dios, ¿por qué es que tú eres tan bueno, pero tus seguidores son unos…?». Concluyó la oración con una palabra bastante subida de tono. Tal vez parezca gracioso, pero es cierto. ¿Acaso nosotros no pensamos igual?

Me identifico con él; no obstante, nunca he podido darle la espalda a la iglesia. Pero al mirar a mi alrededor, a veces me pregunto a dónde se dirige la iglesia de Cristo. Ante la opinión pública, todos hemos permitido que nos definan nuestros peores aspectos. En lugar de pensar en la iglesia en términos de luz, paz, madurez, servicio, bondad y cálida bienvenida, la mayor parte de nuestra cultura ha llegado a asociar la iglesia de Cristo con temor, contiendas, ira, engreimiento y malos modales. Esto abarca a algunos de nosotros; pero eso no es lo que *somos*.

Cuando alguien me pregunta por qué los cristianos pareciera que andan siempre enojados, por qué son tan prejuiciosos, por qué odian, lo único que puedo decirle es: «No lo sé. Pregúntales a ellos. Todo lo que sé es que la ira no está incluida en la vida bondadosa que el Señor prometió». La mayoría de los cristianos que conozco son humildes y deseosos por crecer. Confían en Dios, aman a Jesús y aman a su prójimo, cueste lo que cueste. Son conscientes de sus defectos, ineptitudes e imperfecciones. El concepto de que los cristianos son odiosos, politizados y gente ignorante no se condice con la mayoría de los miembros de la iglesia. O por lo menos, no debería.

Cuando la gente me presiona acerca de los conflictos raciales de la iglesia, les respondo con la verdad. «En mi familia tenemos a personas negras, judías, latinas, blancas, etc. Todos nos queremos y disfrutamos de la compañía del otro. Hacemos fiestas y celebraciones juntos. ¿Qué más quiere que diga?».

Si me presionan en materia de homosexualidad, respondo: «Hasta donde sé, tres personas en mi familia se han identificado como homosexuales. Uno murió de sida hace varios años, otro vive conforme a su estilo de vida y el otro, lucha fuertemente. Los amamos a todos. Somos familia. ¿Qué más quiere que le diga? Ellos saben cuál es mi postura con respecto a este tema. Saben cómo pienso». Coincidimos en discrepar sobre muchas cuestiones morales. ¡Muchas! Pero nos respetamos mutuamente. El amor, el amor genuino provoca eso. Dios nos lo ha enseñado.

Nosotros los cristianos somos más que unos aguafiestas prejuiciosos. Sin duda. Mantenemos muy en alto nuestras convicciones. Debatimos sobre teología. Podemos tener desacuerdos. Pero al fin de cuentas, fuimos llamados a recibirnos unos a otros, así como Dios nos recibió, de manera incondicional y con los brazos abiertos. Esa es la prueba de nuestro amor. Esa es la prueba de nuestro cristianismo. Cristo se sentó a la mesa con todos, desde fariseos hasta personas escandalosas de mala reputación. ¿Nos guiará el Espíritu Santo a hacer menos que eso? Debemos levantar en alto la luz. Debemos amar. Y él se encargará del resto. Nuestro trabajo es vivir y predicar la verdad. Y el Espíritu Santo convencerá al mundo de su error en cuanto al pecado, a la justicia y al juicio (Juan 16.7-11).

En Central Park, un amigo de mi niñez de Argentina se me acercó después de predicar. «Oye, Luis» me dijo, riendo, «¡has predicado ese mismo sermón desde que eras un niño!».

«¡Gracias!» le dije, riéndome yo también. «Eso es justamente lo que he pretendido». A la antigua. Todo el mundo está en Nueva York; pero también Nueva York está en todo el mundo. Mirar desde esas plataformas en Nueva York fue una experiencia indescriptible. Casi cada nación debajo del sol estaba en Times Square.

De todos los momentos memorables de predicar en Radio City Music Hall, hubo una imagen que nunca olvidaré. Un artista que combinaba arte, pintura y espectáculo, irrumpió de un salto en el escenario con un estruendo de música rock, arrojando y salpicando pintura en un lienzo como un maniático. ¿Qué está haciendo? Pensé. Parecía una locura sin propósito. Su lienzo se tornaba cada vez más salpicado, con los colores que se escurrían y se mezclaban. Luego, lo giró para que se viera desde un ángulo diferente, y se vio el rostro de Cristo, ¡coronado con espinas!

Y para mí el impacto mayor fue que me pareció que la pintura era una representación visual de la campaña de Nueva York y, de hecho, de toda la iglesia. Nos asemejamos a salpicaduras de muchos colores provenientes de todas direcciones. Parece todo medio loco, caótico, desordenado. A veces nos dan ganas de rendirnos; que todo no es más que una pérdida de tiempo. O quizás peor.

Luego, retrocedemos para alcanzar la perspectiva que nos permita ver el cuadro completo. De las gotas de colores y de las líneas que eran indistinguibles hacía solo un momento, ahora se puede identificar a Alguien. Es el rostro de Jesús representado no solamente *en* el extenso cuerpo extraño, sino *a través* de él. El corazón se detiene. Se puede ver el rostro, que tanto ama, en todo su esplendor. Es divino y humano. Es atemorizante pero hermoso. Y se da cuenta de que usted es tan solo un pequeño punto de pintura que contribuye a crear el cuadro completo.

Quiero que sepa que sin importar quién es usted, su vida tiene importancia. Tiene algo para ofrecer al cuerpo de Cristo. Quizás muchos lo rechacen, pero algún ministerio de la iglesia lo recibirá con los brazos abiertos. Otros podrán considerarlo insignificante o inferior. Pero nosotros le amamos.

Es cierto, tenemos nuestros defectos. Muchos, de hecho. Mas considerándolo todo, no se me ocurriría marcharme.

CAPÍTULO 11

Sin temor

Deleitarse en Dios frente a la muerte

Por tanto, ya que ellos son de carne y hueso,
él también compartió esa naturaleza humana
para anular, mediante la muerte, al que tiene el
dominio de la muerte —es decir, al diablo—,
y librar a todos los que por temor a la muerte
estaban sometidos a esclavitud durante toda
la vida.

HEBREOS 2.14–15

Sobre la chimenea de casa se puede apreciar una pintura con grandes letras en estilo antiguo con una de mis frases preferidas de la Biblia: «Dios es amor».

Esa pintura estuvo una vez encima del púlpito en nuestra pequeña capilla de planchas de zinc en Maschwitz, donde mi familia se congregaba en mi niñez. Muchos años después visité esa iglesia y recordando cuántos sermones había oído predicar desde el púlpito debajo de ese versículo, le dije a uno de los ancianos lo mucho que me había gustado esa pintura. «¡Se lo obsequiaremos!» me contestó. Y, generosa y puntualmente, me lo enviaron a casa. ¡Cuán grande fue mi alegría al encontrarlo una vez que regresé después de una campaña., ¡Qué sorpresa más grata y significativa!

Ese recordatorio del amor de Dios —su amor puro, su *naturaleza* intrínseca— me ha sostenido durante estos últimos meses. Lo he necesitado. Cuando se presentó esta enfermedad, me di cuenta de que me había pasado la vida corriendo. Siempre corriendo: hacia la próxima campaña, hacia el próximo mensaje, hacia el próximo evento. Había dedicado muy poco tiempo a echar una mirada retrospectiva.

Una de mis pequeñas peculiaridades a lo largo de los años ha sido examinar mi rostro en el espejo y observar cuidadosamente mis manos buscando algún indicio de lepra. La pregunta que Dios me hizo cuando yo era tan solo un joven nunca me ha abandonado del todo. Me recuerda la lucha interior que había enfrentado hace tantos años, al considerar cuán lejos estaba de seguir el llamado de Dios.

¿Hasta dónde iría por Dios? ¿Renunciaría a mi zona de confort? ¿Saldría de mi país? Sin duda.

Pero ¿si me sobrevenía una enfermedad? ¿O la muerte?

Dado a que nunca había estado realmente enfermo en mi vida, el cáncer me ha traído a un nuevo tiempo de gracia única aunque difícil; hasta un punto interesante de… no estoy seguro de cómo llamarlo… «autodescubrimiento» se le parece más. Quizás *descubrimiento bíblico* sea aún más preciso. Me he encontrado a mí mismo en un estado introspectivo y reflexivo acerca del pasado. En estos meses, he estado más cerca de mi familia y de mis seres queridos. He estado mirando al futuro.

Muchas personas evitan hablar del tema cuando se menciona la muerte. «Estoy muriendo», digo. «Vaya clima que estamos teniendo ¿eh?» responden. En la cultura occidental, hacemos todo lo que podemos para encubrir la muerte a fin de no tener que verla ni pensar sobre ella. Somos curiosamente supersticiosos sobre una cuestión que es tanto una realidad de la vida como un enemigo ya vencido para el pueblo de Dios.

Así que quisiera hablarle al respecto. Es importante procesar lo que uno siente y piensa acerca del final de la vida y cómo se relaciona con nuestra fe firme y esperanzadora.

Cuando se me diagnosticó cáncer de pulmón en estado de irreversible, me vi a mí mismo en el final de mi vida. No se trata de predicar acerca de la muerte desde una plataforma, sino que se trata de algo muy personal. Ya sea en tres semanas, en tres meses o en un año, estaré atravesando el umbral. De repente, el enorme agujero se presenta enfrente de mí. *Mi hora*, pienso.

¿Por qué cáncer de pulmón? Dado que nunca he fumado, no parece lógico. Es una pregunta para la que no tengo respuesta; sin embargo, comienzo a apreciar algunos de los frutos de este tiempo. El diagnóstico me ha otorgado una gracia muy especial: me ha concedido un poco de tiempo para tener un sentido de finalización; me ha obligado a dar un paso atrás para poder ver, con satisfacción, cuán bien este ministerio puede seguir funcionando sin mí; me ha permitido disponer de un tiempo de calidad para pasarlo con mis seres queridos.

El proceso ha sido provechoso, pero no ha sido fácil. Después de asimilar la idea de que acababa de oír las palabras «incurable» y «cáncer» en la misma frase, pasé casi cuatro semanas haciendo un análisis introspectivo. Han transcurrido algunos meses desde entonces, y ahora puedo ver que aquellos días se encuentran entre las mayores pruebas de mi vida.

Nunca he dudado de las verdades de la fe. Pero eso no quiere decir que no haya tenido luchas. He pasado horas en quietud y en oración; horas leyendo la Biblia. El Espíritu Santo ha estado obrando en mi interior. Me han venido a la mente personas a quienes en algún tiempo del pasado causé heridas, personas a las que estimo de gran manera y que pude haberlas herido sin habérmelo propuesto.

Además, me encontré que tenía ganas de hablar acerca de la muerte. Las personas moribundas tienden a querer hablar al respecto, pero los que gozan de buena salud esquivan el tema. Me ha dado la impresión de que la gente cree que me molesta hablar sobre ello de manera directa. ¡Pero no! Quiero hacerlo. Siempre he creído que hablar ayuda a aclarar las cosas.

Durante esas semanas, la mayoría de las conversaciones sobre la muerte las tuve con el Señor. No podía hablar al respecto con Patricia de la manera en que lo necesitaba. A su espíritu noruego le gusta resolver un asunto y cerrarlo. El asunto *estaba* resuelto. Yo no estaba preparado todavía. Necesitaba procesar mis sentimientos latinos.

Cuando Patricia se enfermó de cáncer, guardó sus sentimientos para sí misma. En ese tiempo, los niños estaban en la preparatoria, ¡y casi no se daban cuenta de lo que estaba sucediendo! Patricia, simplemente, prefiere no hablar de estas cosas. No es que sea insensible; por el contrario, es muy compasiva. Simplemente es cuestión de personalidad. (Esto, a propósito, era exactamente lo que yo necesitaba en una esposa para complementarme).

Me encontré volviendo una y otra vez a Hebreos 7-10, ese gran pasaje sobre la obra celestial que Jesús ha hecho por nosotros. «Por eso también puede salvar por completo a los que por medio de él se acercan a Dios, ya que vive siempre para interceder por ellos» (Hebreos 7.25). Esas palabras cobraron una esperanza tan profunda como nunca antes la habían tenido.

«¿Usted no tiene dudas?» me preguntó en una ocasión un periodista de la BBC de Inglaterra. Para ser sincero, nunca las he tenido. Nunca he dudado de Dios. Atribuyo esa seguridad a la fe de otros, especialmente a la de mis padres. Tan probada como fue, la fe de ellos era sencilla, fuerte e inquebrantable. Esa fue la fe que los sostuvo. La fe que llevó a mi padre a la eternidad con una canción en sus labios, a pesar de que tenía todas las razones para enojarse con Dios por haberlo arrebatado inesperadamente de su familia cuando estaba en la plenitud de su vida. Esa fue la fe que sostuvo a mi madre a lo largo de su vida, en tiempos de tristeza y de gozo.

¿Tengo preguntas? Desde luego que las tengo. ¿Por qué Dios se llevó a mi padre siendo tan joven? Tiene que haber existido una razón. Y me gustaría saberla. ¿Por qué Patricia se enfermó de cáncer? ¿Por qué tuvo que sufrir y luchar por su vida cuando daba tanto por el bien de los demás? El cáncer llegó. Ella sufrió. El cáncer se fue y ella recuperó la salud. Muy bien… ¿Cuál fue la razón de todo eso? Tiene que existir una razón; nada sucede por accidente. Nos quedamos con el interrogante. O debemos simplemente resignarnos al hecho de que no nos corresponde saber la respuesta. Algunas personas me contaron que fueron salvas a raíz del testimonio de Patricia, entonces quizás tuvo que sufrir por causa de alguien en Escocia que necesitaba conocer a Cristo. ¿Quién sabe? ¿Y qué hay acerca de mi cáncer?

Sí, tengo preguntas para Dios. Pero las preguntas distan mucho de ser dudas. Una pregunta se centra en qué sucedió y por qué. Una duda trata del *quién*, reduciendo la bondad del carácter de Dios. De todos los interrogantes que he tenido en mi vida, nunca he dudado de la realidad de Dios ni de su bondad. No me siento superior a aquellos que sí han dudado. Los tiempos de duda pueden servir para fortalecer la fe. Pero yo no he peleado esa batalla.

Dicho eso, el fin de la vida está lleno de grandes luchas espirituales. Los puritanos solían escribir al respecto. Satanás acusa, ataca y busca robar, matar y destruir la obra de Dios en nosotros. El Espíritu Santo condena para restaurar y guiarnos a nuevas profundidades de madurez en Jesús.

Quienes hace mucho tiempo escribieron acerca de la muerte, observaron esta dinámica sobre el final de la vida. El diablo incluso tentó a Jesús la noche previa a su crucifixión. Por cuatro semanas después de conocer mi diagnóstico, las dudas no habían surgido; sin embargo, mi lucha era grande. Incluso sentía que mi propia salvación era puesta en tela de juicio. *Predicaste a las multitudes*, me decía la voz del acusador, *pero realmente no te conocen. Tienes un corazón oscuro, una mente sucia. Eres un hipócrita. Quizás ni siquiera vayas al cielo, tú que les mostraste a tantos otros el camino hacia allá.* En medio de todo esto, me encontraba oscilando entre sentimientos de completa paz y un corazón perturbado.

En mi juventud, luchaba contra el pecado en ciertas áreas. Con la edad, los campos de batalla cambian. Uno lucha más con las preguntas profundas y menos con las distracciones superficiales. Las respuestas sencillas no nos satisfacen fácilmente. En los momentos más oscuros después de mi diagnóstico, dudé de mi propio perdón, al que mi mente racional conocía con total certeza; sin embargo, parecía estar sin resolver en mi corazón. Estaba siendo atacado.

Cuando era más joven, no tenía ningún problema en decir: «Satanás, vete al lago, ¡al lago de fuego quiero decir!» Pero a medida que fui envejeciendo, me ha llevado más tiempo darme cuenta: *Espera, esto es más que un mal día. Algo espiritual está sucediendo aquí.* Se siente de algún modo más obvio y más oculto.

Nuestro enemigo nos tienta para que caigamos en la duda y en la blasfemia. Nos ataca. Viene a robar, matar y destruir. Recuerdo haber oído una vez que en la traducción al sueco de ese versículo, la palabra *matar* significa «carnicería», y me impresionó. Provengo de una tierra conocida por la carne de res, y los cortes expertos de un carnicero experimentado vinieron a mi mente. Satanás tiene gran experiencia en cortarnos en pedazos, en dividirnos y descuartizarnos. Lo ha hecho con muchísimas personas.

El diablo trató de destruir a Jesús, pero no pudo. A causa de Cristo, Satanás no tiene poder para destruirnos, aunque trate de convencernos de lo contrario. Nos recuerda, de manera acusatoria, de todas las veces que fuimos destituidos de la gloria de Dios.

Mas el destino del cristiano es el deleite, no la destrucción.

Permítanme ser claro. Conozco la verdad del evangelio y creo en ella plenamente. He vivido, en la medida de lo posible, conforme a aquello que prediqué con franqueza e integridad. Nadie está exento de las luchas que sobrevienen cuando la muerte se acerca; al menos yo no lo estoy.

Espero que mi honestidad sobre mi tiempo de oscuridad lo ayude a usted a comprender la luz y la libertad maravillosas que recibí cuando esas nubes se disiparon. No permanecí en la duda o en el desánimo, sino que pasé a través de aquello por lo que tenía que pasar.

Hay una escena en *El progreso del peregrino* de John Bunyan, en la cual Cristiano pasa a través del Valle de sombra de muerte. Lo atraviesa de noche mientras es atacado por voces malignas que le van susurrando cosas terribles; tanto, que llega a no estar seguro de si provienen de su propia mente o no. A un lado del camino hay un horrible pantano; y al otro, un foso profundo.

Cuando amanece, mira hacia atrás para ver el sendero que había recorrido. Y descubre que el camino está cubierto de lazos, trampas y redes. De pronto, toma conciencia de la fidelidad de Dios, y continúa su camino hacia la ciudad celestial.

No deberíamos subestimar la sombra de muerte; pero nunca olvidar que no la atravesamos solos. Cristo mismo caminó por ella, y su Espíritu nos sostendrá a nosotros. El recorrido lleva tiempo. No es fácil. Pero es real.

Después de mi diagnóstico, uno de mis cuñados me envió una de las notas más significativas. Su mensaje estaba inspirado en su propia experiencia de mirar a la muerte a la cara. «El fuego por el que estás atravesando no es para destruirte», escribió, «sino para purificarte». No hay duda que las sombras tienen un impacto real, pero no podrán destruirme. Mi vida estaba siendo purificada.

Oré y medité. Y el Señor, gentilmente, me respondió. Me señaló algunas formas en las que me había vuelto complaciente. No me había revelado en pecado ni conscientemente me había alejado de él. Pero como las barcas en Galilea, todos podemos ir a la deriva si no avanzamos. Sin importar cuán comprometido usted esté con la causa de Jesús, si descuida su intimidad personal con el Señor, su relación pierde poder. No estará destruyendo nada, pero estará perdiendo una oportunidad de ser lleno de la vida de Dios. Estará perdiendo el sentido de creatividad que surge de una relación vibrante. Puede ser un pecado; en mi caso, fue solo un simple descuido. Había perdido mi intencionalidad, y ese era el problema.

Cualquiera de nosotros puede desviarse de una maratón de fe a una caminata serpenteante y, de pronto, encontrarse bostezando mientras lee el «versículo del día» en el celular. He visto a no pocos viejos ministros que comienzan a depender de sus ministerios en lugar de depender del Dios que mora en ellos. Patricia suele decir que tomar las cosas por sentadas es el peor pecado que podemos cometer. Y tiene toda la razón. ¡Cuánto más en nuestra relación con el Señor! ¡Cuánto más con nuestro llamado a su obra!

Si yo había dado a Dios por sentado, aun tratándose de solo un poco, el cáncer se llevó ese lujo por completo. Necesitaba a Dios desesperadamente. Sentía esa necesidad en lo profundo de mi ser. Y su presencia estuvo allí conmigo. Hebreos me devolvió un sentido de paz y acalló todas las demás voces con el peso de la cruz de Cristo. Su obrar pasado, presente y futuro en mi vida parecería centrarse como la fuerza de un láser. Vida en medio de la muerte. Él lo soportó todo, e incluso ahora me estaba representando ante el Padre. Sentí que mi esperanza se renovaba mientras abrazaba esa revelación en mi corazón, no solo en mi mente, sino más profundamente de lo que lo había experimentado antes.

Hebreos 2.14-15 penetró mi corazón con gozo. «Él también participó igualmente de lo mismo, para, por medio de la muerte, destruir el poder al que tenía el imperio de la muerte, esto es, al diablo, y librar a todos los que por el temor de la muerte estaban durante toda la vida sujetos a servidumbre» (RVR1977).

Jesús, por medio de su muerte, destruyó el poder que la muerte tenía sobre nosotros. Solo eso puede entregarnos a una vida verdadera. ¿Acaso no es eso las buenas nuevas? Somos libres de nuestros temores más profundos porque Jesús fue más a lo profundo que la muerte misma.

Debemos aferrarnos a la verdad, sin importar por lo que estemos atravesando. Debemos redescubrir para hoy la frescura y el poder del Cristo que mora en nosotros. Predicar sobre que Jesús vive en nosotros y sobre nuestra cercanía y deleite en el Señor es la manera de entrar en comunión íntima con el Padre y con Jesús. Si tiene sed, venga y beba de las aguas; el Espíritu Santo fluye en usted desde Dios mismo.

En algunos meses, tal vez semanas, partiré hacia el cielo. Lo único que puedo pensar en decir es: «Acérquese a Dios». Deléitese en él. Permita que el fluir de la obra del Espíritu Santo lo lleve al corazón del Padre. En usted está la vida de Cristo, quien intercede por nosotros. ¡Qué maravilla! El temor a la muerte rancio y penetrante se disipa en esa frescura. Porque si Cristo me ha dado su vida aquí en nuestro mundo caído, y si incluso ahora está intercediendo por mí en el cielo, ¿acaso no será fiel a sus promesas de llevarme a salvo al lugar de su morada? ¿No me llevará a la presencia del Padre, en cuya diestra hay plenitud de gozo por la eternidad? ¿No me permitirá hallar mi morada en él, lo que he anhelado siempre?

La vida es buena. La recomiendo. He hecho una buena carrera.

Antes de mi diagnóstico, habría dicho que aún había muchas cosas que hubiera querido hacer. Pero ahora pienso: *No, he hecho lo que me propuse hacer*. Desde luego, existen algunas cosas que habría deseado poder hacer y algunos lugares que me habría gustado haber visitado. Algunos libros que me hubiese gustado escribir y toda esa clase de lamentos que creo que son comunes para cualquier hombre de mi edad: un anhelo por saber, ahora que esta vida ha llegado casi a su fin; si cada momento, cada relación y cada oportunidad *valieron la pena* a la luz de la eternidad. Hay personas que están orando para que sea sanado. Totalmente de acuerdo. Pero en mi corazón, no creo que voy a sanar. Escucho al Señor decir: *Prepárate, Luis. Es tu hora*. No siento pánico, duda ni desesperación. Solo quiero estar listo.

Uno predica sobre la paz toda su vida. Entonces el momento llega, y se encuentra frente a la perspectiva de su propia muerte. Por un lado, tengo ganas de partir. Por otro, no quiero irme. Aquí, a los ochenta y tres años, estoy en verdad descansando por primera vez en mi vida, aunque descansar se me ha vuelto algo difícil. He apreciado la sabiduría de las personas que me dicen que no es pecado quedarse quieto. Si Dios mismo descansó y nos mandó a que hiciéramos lo mismo, debe ser bueno para nosotros. Pero quedarme quieto no forma parte de mi personalidad ni de mis hábitos. Ahora me doy cuenta de que he estado corriendo toda mi vida.

Una vez que el impacto inicial y las luchas subsiguientes cayeron derrotados, tomó su lugar un profundo y perdurable sentido de paz. Nunca supe que podía gozar de semejante *paz* a causa de la presencia del Señor. Las promesas de las Escrituras se han hecho mucho más vívidas. La relación que el Señor por su gracia me permite tener con él se vuelve cada vez más profunda. Me estoy preparando para partir.

En estos días, me encuentro orando e intercediendo de nuevas maneras. Escucho con mayor atención a los demás y empatizo más fácilmente con ellos. Mis oraciones se han vuelto mucho más que una lista de pedidos. La oración ha sido una oportunidad para unirme con Jesús en su trabajo de intercesión por otros. Se ha vuelto más profunda y pausada. Trata menos sobre mí y más sobre Cristo y su iglesia.

Atiende a los detalles, me dice el Señor. *Mantente firme. Escúchame. Cuida a Patricia. Preocúpate de tus hijos y de tus nueras. Y de tus nietos.*

Cuando cierre para siempre mis ojos terrenales, solo puedo imaginarme lo qué veré; pero de lo que estoy seguro es que me sentiré en casa. Es curioso, pero uno comienza a sentirse casi ansioso por llegar al cielo. Estoy en paz, tranquilo y confiando en el Señor. Dejaré paz detrás de mí en estos últimos meses. «Seremos semejantes a él, porque le veremos tal como él es» (1 Juan 3.2 rvr1977). He comenzado a pensar qué significa realmente ser semejante a él y verle tal como él es.

Cuando se difundió la noticia de que tenía cáncer, vino gente a contarme cómo algo de lo que yo había dicho o hecho había impactado sus vidas. Este es un método infalible para provocar que un viejo predicador se sienta empequeñecido en la presencia de Dios. ¡Nuestro Padre ha hecho tanto con tan poco!

Desde mi diagnóstico de cáncer, las cartas no han dejado de llover. Es realmente conmovedor oír de personas con las que uno no ha hablado por cuarenta años y que expresen cómo algún aspecto de nuestro ministerio marcó sus vidas. Hablan de sus vidas, sus ciudades y, a veces, de toda una región que fue transformada como resultado de nuestros esfuerzos.

En esta etapa de mi vida, las campañas comienzan a confundirse entre sí. Los detalles cobran claridad cuando hago una pausa para tratar de recordar o busco los detalles en los archivos, pero cuando muchos se me acercan diciendo: «¿Se acuerda cuando...?», me doy cuenta de que aquello que para ellos fue un momento transformador de compromiso o decisión, para mí se ha convertido en un recuerdo enterrado en mi memoria.

«Usted vino y nos habló a un grupo de dentistas», leí en una carta que recibí recientemente desde Inglaterra. ¿*Dentistas*? Pienso, riéndome. *No me gusta ir al dentista. ¿Por qué iría a un salón lleno de dentistas?* El dentista expresaba: «Me convertí esa noche y he servido al Señor por treinta años». Una dama del Medio Oeste escribió: «Vino una noche a predicar en nuestra región. Siendo joven, yo había tenido un aborto. No se lo había contado a nadie. Me sentía muy culpable. Nunca había oído a un predicador mencionar el aborto, pero usted abordó el tema, predicando amablemente sobre la compasión de Dios por mi dolor y su completo perdón. Recibí al Señor, y hoy tengo un ministerio para mujeres que han pasado por lo que yo pasé». ¡Qué maravilloso!

Una parte de mí piensa: ¡Si me conocieran como yo me conozco, no escribirían esas cosas tan bonitas! Pero luego me acuerdo de las personas que tocaron mi vida de una manera especial. Eran humanos, al igual que yo, al igual que todos nosotros. No eran perfectos. Sin lugar a dudas habrán luchado contra el ego, el temperamento o la impaciencia. Parte de la belleza y de lo maravilloso del reino de Dios es que él nos permite ser refinados mientras convivimos unos con otros y trabajamos unos por otros. Me pregunto cómo el Sr. Rogers creció en su fe y santificación durante el tiempo que vivió en Argentina. Lo recuerdo como el hombre de la Biblia roja. Sin duda que fue mucho más que eso. ¿Extrañaría su país? ¿Tendría sus luchas? Yo solo lo recuerdo como un siervo de Dios.

Dios ha usado a personas tan extraordinarias como el Sr. Rogers para bendecirme; y es una bendición también ser usado por él. Parte de la profundidad de esa bendición viene a causa de lo *ordinarios* que somos.

A lo largo de los años, muchos han tratado de engrandecerme: «Luis Palau: ¡El Billy Graham de Latinoamérica!». ¿Qué se consigue con eso? ¿Impresionar a la gente? ¡Ignórelo! Si se va a impresionar con algo sobre mí, impresiónese con esto: No soy nada especial. ¿Acaso no es esto el más grande testimonio? Dios usa al débil. Usa a las personas normales. Usa al desconocido, al insignificante. Usa a Luis Palau. Lo usa a usted.

He oído a muchos pastores expresar un sentimiento similar. Uno ministra y ora y enseña y bendice, pero al final del día, se pregunta: ¿Habrá escuchado alguien? Hay personas que creen que porque he viajado y enseñado extensamente, soy de algún modo inmune a esa pregunta. ¡En absoluto! De hecho, sospecho que las preguntas aumentan cuanto más oportunidades se han tenido.

Cuando grabo mis mensajes, lo hago en un pequeño cuarto. Silencioso. Iluminado. Esterilizado. Un micrófono y yo. Del otro lado de una ventana de vidrio, un productor prepara los niveles y se asegura de que todo esté en orden. Reviso el texto que previamente he editado y pulido, y comienzo. En solitario. Muy diferente de la energía directa que siento cuando predico en un estadio lleno; o con la descarga eléctrica que experimento cuando, de pronto, a un líder mundial le brotan las lágrimas y mientras hace a un lado a sus asistentes, simplemente confiesa: «Necesito a Dios».

Uno no puede evitar preguntarse a dónde van las palabras que ha dicho. Una vez que se graban, estos pensamientos, estas pequeñas perlas que Dios le ha dado desde las enseñanzas de la Biblia, tomarán vida propia. Serán un registro de este momento y durarán más que su vida. Se copiarán, compartirán y transmitirán en ciudades y selvas. Quizás hasta se usen en las iglesias. O traigan esperanza a alguien que había pensado en el suicidio. Las paredes de las cárceles no podrán detenerlas. Tampoco las fronteras ni las selvas. Trascenderán las ondas radiales y los canales digitales de internet para alcanzar a las personas alrededor del mundo.

Pero ¿quién está escuchando? De todos los lugares a donde van esas palabras, muy pocas regresan. Es cierto. Recibimos muchas cartas amables y muchos correos electrónicos alentadores. Aun así, no puedo evitar preguntarme: Señor, ¿hace esto alguna diferencia para ti?

En días recientes recibí esta carta:

Estimado Sr. Palau:

En primer lugar, no soy un buen escritor. No siempre deletreo correctamente. Por tanto, le ruego que me tenga paciencia.

Usted, señor, cambió mi vida. Sufrí toda mi vida del temor a la muerte. No había explicación ni razón aparente para tal temor completamente devastador y agobiante. Ahora tengo cuarenta y seis años y he tomado medicación y visitado a psicólogos y psiquiatras. Nada me ayudaba. Durante una de mis épocas particularmente malas de constante preocupación y miedo petrificante, di con usted en la radio y decidí escuchar. Me encantó lo que oí. Me convertí en un oyente habitual. Sus palabras me confortaban. Tranquilizaban mi mente acelerada. Sentía como si de todos los oyentes, me estaba hablando directamente a mí. Ningún medicamento o terapia hizo lo que usted ha hecho por mí...

Conocí a Dios a través de todos mis temores, pero aún no podía sacarme de la cabeza la idea de dejar de existir. Hasta que lo escuché. En definitiva, Sr. Palau, cambió mi vida. Tal vez hasta la haya salvado.

Es difícil decirle «te quiero» a un hombre que no conozco, pero siento que es lo que debo expresarle.

Gracias.

Uno se pregunta si la gente lo escucha. Y de pronto, recibe una nota como esta.

Está bien mirar en retrospectiva su vida y recordar los momentos claves. Está bien haber usado esos momentos para bendecir a otros. Sin embargo, la tentación de vivir en el pasado es peligrosa. Viva el presente.

El ayer es historia y el mañana es un misterio; Dios desea encontrarse con usted *hoy*.

Lo que me sucedió en un culto en Multnomah hace décadas es grandioso. Pero ¿está Luis Palau encendido por Dios hoy? El pasado es maravilloso, pero es solo el pasado. ¿Dónde está hoy mi corazón? Jesús me está esperando. ¿He quitado mi mirada de su rostro para enfocarla en un recuerdo de su persona?

A lo largo de mi vida he tenido la sensación de que crecía espiritualmente mientras obedecía los principios de Dios e iba tras mi llamado a evangelizar a las multitudes. Lo sentía un poco como un niño o un joven en el proceso de desarrollo. A medida que vamos pasando de una etapa a otra en la vida, tenemos la tendencia de mirar atrás con nostalgia. Pensamos que nada puede remplazar la frescura de los primeros años. Pero vamos madurando en forma natural. Con el paso de los años, su afirmación aumenta y se vuelve más rica al igual que su vida interior.

Al final de la vida, las pequeñas obediencias lucen diferentes. Hoy, esas pequeñas obediencias parecen saber que ya no puedo viajar, aunque quiera. Debo escuchar al Señor. Quedarme en casa no tiene que ver simplemente con mi salud o porque tengo miedo a viajar. Dios me ha invitado a conocerlo de una manera diferente, de una manera más personal y tranquila. Entrar en este reposo me ha abierto nuevos aspectos de mi relación con él que serán aprovechados al máximo si continúo así. Aunque mi lado humano quiera seguir en movimiento, debo preguntarme por qué. ¿Cuál es mi motivación? Un susurro apacible me dice: *Quédate, Luis.*

Conóceme un poco mejor aquí. Así que trato de obedecer. Me siento. Escucho las lecturas de la Palabra como no he hecho en años, con una frescura profunda que surge del conocimiento de que mi fe pronto se convertirá en vista. Escucho de manera atenta y personal, no solamente para enseñar a otros sino para ser enseñado.

Ahora puedo pasar tiempo de calidad con mi esposa. Tantas veces tuve que dejarla a lo largo de nuestro matrimonio. ¡Probablemente esté bien preparada para la vida sin mí! Pasé cincuenta y siete años de mi vida viajando, y ella ha soportado y apoyado nuestro ministerio con su gran amor y gracia. Pero ahora, en este último tiempo, debo hacer todo lo que pueda para entregarle todo de mí, para dejarla en la mejor posición posible y realmente *estar* a su lado.

Debo escuchar cuidadosamente lo que el Señor me está diciendo. Con solo estar *sentado aquí*, he hallado una paz más profunda como la que nunca había sentido. Jamás pensé que podría experimentar algo así, y la mayoría de las personas que me conocen nunca creyeron que me detendría lo suficiente como para decir esto. Recibo invitaciones de todas partes para hablar, predicar y asistir. ¡Me hace sentir querido, amado y valioso! Pero la verdad es que siento que el Señor me está diciendo: *Cálmate. Piensa sobriamente. Asegúrate de que se haga todo lo necesario. Descansa en mí.* Estoy viviendo en las promesas de Dios de maneras nuevas.

El Señor es poderosamente bueno para concedernos los deseos de nuestros corazones. Todo lo que debemos hacer, de acuerdo con Salmos 37.4 es deleitarnos en él. No es una tarea demasiado difícil, a menos que la compliquemos más de lo necesario. Los mejores períodos que recuerdo de toda mi vida son aquellos momentos cuando simplemente me *deleitaba* en él. Es posible obedecerle y servirle sin deleitarnos en él.

Sobre el reconocido inglés, George Müller, uno de mis héroes, se escribió lo siguiente: «George Müller se deleitó en Dios». Es una descripción tan hermosa que me conmueve hasta las lágrimas. Es la pregunta que me hago, casi a diario, mientras mi historia llega a sus capítulos finales: ¿Me deleito en Dios? Cuando nos deleitamos en el Señor, él pone deseos en nuestros corazones que planea cumplir de todos modos. Los deseos de nuestros corazones se convierten en los deseos del corazón de Dios. Las cosas externas, carnales y egocéntricas, desaparecen. Uno se concentra solo en deleitarse.

En estos días, me encuentro meditando sobre aquello que veré cuando cierre mis ojos por última vez en este mundo. Si bien gran parte es un misterio, la Biblia nos revela algunas cosas.

Las verdades de las Escrituras se vuelven personales de una forma nueva cuando uno se está muriendo. *Me* veo admirando el rostro de Jesús, entrando en el reposo del cielo, reuniéndome con los que me han precedido. Ya no es más algo abstracto o hipotético. Quizás suceda antes de Navidad. Tal vez antes de mi cumpleaños en noviembre o del Día de Acción de Gracias. No estoy siendo morboso, sino que sobreviene una claridad especial cuando imagino mi paso de esta vida hacia la presencia de Jesús.

¡Piense en ello! ¡Pronto veré su rostro, el rostro de aquel que murió por mí! Caeré rendido delante de él con nada más que alabanzas en mis labios y amor en mi corazón. ¿Cómo será? ¿Qué veré? ¿Qué sentirá mi corazón, y escucharán mis oídos? Me siento como un niño cuando pienso en la libertad, en el gozo flagrante y en el conocimiento de que he hallado la fuente de la vida misma, en quien todos los anhelos de los hombres y de los ángeles encuentran su satisfacción.

Cuánto deseo oír sus palabras prometidas: «Bien, siervo bueno y fiel; entra en el gozo de tu Señor» (Mateo 25.21 RVR1977).

¡Cuán maravilloso será! ¡Cuán glorioso! La esperanza se transformará en realidad, la fe en vista. Solo el amor permanecerá. ¡Solo el amor!

Para siempre.

El versículo de mi vida es el favorito del Sr. Rogers y aquel que el comandante Ian Thomas predicó ese día que cambió mi vida en Multnomah, Gálatas 2.20: «He sido crucificado con Cristo, y ya no vivo yo, sino que Cristo vive en mí. Lo que ahora vivo en el cuerpo, lo vivo por la fe en el Hijo de Dios, quien me amó y dio su vida por mí».

Este versículo lo comprende todo.

También pienso en las palabras del apóstol Pablo en Filipenses: «El que comenzó tan buena obra en ustedes la irá perfeccionando hasta el día de Cristo Jesús» (1.6).

Aquel que comenzó la buena obra en nosotros, *será* fiel en completarla, pero a su tiempo. Él lo purificará hasta el día de su muerte. Cuanto más se rinda a él, mayor será su obra, en su perfecta bondad y en su perfecta fuerza. Cuanto más nos resistamos, se verá forzado a ser más duro; pues está comprometido con nuestro bien, y a completar aquello que comenzó en nosotros.

La vida es corta. Si para el Señor mil años son como un día, eso significa que nuestras vidas son apenas un pestañar. La vida tiene tanta belleza y tanta tristeza. No lo entiendo. Sin embargo, hacemos lo que podemos a pesar de nuestras limitaciones humanas. Enseñamos lo que el Señor nos ha enseñado. Tratamos de ser amables y crecer en humildad.

¿Qué es lo que más anhelo sobre el cielo? Primeramente, ver al Señor. Tengo imágenes en mi mente que he recogido a lo largo del camino. Sé que verle a él será algo completamente diferente. ¡Imagínese ver a Jesucristo cara a cara!

Quiero ver a mi papá. Me estremezco cuando lo pienso. Toda mi vida, me he preguntado si él podrá verme a mí. ¿Sabrá algo de lo que sucedió después de su partida? No pretendo que haya visto *demasiado*, pero sí me pregunto si vio la fidelidad de Dios al proveer para su familia o si me vio en Bogotá, Londres, Portland, Buenos Aires o Nueva York. ¿Habrá visto a mis hijos? ¿Se habrá gozado en su legado extraordinario de fidelidad, generosidad y ministerio?

El libro de Hebreos habla de una gran nube de testigos. Voy a unirme a ellos como una pequeña molécula en la nube de fe. Me pararé al lado de mis héroes y maestros, y les diré: «Gracias, un gusto conocerte, ¡por fin!» Anhelo conocer a Agustín, a Moody, a Wesley, a Whitefield. Quisiera ver de nuevo a Billy Graham, cuando la adoración se acalle lo suficiente como para que dos viejos amigos se abracen.

Me pregunto qué errores habré cometido de los cuales soy inconsciente. ¿Qué pasajes de la Biblia malinterpreté? ¿Dónde habré superpuesto algo en algún pasaje? Conoceré tal y como soy conocido, dice Pablo en 1 Corintios 13. Estoy intrigado por descubrir qué significa eso.

El cielo será todo lo que nos imaginamos y mucho más. Un amigo me dijo en una ocasión: «En el cielo no va habrá evangelismo; así es que ¿a qué te vas a dedicar?»

«¡A adorar!» le respondí, riéndome. ¡Todavía vamos a poder proclamar, solo que de una forma diferente! Alabaremos a Dios por sus hechos poderosos, como en las canciones de Apocalipsis. Proclamaremos el evangelio mediante la alabanza por la eternidad.

Deseo que otros puedan ver la misericordia y la bondad de Dios en lugar de a un Dios severo. En sus comienzos, mi ministerio fue algo duro. Creo que valió la pena. A veces, debemos infundir el temor de Dios en las personas, pues el temor es el principio de la sabiduría. La justicia es la justicia, la verdad es la verdad y eso es inmutable. Enfrentar la verdad es enfrentar las cosas tal cual son. Puede no gustarnos, pero es así.

Dios también es el Padre amoroso, el buen Maestro, aquel que tiene más paciencia de lo que podemos imaginarnos. Es el Dios de la libertad y de la risa. ¿Por qué solo tenemos que acordarnos del Señor del cielo cuando le tememos al infierno? Él nos hizo libres. Gozo, bendiciones, risas son las marcas distintivas de nuestra relación con Dios. No se trata solo de «arrepiéntete o morirás».

En los últimos veinte años, me he moderado bastante. No me he movido de la verdad del evangelio en lo más mínimo, pero me he vuelto menos agresivo; he acudido menos a la confrontación. He estado más inclinado a extender la gracia que Dios mismo me ha mostrado. He estado más dispuesto a encontrar a las personas en el lugar donde estén y continuar a partir de allí. Mis convicciones se han fortalecido más que nunca, aun cuando he renunciado a muchas de mis opiniones más arrogantes.

Quizás si retrocede y examina mis predicaciones a lo largo de mi vida, obtendrá un buen equilibrio entre las duras realidades que nosotros mismos nos hemos causado por medio del pecado y el egoísmo y la gloria de un Dios que no quiere que ningún alma perezca.

Estar ausente del cuerpo significará estar presente con el Señor. No habrá más preguntas. No habrá más temor. No habrá más sufrimiento. Se acabarán la ira, la arrogancia y las frustraciones que afligen nuestras almas. Todo lo corrupto y lo inconcluso se desvanecerá porque ha venido una nueva vida.

¿No le parece maravilloso?

En esta etapa de mi vida he aprendido algunas lecciones que no podría haber aprendido de otra manera. Dios me ha dado grandes dones, aun durante este tiempo de dolor y dificultad. Continúo creciendo y aprendiendo. Continúo siendo llamado a entrar en el gozo de Dios.

¿Se deleita usted en él? ¿Permanece cercano a aquel que ha derrotado el poder y el temor de la muerte? ¿O aún sigue atado al temor de lo desconocido?

Vuélvase a Jesús. Él está esperando para llevarnos a través del valle de la sombra a su luz gloriosa.

CAPÍTULO 12

Una mirada al futuro

La esperanza en las cosas venideras

> De hecho, considero que en nada se comparan
> los sufrimientos actuales con la gloria que
> habrá de revelarse en nosotros.

ROMANOS 8.18

Todo cambia en este mundo excepto el amor de Cristo. Usted comienza a darse cuenta de esto a medida que va envejeciendo. Los principios nunca cambian. La Palabra y las buenas nuevas permanecen firmes. Pero la Biblia está en lo correcto cuando dice que nuestra carne se seca como la hierba, e incluso las naciones son como el polvo que se lleva el viento. Las culturas cambian, las costumbres desaparecen y las generaciones pasan. Vienen nuevas generaciones y tienen una nueva manera de hablar, pensar y trabajar.

Cuando uno se vuelve viejo, es tentador pensar solo en aquello que se ha perdido. Pero el cristianismo siempre ha sido capaz de mirar hacia el futuro. Esta no es una religión de nostalgia; el cristianismo está lleno de esperanzas y de promesas. Jamás las buenas nuevas han cesado de ser buenas ni han cesado de ser nuevas. Nunca ha existido una generación que no necesitase oír el evangelio fresco. Hay quienes dicen: «Adáptese o morirá». Estoy de acuerdo. Pero sería mejor decir: «Adáptese y vivirá».

El qué, el quién, el cuándo y el dónde de comunicar el evangelio permanecen igual. El que cambia es el cómo. El Espíritu Santo nos permite hablarle al alma de la gente en nuestra época.

Nosotros los ancianos debemos aprender rápidamente a delegar y a dejar que la generación más joven tome el mando, exprese el evangelio en términos que la gente entienda. Pese a nuestra insensatez, quizás el viejo pueda enseñarle al joven algunas cosas.

Mi oración secreta por años —que ahora que estoy en mi vejez puedo compartir— fue poder influenciar la iglesia, en particular la iglesia de América Latina. Con el tiempo, he aprendido a distinguir entre lo que es del Señor y lo que proviene del ego; sin embargo, desesperadamente quise bendecir las iglesias locales desde el principio de mi ministerio, y eso nunca ha cesado.

La iglesia y los líderes que me enseñaron eran sobresalientes en doctrina. En la práctica, tenían defectos —no malos, sino más bien *tristes*—. Sabían tanto que se tomaban la libertad de criticar a los demás. Tenían una cultura de superioridad y menosprecio hacia el prójimo que hoy encuentro desgarradora. Si usted nos hubiese escuchado hablar, habría pensado que hacíamos todo bien y que éramos el patrón que Dios usaba para medir al resto de la iglesia. Incluso los niños de la congregación se habían contagiado y menospreciaban a otras personas.

La arrogancia era el pecado respetable que abundaba entre los fariseos, y Jesús los condenó más severamente que a cualquier otro. Menospreciar al prójimo constituye una clase de pecado tan malo que no podemos ignorarlo. (Los pecados más terribles del corazón son aquellos que la gente educada ignora). Esta actitud nos separa a unos de otros. Perjudica y divide el cuerpo de Cristo. Aquellos con actitudes de superioridad juzgan a otros creados a imagen de Dios y los subestiman para beneficio propio. ¿Acaso no es eso mucho peor que la pasión de un adulterio momentáneo o caer en la embriaguez?

Jesús escogió ser humilde de corazón. Ponía a los demás antes que a sí mismo. Pregúntese, cuando se sienta tentado a hacer lo opuesto, de dónde proviene ese impulso. No viene de Dios.

Nosotros los ancianos tendemos a repetir nuestras historias y proverbios. La gente joven revuelve los ojos ya que pone a prueba su paciencia la cuadragésima vez que su abuelo comienza: «Oye, muchachito, ¿alguna vez te conté...?». Sin embargo, el joven no se da cuenta de que el anciano *sabe* que le está contando esa historia por cuadragésima vez, y *quiere que la escuche una cuadragésima vez*. Está tratando de enfatizar algo. No lo ignore o desestime. Les digo a mis hijos que siempre escuchen a su abuelo Scofield, sin importar cuántas veces les haya contado la misma historia. «Él sabe que ya les ha dicho esto antes», les digo, «pero la repite para que ustedes la recuerden cuando él se haya ido».

Así que, aunque corra el riesgo de decir esto por cuadragésima vez, este es el punto que quisiera que recuerde al terminar este capítulo, cerrar este libro y responder a su llamado de seguir a Jesús y proclamar las buenas nuevas: debemos quitar nuestra mirada de nosotros mismos y ponerla en Jesús. Ese cambio solo puede suceder cuando se aferra a la verdad de la cruz.

Debe aferrarse a esa cruz, deleitarse en el Señor y comenzar a soñar grandes cosas para él. No para usted.

Cristo crucificado implica la resurrección, la ascensión, la glorificación, la segunda venida. Cuando hablo sobre el mensaje de la cruz, el mensaje completo no termina con la crucifixión; más bien, la historia cristiana comienza allí. Vivimos en la obra de la cruz. Si no predica esa «misma vieja historia» sobre la cruz, no ha predicado el evangelio.

Hoy miro hacia atrás y me pregunto: ¿Por qué, en su gracia, el Señor me bendijo tanto con las personas que moldearon mi vida? No lo sé. Creo que él bendice a todos con personas maravillosas. Quizás no sean tan públicas o visibles, pero eso no las hace menos reales. ¿Tomaremos en serio cuando el Señor ponga tales personas en nuestras vidas? ¿Consideramos a nuestro prójimo un regalo de Dios?

¿Recuerda a las personas que lo han moldeado? ¿Quién lo ha guiado a Cristo, tal vez entregándole más de lo que alguna vez apreció? ¡Gracias a Dios por las personas que hicieron esto por todos nosotros! Y que esa gratitud nos inspire a ser fieles de la misma manera.

Cuando uno mira en retrospectiva al final de la vida, se hace preguntas difíciles. ¿De qué me arrepiento? ¿Qué haría de manera diferente?

Aunque me arrepiento de mis muchas estupideces y pecados, no me arrepiento de haber servido, desde que era tan solo un niño, a favor de las buenas nuevas. Si me dieran mil vidas, las dedicaría todas al mismo llamado. Estoy tan contento de haber vivido de este modo.

En el tribunal, en medio de todos mis tropiezos, solo sé que podré decirle a aquel sentado sobre el gran trono blanco: «Fui obediente, Padre. Tú dijiste ve, y yo fui».

Respondí a su llamado. Él fue conmigo, cada milla. Y valió la pena.

Me encanta el sentimentalismo de un viejo escritor que dice que se levanta cada mañana, se asoma a la ventana de su cuarto y, mirando al cielo, dice para sí: *Quizás hoy, Señor. Quizás hoy.* Con una mentalidad como esa, uno vive de manera diferente. El corazón se le enciende para él.

Me apasionan aquellos que piensan con expectación en la segunda venida de Cristo. Se afirma que en la Biblia hay cerca de trescientas menciones a la segunda venida. Eso nos dice que es algo a lo que debemos prestarle atención. Dios debe creer que es importante que pensemos en la segunda venida de Cristo. ¡Cristo va a regresar! Hay una corona para «todos los que con amor hayan esperado su venida» (2 Timoteo 4.8).

Se ha ocasionado un gran daño a causa de la obsesión con los detalles. El tiempo y la secuencia de esos eventos que habrán de ocurrir son desde luego interesantes, pero ¿realmente necesitamos conocerlos? No. El punto es no crear una cronología compleja de cómo y cuándo. Antes bien, debemos recordar el *quién* y el *qué*. Jesús regresa. No ha terminado con nosotros. ¿No deberíamos recordar eso? ¿Esperarlo? ¿Celebrarlo? No tenemos que seguir tropezándonos a través de la historia. ¿Es esto lo mejor que tenemos —que los refugiados sean bombardeados, que la gente malvada oprima al pobre—? No. Lo mejor está por venir.

Jesús viene a juzgar a los vivos y a los muertos. Concéntrese en vivir el hoy y espere el regreso de Jesús. Hacer esto trae esperanza y buena disposición al cuerpo de Cristo. La segunda venida no es teología abstracta. Transforma nuestra manera de vivir. El Hijo de Dios regresará para llevarnos a casa. Toda rodilla se doblará. Toda lengua confesará. Esto es *real*. Creerlo no nos convierte en idiotas. Nos hace sentir esperanzados. Jesús viene otra vez. Regocijémonos.

Veo una gran esperanza para la iglesia. Creo que los años y las décadas venideros podrían traer la mayor cosecha para el reino que la historia haya visto jamás. La generación que veo levantarse tiene muchas personas buenas y líderes genuinos. Es cierto que dicen cosas de una manera diferente de lo que yo las diría, y eso está bien. Yo he dicho cosas de un modo distinto a como se decían en la generación de mis padres.

Es necesario que la iglesia escuche para que pueda avanzar. He oído decir: «Si te crees guapo, entonces no lo eres». Nunca esto fue tan cierto como con los líderes cristianos. Puede que tengas algunas ideas brillantes, un espíritu joven, pero vas a incendiar el bosque si no prestas atención a las voces sabias que te rodean. Imita nuestra fe, ignora nuestras tonterías y vive conforme a tu llamado.

Cuando las generaciones se conectan, el Espíritu Santo obra. La sabiduría y la experiencia fluyen hacia la nueva generación. Nuevas ideas y un espíritu apasionado fluyen hacia la generación anterior. Este intercambio fortalece la estructura de la iglesia. La sabiduría viene de la experiencia. Las interpretaciones de los ancianos no siempre son las correctas, pero nuestra experiencia aún puede enseñarles, incluso si ya es demasiado tarde para nosotros.

En el 2008, regresé con mi equipo a Buenos Aires para organizar una campaña histórica. Nunca olvidaré esa multitud. Cualquier persona en su propio país se sentiría humilde. Más en mi caso, que, desde que éramos adolescentes, nos conocíamos con muchos de los líderes que ayudaron a organizar el evento.

En nuestra juventud, todos soñábamos con ver una Argentina transformada. Orábamos para que nuestro país se apartara de la corrupción y se volviera a Jesús. Anhelábamos ver a millones de creyentes en las calles, y que respetaban nuestra fe evangélica. Fue impresionante ver a una municipalidad extendiéndole a Andrés una invitación oficial después de que yo había experimentado el menosprecio de esa misma ciudad cuando era un joven predicador callejero.

El presidente de la nación nos brindó su apoyo; el dueño del canal 5, el principal canal de televisión, transmitió los eventos en directo desde sus helicópteros doce horas al día. Nunca podríamos haber planeado algo semejante, pero allí estaban; ¡y gratis!

Hemos visto grandes cambios en América Latina. Desde luego, no puedo atribuirme el mérito, pero sé que Dios ha usado significativamente nuestro trabajo y nuestra palabra. Es sorprendente ver cómo los principios bíblicos comienzan a bendecir a las naciones.

Cuando en 1960 salí de Argentina, pensé: *No voy a regresar a ministrar hasta que haya pruebas suficientes de que la mano de Dios está sobre nosotros.* No hay profeta sin honra sino en su propia tierra. Temía que no me tomaran en serio. «¿Quién es Louie Palouie? ¿Mi compañero de la universidad? ¡Ha! ¡Conozco a *ese* tipo!». Cuando finalmente viajamos a Argentina, el tiempo era el correcto. Nos habíamos ganado la confianza de la gente.

Cuando visité por primera vez la Ciudad de Guatemala, existían cerca de cuarenta iglesias evangélicas. En la actualidad, hay alrededor de tres mil. No todas están organizadas, pero hemos comenzado una buena obra.

Mi enseñanza continúa siendo la misma: la unidad del cuerpo, la suficiencia de la obra de Cristo, la insistencia de que Jesús murió como nuestro sustituto en la cruz y que el poder de su Espíritu está en nosotros.

Nuestro éxito no es por mi causa; sino que se debe al hecho de que hemos trabajado fielmente para Dios por sesenta años. Hemos bombardeado Latinoamérica con cinco mil emisiones radiales todos los días. Los católicos manifiestan su apoyo, al decir que aprecian aprender sobre la Biblia y una relación con Jesús. Incluso hemos oído palabras amables de los ateos, que afirman que mi voz se ha convertido en un símbolo de moralidad y libertad frente a la corrupción o desesperación cultural. Los empleados de gobierno cuentan sobre escucharme en las casas de sus abuelas y llevar con ellos los principios a sus lugares de trabajo.

Siempre me he mantenido al margen de la política. No creo en los políticos que nos piden el voto porque afirman ser cristianos. Eso solo nos predispone a decepcionarnos y, potencialmente, a ensuciar el nombre de Jesús ante la opinión pública.

Tanto Castro como otros vieron la opción como yo lo hice: el evangelismo como una alternativa a la revolución violenta. Sin embargo, nos malinterpretaron, creyendo que el evangelismo era un movimiento político. Pues no lo es. Si alguien cree que lo es, lo que está apoyando es un cristianismo falso. Este es un movimiento de justicia e impacta a las naciones de forma indirecta. Es mayor que la justicia de este mundo; es la justicia divina. El cristianismo sostiene que la justicia y el cambio no surgen de matar a los enemigos sino de vivir en la luz de Dios.

Hay una cosecha que espera en todo el mundo para aquellos que están dispuestos a obedecer y a recogerla. La he visto en cada uno de los países, en cada continente. Nunca olvidaré cuando visité Hong Kong en 1997 (la segunda vez que fuimos allí). La gente de esa hermosa isla se preparaba para un futuro incierto bajo el dominio chino. Hablé en un estadio lleno, del mismo modo que lo había hecho hacía una década en el mismo lugar: «¡Observen el cielo!» les dije. «¡Observen las estrellas! ¡Observen la luna! ¿Creen ustedes que aparecieron por accidente?». Los rostros se inclinaron, y la mitad de la multitud dio un paso al frente. Al igual que en 1987, *miles* aceptaron a Jesús en una noche. La gente *corría* para confesar el nombre de Cristo y hallar descanso para sus almas.

Estas son buenas noticias de gran gozo para todos. ¿Hay algo mejor que eso? Sin embargo, pareciera que nos gusta complicar las buenas nuevas a propósito. ¿Acaso somos tan necios? No estamos presentando al evangelio por lo que vale. Recientemente, leí 1 Corintios 13. Penetró en mi corazón con su convicción y belleza, como siempre lo hace. «El amor es paciente, es bondadoso... no guarda rencor» (vv. 4-5). Ese pasaje siempre me ha disciplinado. La descripción del amor es aquello que todos anhelamos, pero que en tan raras ocasiones hallamos. De ese amor, que fluye de Dios hacia nosotros, tratan las buenas nuevas.

¿Por qué pareciera que el evangelio nos avergüenza? ¿Será porque en lo profundo de nuestro ser, no hemos logrado abrazarlo como las buenas nuevas? ¿Por qué lo refrenamos? Me temo que muchos de nosotros simplemente afirmamos que creemos en él, pero en realidad no ha penetrado en nuestros corazones. No puede *salir* de nosotros con convicción porque no ha *entrado* en nosotros con convicción. Nuestra duda es una clara declaración de nuestra teología. Hablamos de boca para afuera, pero nuestra falta de acción revela nuestra incredulidad.

Proclamar el evangelio es sencillamente declarar las buenas nuevas: «Dios te ama. Él tiene un plan para tu vida. Si eres lo suficientemente sincero como para arrepentirte y creer, Dios te perdonará y te hará su hijo. Nunca te dejará, vivirá dentro de ti, y cuando partas de este mundo, irás al cielo». Es un muy buen trato. ¿Por qué no proclamarlo? Su trabajo no es convencer de manera brillante, sino presentarlo alegremente.

Si usted tiene una visión en su corazón, no renuncie a ella. V. Raymond Edman dijo: «Nunca dudes en la oscuridad de lo que Dios te dijo en la luz». Si siente su fuego en su interior, el Señor quizás esté haciendo todo tipo de cosas en su tiempo perfecto, que lo prepararán para cuando las puertas se abran, y nadie pueda cerrarlas.

Muchos de mis sueños secretos se cumplieron. Pocos sabían de ellos afuera de nuestro círculo íntimo por temor a las críticas que surgen cuando uno se reúne con figuras políticas o de la cultura. Me han criticado de la derecha por reunirme con dictadores de izquierda y criticado por la izquierda por reunirme con dictadores de la derecha. Guiamos a varios presidentes a la fe en Cristo. Sus vidas fueron transformadas. Las naciones fueron influenciadas gracias a las oraciones silenciosas y a los sueños secretos. El evangelio para los pobres es también el evangelio para los ricos y poderosos; ya que son iguales de pobres cuando se trata de lo más importante. Y, por lo general, las personas ricas y poderosas son las de mayor pobreza.

Una vez conocí a un general en un país cuya identidad no revelaré. Había tomado el poder por la fuerza de un gobierno corrupto, pero ahora parecía (según mi entender) que estaba en peligro de repetir muchos de los errores de la administración anterior. Concretamos una reunión. Su fanfarronería y bravatas se hicieron notables en nuestro encuentro. Finalmente, les pidió a sus asistentes que se retiraran, y los dos nos quedamos solos en su oficina presidencial.

«Me hago el duro», expresó. «Actúo como si supiera lo que estoy haciendo o cómo gobernar este país. Pero ¿sabe qué, Palau?».

«¿Qué?», respondí.

«En el fondo…», hizo una pausa, mirando hacia afuera por la ventana. «En el fondo, soy como un pequeño niño miedoso de doce años. Necesito a Dios».

En definitiva, todos somos humanos. Tenemos las mismas necesidades, los mismos temores, los mismos pecados. Y todos estamos hambrientos por las mismas buenas nuevas.

Hay un viejo himno que me encanta: «Alzad la cruz», por George Kitchin.

> *¡Alzad la cruz de Cristo el Salvador*
> *y proclamad su nombre en derredor!*
> *Venid, unidos el perdón llevad,*
> *el Hijo de Dios es nuestro Capitán.*

Alce su nombre. Proclame hasta que todo el mundo lo adore y sea atraído por esa visión de Jesús crucificado, quien es perfecto en amor y misericordia.

La Gran Comisión no es imposible. No es una instrucción ridícula o tonta. Colaborar para que las naciones se vuelvan a Cristo no es un sueño pretencioso, ególatra. *Es posible.* Jesús dijo de ir a todas las naciones, y hablaba en serio.

Anhelo ver a esta generación mover los corazones de millones de personas. Han pasado dos mil años, y aún no hemos terminado la tarea que Cristo nos encomendó.

¿Le tememos a las buenas noticias? A veces parecería que sí. ¿Por qué siempre sentimos que tenemos que entrar a una habitación con un bate de béisbol y unas manoplas? Como si buscáramos algo sobre lo cual pelear. Podemos ver ese comportamiento en la Biblia, pero no en Jesús. Esa es la característica distintiva de un fariseo.

¿Realmente creemos que si logramos hacer que otra persona sangre por dentro eso lo va a ablandar para recibir la noticia de que su Creador lo ama? El trabajo del Espíritu Santo es traer convicción mediante el conocimiento de la verdad. No es el trabajo suyo. De hecho, ocupar el lugar del Espíritu Santo constituye el tipo de idolatría más grosera. Su trabajo es sencillamente anunciar la verdad en amor. Ayudar a la gente a sentir que quizás, solo *quizás*, *haya* algo en toda esta cuestión del «amor de Jesús». Sin embargo, parecería que veces tenemos más temor de dejar que las buenas nuevas sean buenas que de comenzar una pelea.

¿Cómo se obtiene una carga por las almas perdidas? R. A. Torrey expresó que no solo necesita *conocer* lo que la Biblia dice acerca de la separación entre Dios y el hombre sino *creerlo*, permitiendo que su Palabra lo guíe en oración y acción. La crisis de la generación actual no es de conocimiento, sino de fe. En menos de un segundo podemos traer a una pantalla delante de nosotros un versículo, comentario, opinión o sermón. ¡Muy conveniente, de hecho! Pero una vez allí, ¿qué se hace con esa verdad? Muy a menudo, no hacemos nada. La probamos como al vino en una degustación: la pasamos de un lado a otro dentro de la boca, la evaluamos con elocuencia, como expertos conocedores de doctrina y, luego simplemente, la escupimos. «¡Vaya! ¡Es grandioso!». Pero ¿ha entrado *en* su ser? ¿Ha tocado su corazón? ¿O simplemente la probó y ahora pasa a la siguiente idea novedosa?

Necesitamos creer, no meramente conocer. Debemos asirnos de la verdad y permitir que nos transforme. Nunca tendremos una compasión genuina por el que está perdido ni un compromiso verdadero con las buenas nuevas, *si no creemos en ellas*. Parece muy obvio; pero le pregunto, si realmente creyera en lo que dice que va a hacer, ¿cambiaría su vida? ¿Acaso no es la vida la verdadera prueba de la fe? Muy a menudo, nuestras vidas están tan divididas, tan segmentadas que podemos sonreír y asentir al evangelio y luego continuar con nuestra rutina como siempre lo hacemos, sin una mayor compasión y sin el mínimo sentido de urgencia por quienes se están hundiendo en una desesperación sin sentido.

La verdad es vital. No es relativa. La exportación más destructiva de Estados Unidos en las últimas décadas es la idea de que la verdad es un producto básico cambiante, maleable. Hoy lo vemos con más claridad que nunca en nuestra vida política y nacional; gente de los más altos niveles tiene el descaro de afirmar que existen las verdades «alternativas». Las perspectivas pueden ser diferentes, por supuesto. Pero la verdad es la verdad. Punto. Si objetividad se pierde, todo lo que nos queda es propaganda, personas que tratan de usar a otros para provecho propio.

Hay una vieja historia acerca de tres hombres que trabajaban codo a codo en una cantera. Cada uno trabajaba una piedra idéntica a las otras dos. Un caminante que pasaba por allí les preguntó: «¿Qué están haciendo?».

«Solo estoy picando una piedra para ganar algo de dinero», le contestó el primero.

El segundo respondió: «Estoy alisando esta piedra para convertirla en un bloque».

El tercero levantó la mirada de su trabajo y dijo: «Estoy construyendo una catedral».

Hacían el mismo trabajo, pero sus perspectivas marcaban toda la diferencia. Con cada golpe, no importa cuán pequeño pueda ser, estamos edificando la *iglesia* de Cristo.

Aun así, no tenemos idea de las repercusiones de nuestro trabajo y testimonio. No veo la hora de llegar al cielo y conocer el verdadero impacto.

Muchas personas me han expresado que su sensación es que deben su conversión a mi trabajo. Pero yo debo mi propia vida y trabajo a otros, a muchos otros. Y ellos, a su vez, ministraron para Jesús porque habían sido influenciados, inspirados y capacitados por otros. Podríamos rastrear a través del tiempo generación tras generación de ministros hasta que, inevitablemente, el rastro nos conduciría a los doce hombres que pasaron tres años juntos en Palestina, caminando y trabajando con un hombre de Nazaret.

Sí, a Jesús debemos atribuirle toda la gloria, no solo por su Espíritu que vive y obra hoy en nuestras vidas, sino también porque la cadena de conversiones y discipulado no se ha roto a través de las generaciones. Todos tenemos una deuda con quienes nos han precedido, pero el iniciador de esto es Jesús. Llevamos sus buenas noticias, su ministerio y su amor por todas las almas y todas las naciones. Somos parte de su movimiento. Y oramos para que podamos ser fieles en transmitir a otros aquello que nos ha sido dado: el mensaje de que Dios es amor está aquí para bendecir a las naciones, comenzando con *usted*.

Proclamar el evangelio no significa andar por ahí con un sermón preparado y listo para sacarlo del bolsillo y decirlo. Es mucho más sencillo que eso. Es mi madre, sonriendo y compartiéndonos la verdad frente a un café humeante en su casa en Argentina.

Es un tiempo maravilloso estar vivo y ministrando al mundo. Veo crecer a pastores jóvenes que dedican sus vidas con valentía a la misión del evangelio. Veo a evangelistas jóvenes, más creativos y adaptables que nunca, que buscan nuevas maneras y medios para anunciar las buenas noticias a fin de bendecir a las naciones.

El joven tiene hambre por las voces de las personas mayores sabias y de mentes abiertas, pero también tiene la fuerza y la valentía para forjar un nuevo camino, por lo general, uno más fiel a la Biblia que el de las últimas generaciones. Me siento muy animado. Siempre existirán avances y retrocesos en la iglesia y en la cultura. Sin embargo, las buenas nuevas permanecen buenas. A pesar de todos nuestros defectos, el pueblo de Dios continúa siendo la sal de la tierra y la luz del mundo.

En lo profundo de nuestro ser, todos nos sentimos indignos. Debemos hablarle a esa parte de la persona, no a su fachada o máscara que lleva puesta. Necesitamos hablarle a esa pequeña parte infantil e indigna de sus almas que Jesús quiere salvar y amar. El valor y el gozo de la vida en Cristo los atraerá como un imán.

Cada pecado y problema del que somos presa constituye otra manera de encubrir nuestro dolor. Debemos poner en orden nuestra relación con Dios. Nuestra agonía por estar separados de aquel que nos creó nos causa el tormento que buscamos adormecer y el quebrantamiento que hiere a otros. Estamos perdidos. Necesitamos dejar que nuestro Padre celestial nos encuentre. Estas buenas nuevas podrían cambiar el mundo.

¿Cómo es posible que un muchachito salido de un pequeño pueblo en el país más austral del mundo haya terminado aquí? Grandes cosas pueden suceder a través de usted, incluso si viene de algún lugar pequeño o permanece relativamente desconocido toda su vida. Nunca sabrá su influencia. Su tarea es simplemente obedecer al Señor Jesucristo y seguir sus principios para su vida. Desde allí, ¿quién sabe cómo o cuándo o dónde se encontrará a sí mismo siendo usado por él? Su historia no es solo suya; su historia es la historia de Dios tanto como la mía alguna vez lo fue. Entréguele su vida. Entréguele su historia.

Hoy nuestra cultura enfrenta desafíos monumentales. ¿Por qué hay tantos jóvenes que luchan contra la depresión? Deberían estar divirtiéndose, experimentando su libertad. Sin embargo, están medicados por estar atormentados por el muy real espectro de la depresión. ¿Qué la ha traído sobre ellos? ¿Por qué hay tantos divorcios, produciendo desgracias, complicaciones financieras y dolor a las familias? A veces, puede haber razones justificadas para divorciarse, como cuando un matrimonio se separa a causa de la infidelidad o el abuso. Pero ¿qué está sucediendo? Podríamos continuar así con todos los sufrimientos de nuestro tiempo.

Tiene que haber una salida. Si el Señor puede salvarnos del infierno, ¿acaso no puede salvarnos de las presiones de esta vida? Quizás no las quite, pero puede darnos la fortaleza para soportarlas. ¿Acaso no podemos elegir vivir el presente y decir «pamplinas» a lo que otros piensen? ¿No podemos elegir el gozo y una vida fiel en Jesús?

Por supuesto que podemos. Y usted es parte de esta solución. Dios puso sabiduría en su vida. Usted importa. Ya sea que haya sido un cristiano toda su vida o que le haya entregado su corazón a Cristo hoy, es necesario que le rinda no solo su amor sino también su *vida*. Las pequeñas obediencias abren grandes puertas. Cuando Dios le dice que trasponga esa puerta, debe hacerlo. Él no lo va a obligar; solo que nunca se sabe lo que hay al otro lado.

Quizás su sueño no haga historia según los parámetros de este mundo. Incluso las personas que lo rodean, tal vez no lo reconozcan. Pero todo lo que usted haga para el Señor *es* grandioso, sin importar cuán insignificante pueda parecer. Nada es más gratificante que seguir su llamado. Y, en definitiva, ¿a quién le importa ser aclamado por alguien más aparte de nuestro Creador?

Permítale que hoy encienda su vida con las buenas noticias de Jesús.

Una vida con pasión

El gran misterio de la zarza con que se encontró Moisés no era que ardía sino que no se consumía. Si bien mi cuerpo está lentamente comenzando a consumirse, siento que mi espíritu está ardiendo con mayor pasión e intensidad que nunca. No me arrepiento de nada. Una vida apasionada, después de todo, es una vida bien vivida. Dediqué mi vida para anunciar el evangelio, pero no he acabado como un viejo montón de cenizas. Es verdad, estoy muriendo. Pero estoy *vivo*. Agotado, pero no consumido.

Mientras termino de escribir este libro, me doy cuenta de que ya no podré viajar a Colombia este otoño, me siento demasiado débil. Todo lo que ahora he podido hacer se reduce a pararme y predicar. Por primera vez en mi vida, viajar parece estar fuera de discusión.

Me entristece no poder regresar al lugar donde verdaderamente comenzó nuestro ministerio de evangelismo en masa en el año 1966. Lamento no poder volver a subir la escalinata de la Plaza de Bolívar y predicar una última vez con un micrófono cuyo eco resuene en las calles de los alrededores, y guiar la atención de una última gran multitud, por solo unos minutos, a donde pertenece:

el eterno corazón amoroso de Dios. Sin embargo, esa tristeza me brinda más energía para este momento que compartimos usted y yo.

¿Querría complacer a un viejo evangelista imaginándose que estamos usted y yo en Bogotá en este preciso momento? Las decenas de miles de personas que se amontonarían por todas partes se alejan. No hay necesidad de un micrófono, ya que podríamos simplemente sentarnos en los escalones de piedra bajo el ardiente sol colombiano. No habría ni escenario, ni música, ni carteles, ni luces brillantes. Solo nosotros dos y la verdad.

Le contaría lo maravilloso que se siente estar muriendo sin temor. Le contaría que Cristo ha sido para mí el mejor amigo y maestro. Que nunca me ha fallado ni abandonado; ni siquiera en mi mayor pobreza: ni en mi mayor soledad; ni en mis momentos de mayor terquedad o arrogancia o insensibilidad. Le diría que veo su obrar en cada etapa de mi vida, proveyéndome fielmente.

Y es en esa provisión que le diría las palabras más importantes que podría hallar para expresar. Dios ha provisto, a través de Jesús, un camino para que usted regrese a casa. Cada uno de sus pecados será perdonado. Cada iniquidad será lavada. Sus heridas serán vendadas y sanarán. Él le promete fuerza para hoy y esperanza para mañana. Es real. Es bueno. Todo lo que tiene que hacer es ir a la cruz. Todo lo que debe hacer es decir «sí» a la salvación gratuita por medio de su sangre.

Romanos 10.9 dice: «Si confiesas con tu boca que Jesús es el Señor y crees en tu corazón que Dios lo levantó de entre los muertos, serás salvo».

Si desea hacer esto ahora mismo, simplemente ore conmigo:

Padre, confieso que he sido destituido de tu gloria. Me arrepiento de mis pecados y te pido que me perdones. Creo que por tu amor, no me has dejado librado a la muerte y soledad. Creo que Jesucristo murió por mí y por la humanidad para darnos vida, y que tú lo levantaste de entre los muertos. Por favor, lávame con su sangre y perdona todos mis pecados. Te pido, por favor, que me llenes con tu Espíritu Santo y me transformes en una nueva criatura. Por favor, dame la certeza de la vida eterna.

Te lo pido en el nombre de Jesús.

Amén.

Es en la esperanza del cielo que le escribo estas palabras finales, querido lector, las palabras que mi padre susurró en su lecho de muerte: «Deseo partir y estar con Cristo, que es muchísimo mejor».

Espero con todo mi corazón encontrarlo a usted allí. Será glorioso.

Reconocimientos

A mi esposa, Patricia, gracias por todo. Tu amor y tu cuidado durante este tiempo me han demostrado el amor de Jesús.

A nuestros hijos, Kevin, Keith, Andrés y Stephen, y a mis nueras, Michelle, Gloria y Wendy. Estoy muy orgulloso de cada uno de ustedes. Son para mí un motivo de mucho gozo.

A mis amados nietos; son una nueva generación, cada uno en búsqueda de su camino. Los amo con todo mi corazón y estoy muy orgulloso de ustedes.

A mis hermanas, Matilde, Martha, Ketty, Margarita y Ruth; a mi hermano, Jorge; a mis cuñados JC Ortiz, Ed Silvoso, MA Pujol y Eric Green; y a toda mi otra familia alrededor del mundo. Los amo mucho a cada uno y soy tan bendecido por tantos recuerdos juntos.

A nuestro equipo de la Asociación Luis Palau, especialmente a los miembros más antiguos que han entregado tanto, entre ellos John Ogle, Doug Steward, David Jones, Jaime Mirón, Anne Scofield, Jay Fordice, Carmela Tosoni, Jane Stradley, Debbie Bailey, Colin James, Joy Bongiorno, Scott Kraske y los otros cientos que me veo imposibilitado de nombrar por cuestiones de espacio. Han sido miembros del equipo, colaboradores, voluntarios y amigos durante décadas. Todos han trabajado duro, dando de su tiempo gratuitamente por causa de los que están perdidos. Gracias. El haber servido con ustedes ha sido uno de los privilegios más grandes de mi vida.

A nuestro equipo de Latinoamérica. Se han sacrificado como pocos para proclamar este mensaje al mundo. Se ven como misioneros, y lo son. Los he visto hacer cosas casi milagrosas por el reino y no puedo honrarles lo suficiente. Ya estamos viendo los frutos de su labor. Así que muchas gracias, especialmente a Ruben Proietti, Carlos Barbieri, Jorge Scopazzo, Edmundo Gastaldi, Jonathan Proietti, y Marta de Hotton.

A todo aquellos que han servido en nuestra junta de directores a lo largo de los años. Ustedes, han compartido su vida, sabiduría, consejo y tiempo. Han aportado lo mejor de sus habilidades profesionales a nuestro ministerio, siempre de manera amable, clara y con el foco puesto en la Biblia. Han sido colaboradores increíbles. Gracias. Han ayudado a conformar este equipo y merecen ser honrados: Scott Cahill, Simon Berry, Howard Dahl, Vickie Foster, Scott Hanson, Mita Jash, Ross Lindsay, Richard Luebke, Mark Neaman, Rafael Pedace, David Reisenbigler, John Southard, Gail Stockamp, George Mackenzie, Lady Susie Sainsbury, Colin Saunders, Mick Spratt, Jack Cauwels, Tom Chambers, Sam Friesen, Robert Gluskin, David Hall, David Hentschel, Lawrence Hoke, Gerald Horn, Wayne Huizenga Jr. y Fred Sewell.

A todos los donantes y colaboradores con el ministerio que han dado con sacrificio para ver avanzar esta obra, gracias.

A todos los pastores que sirvieron, de manera visible e invisible. Tienen el trabajo más importante del mundo: alimentar las ovejas de Cristo. Gracias por todo lo que han hecho a lo largo de los años en colaboración con sus iglesias.

A mis colegas evangelistas, a los hombres y mujeres que son llamados a evangelizar en esta generación y en la venidera; están llevando adelante el evangelio de maravilla. En especial a aquellos con los que nos hemos asociado en las campañas: gracias por su inspiración y ejemplo.

A Paul Pastor, el coautor de este libro y ahora un amigo de por vida. Ha sido un honor trabajar contigo. Tus habilidades como comunicador, tu talento como escritor, tu corazón piadoso y tu amor por las Sagradas Escrituras me han bendecido grandemente. Te has convertido en un verdadero amigo. El Señor esté contigo de manera poderosa en los años venideros.

Y, por supuesto, reconozco a mi Señor, Jesucristo, en todas estas cosas y en muchas más. Nunca me has fallado. Tú eres en verdad las buenas nuevas. Te amo, Señor Jesús, con todo mi corazón.